松江丛书

姜维公　主编

辽代移民史料
整理与研究

黄为放　吴诗玙　郑智方　著

长春出版社

全国百佳图书出版单位

图书在版编目（CIP）数据

辽代移民史料整理与研究 / 黄为放, 吴诗玙, 郑智方著. -- 长春：长春出版社, 2024. 12. --（松江丛书 / 姜维公主编）. -- ISBN 978-7-5445-7659-8

Ⅰ. D691

中国国家版本馆 CIP 数据核字第 20245TJ509 号

辽代移民史料整理与研究

著　　者　黄为放　吴诗玙　郑智方
责任编辑　孙振波
封面设计　宁荣刚

出版发行　长春出版社
总 编 室　0431-88563443
市场营销　0431-88561180
网络营销　0431-88587345
地　　址　吉林省长春市朝阳区硅谷大街7277号
邮　　编　130103
网　　址　www.cccbs.net

制　　版　荣辉图文
印　　刷　三河市华东印刷有限公司

开　　本　170毫米×240毫米　1/16
字　　数　264千字
印　　张　16
版　　次　2024年12月第1版
印　　次　2025年2月第1次印刷
定　　价　88.00元

整理说明

  本书分为上下两编，上编为"辽代移民史料汇编"，下编为"辽代移民问题研究"。编下分章，章下分节。上编主要搜集《辽史》《金史》《新五代史》《旧五代史》《资治通鉴》等史书中的史料，宋朝使臣的行程录及相关的稗官杂记等史料亦收录其中，辅以石刻文字资料进行整理。每部分内容均分为"编年"和"杂编"两部分。"编年"部分史料以时间顺序排序，"杂编"部分史料则以史籍出现的时间排序。下编分三章，分别为"辽代移民研究综述""辽代移民迁徙的因素""辽代移民的类型、规模、迁徙与分布"等内容，在总结学界研究的基础上，对辽代出现移民迁徙的原因、移民的类型、规模、迁徙与分布等问题进行系统考察。

  本书上限时间为唐天复元年（901年），即辽太祖耶律阿保机担任迭剌部夷离堇之年，下限为辽天祚帝保大四年（1124年）。本书收录的辽代移民史料共分为初、中、后三期，初期从公元901年至辽穆宗在位时期，是迁徙移民的高峰时期；中期是辽景宗至辽圣宗在位时期，这一时期辽代移民逐渐稳定，为建设都城大量迁徙移民至内地；后期是辽兴宗至天祚帝在位时期，这一时期因战争导致移民被动迁徙。因此本文上编史料汇编部分分为"辽初期史料汇编""辽中期史料汇编"和"辽后期史料汇编"三章内容，每章分别按照史书中有明确纪年的内容和没有明确纪年的内容分为编年、杂编和石刻三部分。本书下编的研究内容亦遵循此时间范畴。

  书中的"辽代移民"是指以辽朝为中心发生的移民迁徙，范围包括辽朝境内的移民迁徙、辽朝向宋朝、高丽等境外的移民迁徙、高丽向辽朝境内的移民迁徙三部分，以上的移民史料都在本文的搜集范围内，本书下编的研究内容按照此概念展开。

  本书编辑史料，以帝王本纪为主，志与传的记载附于其后，石刻文字材料在本书最末予以辑录。本书辑录的每条史料中,"编年"部分按出现年限、史料内容、史籍版本信息进行编辑,在年号纪年后标注公元纪年。在标注史料作者、古籍名、出版者、出版时间的同时,凡有明确页码的,均标注原文页码。如:"唐天复元年(901年):唐天复元年,岁辛酉,痕德堇可汗立,以太祖为本部夷离堇,专征讨,连破室韦、于厥及奚帅辖剌哥,俘获甚众。冬十月,授大迭烈府夷离堇。脱脱等:《辽史》卷一《太祖本纪上》,北京:中华书局,2016年,第2页。""杂编"部分则按照史籍的名称和卷数、史料内容、史籍版本信息进行编辑,在标注史料作者、古籍名、出版者、出版时间的同时,凡有明确页码的,均标注出原文页码。如:"《旧五代史》卷九十七《卢文进传》:未几,文进引契丹寇新州。自是戎师岁至,驱掳数州士女,教其织纴工作,中国所为者悉备,契丹所以强盛者,得文进之故也。薛居正:《旧五代史》卷九十七《卢文进传》,北京:中华书局,1976年,第1294页。"

书中《辽史》以中华书局2016年版本为底本,参考中华书局1974年版、2023年版等版本综合考订而成。《金史》以中华书局1975年版本为底本,参考中华书局2016年版、2020年版等版本综合考订而成。《资治通鉴》以中华书局2011年版本为底本,参考中华书局1956、2009、2020年版等版本,综合考订而成。其他史籍则以中华书局通行版为准。《元史》以中华书局1976年版本为底本,参考中华书局2016年版等版本综合考订而成。《契丹国志》以中华书局2014年版本为底本,参考上海古籍出版社1985年版等版本综合考订而成。石刻资料以《辽代石刻文编》和《辽代石刻文续编》收录的墓志等资料为准。

正文中的史料内容一般使用简体字,人名、地名中的异体字保留,并依据现代标点规范进行点校。文中史料内容残缺且无法辨认的文字,本书辑录时,用"□"表示,文中部分字无法写出的,用合字表示,并加〈〉标识。史料中出现的人名和地名含有异体字的,一般按原文收录,某些族名和地名在各朝代写法略有不同,则用注释表述。

目　录

下编　辽代移民问题研究

上　编
辽代移民史料汇编

第一章　辽代前期史料汇编

一、编年

唐天复元年（901 年）

唐天复元年，岁辛酉，痕德堇可汗立，以太祖为本部夷离堇，专征讨，连破室韦、于厥及奚帅辖剌哥，俘获甚众。

脱脱等：《辽史》卷一《太祖本纪上》，北京：中华书局，2016 年，第 2 页。

唐天复二年（902 年）

明年秋七月，以兵四十万伐河东代北，攻下九郡，获生口九万五千，驼、马、牛、羊不可胜纪。

脱脱等：《辽史》卷一《太祖本纪上》，北京：中华书局，2016 年，第 2 页。

唐天复三年（903 年）

明年春，伐女直①，下之，获其户三百。九月，复攻下河东怀远等军。冬十月，引军略至蓟北，俘获以还。先是德祖俘奚七千户，徙饶乐之清河。至是创为奚迭剌部，分十三县。

脱脱等：《辽史》卷一《太祖本纪上》，北京：中华书局，2016 年，第 2 页。

---

① "女直"即"女真"，是《辽史》编纂者为避讳辽兴宗讳而改为女直。

唐天复四年（904 年）

明年岁甲子，三月，广龙化州之东城。

脱脱等：《辽史》卷一《太祖本纪上》，北京：中华书局，2016 年，第 2 页。

唐天复五年（905 年）

冬十月，太祖以骑兵七万会克用于云州，宴酣，克用借兵以报刘仁恭木瓜涧之役，太祖许之。易袍马，约为兄弟。及进兵击仁恭，拔数州，尽徙其民以归。

脱脱等：《辽史》卷一《太祖本纪上》，北京：中华书局，2016 年，第 2 页。

唐天复六年（906 年）

十一月，遣偏师讨奚、霫诸部及东北女直之未附者，悉破降之。

脱脱等：《辽史》卷一《太祖本纪上》，北京：中华书局，2016 年，第 2 页。

辽太祖元年（907 年）

秋七月乙酉，其兄平州刺史守奇率其众数千人来降，命置之平卢城。

脱脱等：《辽史》卷一《太祖本纪上》，北京：中华书局，2016 年，第 3 页。

后梁开平元年（907 年）

夏，四月，己酉，直抵幽州城下。仁恭犹在大安山，城中无备，几至不守。守光自外引兵入，登城拒守；又出兵与思安战，思安败退。守光遂自称节度使，令部将李小喜、元行钦将兵攻大安山。仁恭遣兵拒战，为小喜所败。虏仁恭以归，囚于别室。

司马光：《资治通鉴》卷二百六十六《后梁纪一·太祖神武元圣孝皇帝上》，北京：中华书局，2011 年，第 8791 页。

银胡䩮都指挥使王思同帅部兵三千，山后八军巡检使李承约帅部兵二千奔河东；守光弟守奇奔契丹，未几，亦奔河东。

司马光：《资治通鉴》卷二百六十六《后梁纪一·太祖神武元圣孝皇帝上》，北京：中华书局，2011年，第8791—8792页。

辽太祖六年（912年）

秋七月丙午，亲征术不姑，降之，俘获以数万计。命弟剌葛分兵攻平州。

脱脱等：《辽史》卷一《太祖本纪上》，北京：中华书局，2016年，第6页。

辽太祖九年（915年）

九年春正月，乌古部叛，讨平之。夏六月，幽州军校齐行本举其族及其部曲男女三千人请降，诏授检校尚书、左仆射，赐名兀欲，给其廪食。数日亡去，幽帅周德威纳之。及诏索之，德威语不逊，乃议南征。

脱脱等：《辽史》卷一《太祖本纪上》，北京：中华书局，2016年，第10页。

辽太祖神册元年（916年）

秋七月壬申，亲征突厥、吐浑、党项、小蕃、沙陀诸部，皆平之。俘其酋长及其户万五千六百，铠甲、兵仗、器服九十余万，宝货、驼马、牛羊不可胜算。

脱脱等：《辽史》卷一《太祖本纪上》，北京：中华书局，2016年，第11页。

辽太祖神册三年（918年）

二月，达旦国①来聘。癸亥，城皇都，以礼部尚书康默记充版筑使。

脱脱等：《辽史》卷一《太祖本纪上》，北京：中华书局，2016年，第12页。

辽太祖神册四年（919年）

四年春正月丙申，射虎东山。二月丙寅，修辽阳故城，以汉民、渤海户实

① 为辽所属的部族。

之，改为东平郡，置防御使。

脱脱等：《辽史》卷二《太祖本纪下》，北京：中华书局，2016 年，第17 页。

冬十月丙午，次乌古部，天大风雪，兵不能进，上祷于天，俄顷而霁。命皇太子将先锋军进击，破之。俘获生口万四千二百，牛马、车乘、庐帐、器物二十余万。自是举部来附。

脱脱等：《辽史》卷二《太祖本纪下》，北京：中华书局，2016 年，第17 页。

辽太祖神册五年（920 年）

冬十月辛未，攻天德。癸酉，节度使宋瑶降，赐弓矢、鞍马、旗鼓，更其军曰应天。甲戌，班师。宋瑶复叛。丙子，拔其城，擒宋瑶，俘其家属，徙其民于阴山南。

脱脱等：《辽史》卷二《太祖本纪下》，北京：中华书局，2016 年，第18 页。

辽太祖神册六年（921 年）

冬十月癸丑朔，晋新州防御使王郁以所部山北兵马内附。

脱脱等：《辽史》卷二《太祖本纪下》，北京：中华书局，2016 年，第19 页。

十一月癸卯，下古北口。丁未，分兵略檀、顺、安远、三河、良乡、望都、潞、满城、遂城等十余城，俘其民徙内地。

脱脱等：《辽史》卷二《太祖本纪下》，北京：中华书局，2016 年，第19 页。

十二月癸丑，王郁率其众来朝，上呼郁为子，赏赉甚厚，而徙其众于潢水之南。

脱脱等：《辽史》卷二《太祖本纪下》，北京：中华书局，2016 年，第19 页。

十二月己卯，还次檀州，幽人来袭，击走之，擒其裨将。诏徙檀、顺民于东平、沈州。

脱脱等：《辽史》卷二《太祖本纪下》，北京：中华书局，2016 年，第 19 页。

辽太祖天赞元年（922 年）

六月，遣鹰军击西南诸部，以所获赐贫民。

脱脱等：《辽史》卷二《太祖本纪下》，北京：中华书局，2016 年，第 20 页。

十一月壬寅，命皇子尧骨为天下兵马大元帅，略地蓟北。

脱脱等：《辽史》卷二《太祖本纪下》，北京：中华书局，2016 年，第 20 页。

辽太祖天赞二年（923 年）

三月戊寅，军于箭笴山，讨叛奚胡损，获之，射以鬼箭。诛其党三百人，沉之狗河。

脱脱等：《辽史》卷二《太祖本纪下》，北京：中华书局，2016 年，第 20 页。

辽太祖天赞三年（924 年）

三年春正月，遣兵略地燕南。

脱脱等：《辽史》卷二《太祖本纪下》，北京：中华书局，2016 年，第 21 页。

夏五月丙午，以惕隐迭里为南院夷离堇。是月，徙蓟州民实辽州地。渤海杀其刺史张秀实而掠其民。

脱脱等：《辽史》卷二《太祖本纪下》，北京：中华书局，2016 年，第 21 页。

后唐庄宗同光二年（924 年）

春，正月，甲辰，幽州奏契丹入寇，至瓦桥。以天平军节度使李嗣源为北面行营都招讨使，陕州留后霍彦威副之，宣徽使李绍宏为监军，将兵救幽州。

司马光：《资治通鉴》卷二百七十三《后唐纪二·庄宗光圣神闵孝皇帝

中》，北京：中华书局，2011 年，第 9034 页。

后唐庄宗同光二年三月，阿保机率所部入寇新城。

王溥：《五代会要》卷二十九《契丹》，上海：上海古籍出版社，1978 年，第 456 页。

十二月，又入寇岚州。

王溥：《五代会要》卷二十九《契丹》，上海：上海古籍出版社，1978 年，第 456 页。

（秋七月）庚申，置威塞军于新州。契丹恃其强盛，遣使就帝求幽州以处卢文进。时东北诸夷皆役属契丹，惟渤海未服；契丹主谋入寇，恐渤海掎其后，乃先举兵击渤海之辽东，遣其将秃馁及卢文进据营、平等州以扰燕地。

司马光：《资治通鉴》卷二百七十三《后唐纪二·庄宗光圣神闵孝皇帝中》，北京：中华书局，2011 年，第 9047 页。

（十一月）庚申，蔚州言契丹入寇。

司马光：《资治通鉴》卷二百七十三《后唐纪二·庄宗光圣神闵孝皇帝中》，北京：中华书局，2011 年，第 9051 页。

辽太祖天显元年（926 年）

三月戊午，遣夷离毕康默记、左仆射韩延徽攻长岭府。甲子，祭天。丁卯，幸人皇王宫。己巳，安边、郏颉、定理三府叛，遣安端讨之。丁丑，三府平。壬午，安端献俘，诛安边府叛帅二人。癸未，宴东丹国僚佐，颁赐有差。甲申，幸天福城。乙酉，班师，以大諲譔[①]举族行。

脱脱等：《辽史》卷二《太祖本纪下》，北京：中华书局，2016 年，第 24—25 页。

（秋七月）辛未，卫送大諲譔于皇都西，筑城以居之。赐諲譔名曰乌鲁古，妻曰阿里只。

脱脱等：《辽史》卷二《太祖本纪下》，北京：中华书局，2016 年，第 25 页。

---

① 渤海国末代国王。

辽太宗天显三年（928 年）

九月己卯，突吕不遣人献讨乌古俘。癸未，诏分赐群臣。

脱脱等：《辽史》卷三《太宗本纪上》，北京：中华书局，2016 年，第 31 页。

（十二月）时人皇王①在皇都，诏遣耶律羽之迁东丹民以实东平。其民或亡入新罗、女直，因诏困乏不能迁者，许上国富民给赡而隶属之。

脱脱等：《辽史》卷三《太宗本纪上》，北京：中华书局，2016 年，第 32 页。

辽太宗天显四年（929 年）

六月丙午，突吕不献乌古俘。戊申，分赐将士。

脱脱等：《辽史》卷三《太宗本纪上》，北京：中华书局，2016 年，第 32 页。

辽太宗天显五年（930 年）

二月己亥，诏修南京。癸卯，李胡还自云中，朝于行在。丙午，以先所俘渤海户赐李胡。

脱脱等：《辽史》卷三《太宗本纪上》，北京：中华书局，2016 年，第 33 页。

辽太宗天显七年（932 年）

十二月辛亥，以叛人泥离衮家口分赐群臣。

脱脱等：《辽史》卷三《太宗本纪上》，北京：中华书局，2016 年，第 36 页。

辽太宗天显九年（934 年）

十一月辛丑，围武州之阳城。壬寅，阳城降。癸卯，洼只城降，括所俘丁壮籍于军。

---

① 指皇太子耶律倍。

脱脱等：《辽史》卷三《太宗本纪上》，北京：中华书局，2016 年，第 38 页。

辽太宗天显十年（935 年）

夏四月，吐谷浑酋长退欲德率众内附。

脱脱等：《辽史》卷三《太宗本纪上》，北京：中华书局，2016 年，第 39 页。

辽太宗天显十二年（937 年）

春正月丙辰，次堆子口。癸亥，遣国舅安端发奚西部民各还本土。

脱脱等：《辽史》卷三《太宗本纪上》，北京：中华书局，2016 年，第 42 页。

辽太宗会同三年（940 年）

（八月）丙辰，诏以于谐里河、胪朐河之近地，给赐南院欧堇突吕、乙斯勃，北院温纳何剌三石烈人为农田。

脱脱等：《辽史》卷四《太宗本纪下》，北京：中华书局，2016 年，第 52 页。

辽太宗会同四年（941 年）

（十二月）甲寅，攻拔朔州，遣控鹤指挥使谐里劳军。时袅古只战殁城下，上怒，命诛城中丁壮，仍以叛民上户三十为袅古只部曲。

脱脱等：《辽史》卷四《太宗本纪下》，北京：中华书局，2016 年，第 55 页。

辽太宗会同五年（942 年）

（春正月）诏政事令僧隐等以契丹户分屯南边。

脱脱等：《辽史》卷四《太宗本纪下》，北京：中华书局，2016 年，第 55 页。

辽太宗会同七年（944 年）

（三月）壬午，留赵延昭守贝州，徙所俘户于内地。

　　脱脱等：《辽史》卷四《太宗本纪下》，北京：中华书局，2016 年，第 58 页。

五月癸酉，耶律拔里得奏破德州，擒刺史尹居璠及将吏二十七人。

　　脱脱等：《辽史》卷四《太宗本纪下》，北京：中华书局，2016 年，第 58 页。

后晋天福九年（944 年）

　　时夹马军士千余人在堤间治水寨，使人亟召之，旗幡之末出于堰埭，虏以为伪遁，伏兵所起，遂整军而立，良久复战。守贞在战之后，立马于大冢之端，去阵三百余步，不敢寸进。俄顷，王师又退至冢下，李守贞以数百骑短兵直进击之。虏稍退，战场之地，人马死者无算。断箭残镞交横，厚数寸，既而昏暝，贼击钲而去，夜行三十里，乃收合夷伤，萃于野次。甲戌，太原镇定咸奏："已各离本部，刻期于邯战会合师徒。"乙亥，虏主帐内小校窃德光所乘马来奔。辛巳，传木书收军北去。

　　王钦若：《册府元龟》卷一百一十八《亲征第三》，南京：凤凰出版社，2006 年，第 1288 页。

后晋开运元年（944 年）

　　（三月）契丹主自澶州北分为两军，一出沧、德，一出深、冀而归。所过焚掠，方广千里，民物殆尽。留赵延照为贝州留后。麻答陷德州，擒刺史尹居璠。

　　司马光：《资治通鉴》卷二百八十四《后晋纪五齐王中》，北京：中华书局，2011，第 9396 页。

　　（三月）己丑，冀州刺史白从晖及契丹战于衡水，败之。癸巳，籍民为武定军。

　　欧阳修：《新五代史》卷九《晋出帝本纪》，北京：中华书局，2016 年，第 109 页。

辽太宗会同八年（945 年）

　　三月，辽帝伪弃元城去，伏精骑于古顿丘城，以俟晋军与恒、定之兵合而来击。大军欲进追之，会霖雨而止。辽兵人马饥疲。赵延寿曰："晋军悉在河上，畏我锋锐，必不敢前，不如即其城下，四合攻之，夺其浮梁，则天下定矣。"辽帝从之，亲将兵十余万，阵于澶州城北，与晋高行周合战，自午至晡，互有胜负。辽帝以精兵当中军而来，晋帝亦出阵待之。辽帝望见晋军之盛，谓左右曰："杨光远言晋兵半已馁死，今何其多也？"以精骑左右掠阵，晋军不动，万弩齐发，飞矢蔽地，辽帝稍却，两军死者不可胜数。昏[①]后，各引去。

叶隆礼：《契丹国志》卷二《太宗嗣圣皇帝上》，北京：中华书局，2014年，第28页。

辽太宗会同九年（946年）

三月己亥，吐谷浑遣军校恤烈献生口千户，授恤烈检校司空。

脱脱等：《辽史》卷四《太宗本纪下》，北京：中华书局，2016年，第61页。

夏四月辛酉朔，吐谷浑白可久来附。

脱脱等：《辽史》卷四《太宗本纪下》，北京：中华书局，2016年，第61页。

五月庚戌，晋易州戍将孙方简请内附。

脱脱等：《辽史》卷四《太宗本纪下》，北京：中华书局，2016年，第61页。

后晋开运三年（946年）

孙方谏为定州节度使，先是州北二百里有狼山，山上有堡，边人赖之以避戎虏之患，中置佛舍，有孙氏尼者主其事。以香火之教聚其流俗，远近村民多归之。

王钦若：《册府元龟》卷九百二十二《妖妄第二》，南京：凤凰出版社，2006年，第10698页。

辽太宗大同元年（947年）

初，杨光远在青州求内附，其子承勋不听，杀其判官丘涛及弟承祚等，自

---

① 指黄昏。

归于晋，故诛之。春正月己丑，以张彦泽擅徙重贵开封，杀桑维翰，纵兵大掠，不道，斩于市。

脱脱等：《辽史》卷四《太宗本纪下》，北京：中华书局，2016 年，第 63 页。

（春正月）辛卯，降重贵为崇禄大夫、检校太尉，封负义侯。癸巳，以张砺为平章事，晋李崧为枢密使，冯道为太傅，和凝为翰林学士，赵莹为太子太保，刘煦守太保，冯玉为太子少保。癸卯，遣赵莹、冯玉、李彦韬将三百骑送负义侯及其母李氏、太妃安氏、妻冯氏、弟重睿、子延煦延宝等于黄龙府安置。仍以其宫女五十人、内宦三人、东西班五十人、医官一人、控鹤四人、庖丁七人、茶酒司三人、仪鸾三人、健卒十人从之。

脱脱等：《辽史》卷四《太宗本纪下》，北京：中华书局，2016 年，第 63 页。

三月丙戌朔，以萧翰为宣武军节度使，赐将吏爵赏有差。壬寅，晋诸司僚吏、嫔御、宦寺、方技、百工、图籍、历象、石经、铜人、明堂刻漏、太常乐谱、诸宫县、卤簿、法物及铠仗，悉送上京。磁州帅梁晖以相州降汉。

脱脱等：《辽史》卷四《太宗本纪下》，北京：中华书局，2016 年，第 64 页。

（四月）皇太弟遣使问军前事，上报曰："初以兵二十万降杜重威、张彦泽，下镇州。及入汴，视其官属具员者省之，当其才者任之。司属虽存，官吏废堕，犹雏飞之后，徒有空巢。久经离乱，一至于此。所在盗贼屯结，土功不息，馈饷非时，民不堪命。河东尚未归命，西路酋帅亦相党附，夙夜以思，制之之术，惟推心庶僚，和协军情，抚绥百姓三者而已。今所归顺凡七十六处，得户一百九万百一十八。非汴州炎热，水土难居，止得一年，太平可指掌而致。且改镇州为中京，以备巡幸。欲伐河东，姑俟别图。其概如此。"

脱脱等：《辽史》卷四《太宗本纪下》，北京：中华书局，2016 年，第 64—65 页。

辽世宗大同元年（947 年）

八月壬午朔，尊母萧氏为皇太后，以太后族剌只撒古鲁为国舅帐，立详稳以总焉。以崇德宫户分赐翼戴功臣及北院大王洼、南院大王吼各五十，安搏、楚补各百。的鲁、铁剌子孙先以非罪籍没者归之。

脱脱等：《辽史》卷五《世宗本纪》，北京：中华书局，2016年，第72页。

后晋开运四年（947年）

于是太后与冯皇后、皇弟重睿、皇子延煦、延宝等举族从帝而北。以宫女五十、宦者三十、东西班五十、医官一、控鹤官四、御厨七、茶酒司三、仪鸾司三、六军士二十人从，卫以骑兵三百。所经州县，皆故晋将吏，有所供馈，不得通。路傍父老，争持羊酒为献，卫兵拥隔，不使见帝，皆涕泣而去。

欧阳修：《新五代史》卷十七《高祖皇后李氏传》，北京：中华书局，2016年，第206页。

自幽州行十余日，过平州，出榆关，行砂碛中，饥不得食，遣宫女、从官采木实、野蔬而食。又行七八日，至锦州，虏人迫帝与太后拜阿保机画像。帝不胜其辱，泣而呼曰："薛超误我，不令我死！"又行五六日，过海北州，至东丹王墓，遣延煦拜之。又行十余日，渡辽水，至渤海国铁州。又行七八日，过南海府，遂至黄龙府。是岁六月，契丹国母徙帝、太后于怀密州，州去黄龙府西北一千五百里。行过辽阳二百里，而国母为永康王所囚，永康王遣帝、太后还止辽阳，稍供给之。

欧阳修：《新五代史》卷十七《高祖皇后李氏传》，北京：中华书局，2016年，第206页。

后汉天福十二年（947年）

（正月）辛卯，契丹以晋主为负义侯，置于黄龙府。黄龙府，即慕容氏和龙城也。

司马光：《资治通鉴》卷二百八十六《后汉纪一高祖睿文圣武昭肃孝皇帝上》，北京：中华书局，2011年，第9457页。

晋主既出塞，契丹无复供给，从官、宫女，皆自采木实、草叶而食之。至锦州，契丹令晋主①及后妃拜契丹主阿保机墓。晋主不胜屈辱，泣曰："薛超误我！"冯后阴令左右求毒药，欲与晋主俱自杀，不果。

------

① 即晋出帝石重贵。

司马光：《资治通鉴》卷二百八十六《后汉纪一高祖睿文圣武昭肃孝皇帝上》，北京：中华书局，2011年，第9470页。

晞，涿州人也。既而何重建附蜀，史匡威不受代，契丹势稍沮。晋昌节度使赵在礼入朝，其裨将留长安者作乱，节度副使建人李肃讨诛之，军府以安。晋主之绝契丹也，匡国节度使刘继勋为宣徽北院使，颇豫其谋；契丹主入汴，继勋入朝，契丹主责之。时冯道在殿上，继勋急指道曰："冯道为首相，与景延广实为此谋。臣位卑，何敢发言！"契丹主曰："此叟非多事者，勿妄引之！"命锁继勋，将送黄龙府。

司马光：《资治通鉴》卷二百八十六《后汉纪一高祖睿文圣武昭肃孝皇帝上》，北京：中华书局，2011年，第9461—9462页。

赵在礼至洛阳，谓人曰："契丹主尝言庄宗之乱由我所致。我此行良可忧。"契丹遣契丹将述轧、奚王拽剌、勃海将高谟翰戍洛阳，在礼入谒，拜于庭下，拽剌等皆踞坐受之。乙卯，在礼至郑州，闻继勋被锁，大惊，夜，自经于马枥间。契丹主闻在礼死，乃释继勋，继勋忧愤而卒。刘晞在契丹尝为枢密使、同平章事，至洛阳，诟奚王曰："赵在礼汉家大臣，尔北方一酋长耳，安得慢之如此！"立于庭下以挫之。由是洛人稍安。契丹主广受四方贡献，大纵酒作乐，每谓晋臣曰："中国①事，我皆知之，吾国事，汝曹不知也。"赵延寿请给上国兵廪食，契丹主曰："吾国无此法。"乃纵胡骑四出，以牧马为名，分番剽掠，谓之"打草谷"。丁壮毙于锋刃，老弱委于沟壑，自东、西两畿及郑、滑、曹、濮，数百里间，财畜殆尽。契丹主谓判三司刘煦曰："契丹兵三十万，既平晋国，应有优赐，速宜营办。"时府库空竭，煦不知所出，请括借都城士民钱帛，自将相以下皆不免。又分遣使者数十人诣诸州括借，皆迫以严诛，人不聊生。其实无所颁给，皆蓄之内库，欲辇归其国。于是内外怨愤，始患苦契丹，皆思逐之矣。

司马光：《资治通鉴》卷二百八十六《后汉纪一高祖睿文圣武昭肃孝皇帝上》，北京：中华书局，2011年，第9462—9463页。

---

① 指中原。

后汉乾祐元年（948 年）

兀欲率万骑攻邢州，陷内丘。契丹入寇，常以马嘶为候。其来也，马不甚嘶鸣，而矛戟夜有光，又月食，虏众皆惧，以为凶，虽破内丘而人马伤死者太半。兀欲立五年，会诸部酋长，复谋入寇，诸部大人皆不欲，兀欲疆之。燕王述轧与太宁王呕里僧等率兵杀兀欲于火神淀。德光子齐王述律闻乱，走南山。

欧阳修：《新五代史》卷七十三《四夷附录第二》，北京：中华书局，2016年，第 1021—1022 页。

辽世宗天禄三年（949 年）

冬十月，遣诸将率兵攻下贝州高老镇，徇地邺都、南宫、堂阳，杀深州刺史史万山，俘获甚众。

脱脱等：《辽史》卷五《世宗本纪》，北京：中华书局，2016 年，第 73 页。

后汉乾祐二年（949 年）

（十月）契丹寇河北，所过杀掠；节度使、刺史各婴城自守。游骑至贝州及邺都之北境，帝忧之。己丑，遣枢密使郭威督诸将御之，以宣徽使王峻监其军。十一月，契丹闻汉兵渡河，乃引去。

司马光：《资治通鉴》卷二百八十八《后汉纪三高祖睿文圣武昭肃孝皇帝下》，北京：中华书局，2011 年，第 9545 页。

辽世宗天禄四年（950 年）

冬十月，自将南伐，攻下安平、内丘、束鹿等城，大获而还。

脱脱等：《辽史》卷五《世宗本纪》，北京：中华书局，2016 年，第 73 页。

后汉乾祐三年（950 年）

先是，契丹入边，万山城守，郭威遣索万进率骑七百屯深州。一日，契丹数千骑迫州东门，万山父子率兵百余人袭之。契丹伪退十余里，而伏兵发，万山血战，急请救于万进，万进勒兵不出，万山死之，契丹亦解去。

薛居正：《旧五代史》卷一百三《隐帝本纪下》，北京：中华书局，1976年，第 1366 页。

后周太祖广顺二年 (952 年)

契丹虞部员外郎胡峤为汝州鲁山县令,并以其归化故也。

王钦若:《册府元龟》卷一百七十《帝王部·来远》,南京:凤凰出版社,2006 年,第 1898 页。

辽穆宗应历四年 (954 年)

秋七月乙酉,汉民有为辽军误掠者,遣使来请,诏悉归之。

脱脱等:《辽史》卷六《穆宗本纪上》,北京:中华书局,2016 年,第 80 页。

南唐元宗保大十二年 (954 年)

戎意晋人杀其使,数犯中原。至是,馆戎使于清风驿,夜燕,更衣,盗斩其首,契丹自此不至,盖中原间之也。

马令,(宋) 陆游:《南唐书 (两种)》,南京:南京出版社,2020 年,第 34—35 页。

后周显德元年 (954 年)

渤海国乌思罗等三十人归化,其后隔绝不通。

马端临:《文献通考》卷三百二十六《渤海》,北京:中华书局,1986 年,第 2568 页。

辽穆宗应历十五年 (965 年)

(秋七月) 丁丑,乌古掠上京北榆林峪居民,遣林牙萧干讨之。庚辰,雅里斯等与乌古战,不利。

脱脱等:《辽史》卷七《穆宗本纪下》,北京:中华书局,2016 年,第 91 页。

辽穆宗应历十九年 (969 年)

三月丙戌,入上京,以萧思温为北院枢密使。太平王罨撒葛亡入沙沱。

脱脱等:《辽史》卷八《景宗本纪上》,北京:中华书局,2016 年,第 98 页。

二、杂编

《旧五代史》卷九十七《卢文进传》

未几，文进引契丹寇新州。自是戎师岁至，驱掳数州士女，教其织纴工作，中国所为者悉备，契丹所以强盛者，得文进之故也。

薛居正：《旧五代史》卷九十七《卢文进传》，北京：中华书局，1976 年，第 1295 页。

《旧五代史》卷九十八《刘晞传》

刘晞者，涿州人也。父济雍，累为本郡诸邑令长。晞少以儒学称于乡里，尝为唐将周德威从事，后陷于契丹，契丹以汉职縻之。天福中，契丹命晞为燕京留守，尝于契丹三知贡举，历官至同平章事、兼侍中。随契丹入汴，授洛京留守。会河阳军乱，晞走许州，又奔东京，萧翰遣兵送晞至洛下。契丹主死，晞自洛复至东京，随萧翰北归，遂留镇州。汉初，与麻答同奔定州，后卒于北蕃①。

薛居正：《旧五代史》卷九十八《刘晞传》，北京：中华书局，1976 年，第 1317 页。

《新五代史》卷七十二《四夷附录第一·契丹》

阿保机，亦不知其何部人也，为人多智勇而善骑射。是时，刘守光暴虐，幽涿之人多亡入契丹。阿保机乘间入塞，攻陷城邑，俘其人民，依唐州县置城以居之。

欧阳修：《新五代史》卷七十二《四夷附录第一·契丹》，北京：中华书局，2016 年，第 1002 页。

汉城在炭山东南滦河上，有盐铁之利，乃后魏滑盐县也。其地可植五谷，阿保机率汉人耕种，为治城郭邑屋廛市如幽州制度，汉人安之，不复思归。

欧阳修：《新五代史》卷七十二《四夷附录第一·契丹》，北京：中华书

---

① 指契丹。

局，2016 年，第 1002—1003 页。

《新五代史》卷七十三《四夷附录第二·兀欲》

北归。有同州郃阳县令胡峤为翰掌书记，随入契丹。而翰妻争妒，告翰谋反，翰见杀。峤无所依，居虏中七年。当周①广顺三年，亡归中国。

欧阳修：《新五代史》卷七十三《四夷附录第二·兀欲》，北京：中华书局，2016 年，第 1023 页。

《契丹国志》卷二十五《胡峤陷北记》

自幽州西北入居庸关，明日，又西北入石门关，关路崖狭，一夫可以当百，此中国控扼契丹之险也。又三日，至可汗州，南望五台山，其一峰最高者，东台也。又三日，至新武州，西北行五十里有鸡鸣山，云唐太宗北伐闻鸡鸣于此，因以名山。明日，入永定关北，此唐故关也。又四日，至归化州。又三日，登天岭，岭东西连亘，有路北下，四顾冥然，黄云白草，不可穷极。契丹谓峤曰："此辞乡岭也，可一南望而为永诀。"同行者皆恸哭，往往绝而复苏。

胡峤：《陷北记》，（宋）叶隆礼：《契丹国志》卷二十五，北京：中华书局，2014 年，第 265 页。

《契丹国志》卷十五《外戚传》

太宗忿石晋负恩，连年南牧，战定州，时深入，帝马陷泥泞中，珂下马奉帝出，身被数十疮，流血满体，太宗壮之。迁林牙、行宫都部署、西北路兵马招讨使。从入大梁，授同知京府事，寻授汉人枢密使，封吴王。

叶隆礼：《契丹国志》卷十五《外戚传》，北京：中华书局，2014 年，第 178 页。

《契丹国志》卷十六《韩延徽传》

韩延徽，幽州人也。仕刘守光为幕府参军，守光与六镇构怨，自称燕帝，

---

① 即后周政权。

延徽谏之不从，守光置斧质于庭，曰："敢谏者斩。"孙鹤力谏，守光杀之。延徽以幕府之旧，且素重之，得全。守光末年衰困，卢龙巡属皆入于晋，遣延徽求援于契丹。太祖怒其不拜，留之，使牧马于野。

叶隆礼：《契丹国志》卷十六《韩延徽》，北京：中华书局，2014年，第181页。

《资治通鉴》卷二百六十九《后梁纪四》

及称帝，以延徽为相，累迁至中书令。晋王遣使至契丹，延徽寓书于晋王，叙所以北去之意，且曰："非不恋英主，非不思故乡，所以不留，正惧王缄之谗耳。"因以老母为托，且曰："延徽在此，契丹必不南牧。"故终同光之世，契丹不深入为寇，延徽之力也。

司马光：《资治通鉴》卷二百六十九《后梁纪四》，北京：中华书局，2011年，第8931—8932页。

《新五代史》卷四十八《卢文进传》

文进自平州率众数万归唐，明宗得之，喜甚，以为义成军节度使。居岁余，徙镇威胜，加同平章事。入为上将军，出镇昭义，徙安远。晋高祖立，与契丹约为父子，文进惧不自安。天福元年冬，杀其行军司马冯知兆、副使杜重贵，送款于李昇，昇遣兵迎之。文进居数镇，颇有善政，兵民爱之。其将行也，从数骑，自至营中别其将士，告以避契丹之意，将士皆再拜为诀，乃南奔。

欧阳修：《新五代史》卷四十八《卢文进传》，北京：中华书局，2016年，第611—612页。

《南唐书》

高越，燕人，清警有才思，文价蔼于北土。时威武军节度使卢文进有女美而慧，善属文，时称"女学士"。越闻而慕焉，往谒文进，文进以妻之。

马令，陆游：《南唐书（两种）》，南京：南京出版社，2020年，第104页。

《辽史》卷三十四《兵卫志上》

遥辇耶澜可汗十年，岁在辛酉，太祖授钺专征，破室韦、于厥、奚三国，俘获庐帐，不可胜纪。十月，授大迭烈府夷离堇，明赏罚，缮甲兵，休息民庶，滋蕃群牧，务在戢兵。十一年，总兵四十万伐代北，克郡县九，俘九万五千口。十二年，德祖讨奚，俘七千户。

脱脱等：《辽史》卷三十四《兵卫志上》，北京：中华书局，2016年，第450页。

太祖即位五年，讨西奚、东奚，悉平之，尽有奚、霫之众。六年春，亲征幽州，东西旌旗相望，亘数百里。所经郡县，望风皆下，俘获甚众，振旅而还。秋，亲征背阴国，俘获数万计。神册元年，亲征突厥、吐浑、党项、小蕃、沙陀诸部，俘户一万五千六百。攻振武，乘胜而东，攻蔚、新、武、妫、儒五州，俘获不可胜纪，斩不从命者万四千七百级。尽有代北、河曲、阴山之众，遂取山北八军。四年，亲征于骨里国，俘获一万四千二百口。五年，征党项，俘获二千六百口。攻天德军，拔十有二栅，徙其民。六年，出居庸关，分兵掠檀、顺等州，安远军、三河、良乡、望都、潞、满城、遂城等县，俘其民徙内地。皇太子略定州，俘获甚众。天赞元年，以户口滋繁，纠辖疏远，分北大浓兀为二部，立两节度以统之。三年，西征党项等国，俘获不可胜纪。四年，又亲征渤海。天显元年，灭渤海国，地方五千里，兵数十万，五京、十五府、六十二州，尽有其众，契丹益大。

脱脱等：《辽史》卷三十四《兵卫志上》，北京：中华书局，2016年，第650页。

《辽史》卷三十五《兵卫志中》

十二宫一府，自上京至南京总要之地，各置提辖司。重地每宫皆置，内地一二而已。太和、永昌二宫宜与兴圣、延庆同。

脱脱：《辽史》卷三十五《兵卫志中》，北京：中华书局，2016年，第462页。

《辽史》卷三十七《地理志一》

帝尧画天下为九州。舜以冀、青地大，分幽、并、营，为州十有二。幽州在渤、碣之间，并州北有代、朔，营州东暨辽海。其地负山带海，其民执干戈，奋武卫，风气刚劲，自古为用武之地。太祖以迭剌部之众代遥辇氏，起临潢，建皇都；东并渤海，得城邑之居百有三。太宗立晋，有幽、涿、檀、蓟、顺、营、平、蔚、朔、云、应、新、妫、儒、武、寰十六州，于是割古幽、并、营之境而跨有之。东朝高丽[①]，西臣夏国，南子石晋而兄弟赵宋，吴越、南唐航海输贡。

脱脱等：《辽史》卷三十七《地理志一》，北京：中华书局，2016 年，第495 页。

迨于五代，辟地东西三千里。遥辇氏更八部曰旦利皆部、乙室活部、实活部、纳尾部、频没部、内会鸡部、集解部、奚嗢部，属县四十有一。每部设剌史，县置令。太宗以皇都为上京，升幽州为南京，改南京为东京，圣宗城中京，兴宗升云州为西京，于是五京备焉。又以征伐俘户建州襟要之地，多因旧居名之；加以私奴置投下州。总京五，府六，州、军、城百五十有六，县二百有九，部族五十有二，属国六十。东至于海，西至金山，暨于流沙，北至胪朐河，南至白沟，幅员万里。

上京临潢府。本汉辽东郡西安平之地。新莽曰北安平。太祖取天梯、蒙国、别鲁等三山之势，于苇甸射金龊箭以识之，谓之龙眉宫。神册三年城之，名曰皇都。天显十三年，更名上京，府曰临潢。

户三万六千五百。辖军、府、州、城二十五。统县十：

临潢县。太祖天赞初南攻燕、蓟，以所俘人户散居潢水之北，县临潢水，故以名。地宜种植。户三千五百。

长泰县。本渤海国长平县民，太祖伐大諲譔，先得是邑，迁其人于京西北，与汉民杂居。户四千。

定霸县。本扶余府强师县民，太祖下扶余，迁其人于京西北，与汉人杂处，分地耕种。统和八年，以诸宫提辖司人户置。隶长宁宫，户三千。

保和县。本渤海国富利县民，太祖破龙州，尽徒富利县人散居京南。统和八年，以诸宫提辖司人户置。隶彰愍宫，户四千。

潞县。本幽州潞县民，天赞元年，太祖破蓟州，掠潞县民，布于京东，与渤海人杂处。隶崇德宫，户三千。

---

① 指王氏高丽。

易俗县。本辽东渤海之民，太平九年，大延琳结构辽东夷叛，围守经年，乃降，尽迁于京北，置县居之。是年，又徙渤海叛人家属置焉。户一千。

迁辽县。本辽东诸县渤海人，大延琳叛，择其谋勇者置之左右。后以城降，戮之，徙其家属于京东北，故名。户一千。

渤海县。本东京人，因叛，徙置。

兴仁县。开泰二年置。

宣化县。本辽东神化县民，太祖破鸭渌府，尽徙其民居京之南。统和八年，以诸宫提辖司人户置。隶彰愍宫，户四千。

脱脱等：《辽史》卷三十七《地理志一》，北京：中华书局，2016 年，第 496—498 页。

周广顺中，胡峤记曰：

上京西楼，有邑屋市肆，交易无钱而用布。有绫锦诸工作、宦者、翰林、伎术、教坊、角抵、儒、僧尼、道士。中国人并、汾、幽、蓟为多。

宋大中祥符九年，薛映记曰：

上京者，中京正北八十里至松山馆，七十里至崇信馆，九十里至广宁馆，五十里至姚家寨馆，五十里至咸宁馆。三十里度潢水石桥，旁有饶州，唐于契丹尝置饶乐州，今渤海人居之。

祖州，天成军，上，节度。本辽右八部世没里地。太祖秋猎多于此，始置西楼。后因建城，号祖州。以高祖昭烈皇帝、曾祖庄敬皇帝、祖考简献皇帝、皇考宣简皇帝所生之地，故名。城高二丈，无敌棚，幅员九里。门，东曰望京，南曰大夏，西曰液山，北曰兴国。西北隅有内城。殿曰两明，奉安祖考御容；曰二仪，以白金铸太祖像；曰黑龙，曰清秘，各有太祖微时兵伐器物及服御皮毳之类，存之以示后嗣，使勿忘本。内南门曰兴圣，凡三门，上有楼阁，东西有角楼。东为州廨及诸宫廨舍，绫锦院，班院祗候蕃、汉、渤海三百人，供给内府取索。东南横街，四隅有楼对峙，下连市肆。东长霸县，西咸宁县。有祖山，山有太祖天皇帝庙，御靴尚存。又有龙门、黎谷、液山、液泉、白马、独石、天梯之山。水则南沙河、西液泉。太祖陵凿山为殿，曰明殿。殿南岭有膳堂，以备时祭。门曰黑龙。东偏有圣踪殿，立碑述太祖游猎之事。殿东有楼，立碑以纪太祖创业之功。皆在州西五里。天显中太宗建，隶弘义宫。统县二、城一：

长霸县。本龙州长平县民，迁于此。户二千。

咸宁县。本长宁县，破辽阳，迁其民置。户一千。

越王城。太祖伯父于越王述鲁西伐党项、吐浑，俘其民放牧于此，因建城。在州东南二十里。户一千。

脱脱等：《辽史》卷三十七《地理志一》，北京：中华书局，2016 年，第499—501 页。

怀州，奉陵军，上，节度。本唐归诚州。太宗行帐放牧于此。天赞中，从太祖破扶余城①，下龙泉府，俘其人，筑寨居之。会同中，掠燕、蓟所俘亦置此。太宗崩，葬西山，曰怀陵。大同元年，世宗置州以奉焉。是年，有骑十余猎于祖州西五十里大山中，见太宗乘白马，独追白狐，射之，一发而毙；忽不见，但获狐与矢。是日，太宗崩于栾城。后于其地建庙，又于州之凤凰门绘太宗驰骑贯狐之像。穆宗被害，葬怀陵侧，建凤凰殿以奉焉。有清凉殿，为行幸避暑之所。皆在州西二十里。隶永兴宫。统县二：

扶余县。本龙泉府。太祖迁渤海扶余县降户于此，世宗置县。户一千五百。

显理县。本显理府人，太祖伐渤海，俘其王大諲譔，迁民于此，世宗置县。户一千。

脱脱等：《辽史》卷三十七《地理志一》，北京：中华书局，2016 年，第501—502 页。

庆州，玄宁军，上，节度。本太保山黑河之地，岩谷险峻。穆宗建城，号黑河州。每岁来幸，射虎障鹰，军国之事多委大臣。后遇弑于此。以地苦寒，统和八年，州废。圣宗秋畋，爱其奇秀，建号庆州。辽国五代祖勃突，貌异常，有武略，力敌百人，众推为王。生于勃突山，因以名；没，葬山下。在州二百里。庆云山，本黑岭也。圣宗驻跸，爱羡曰："吾万岁后，当葬此。"兴宗遵遗命，建永庆陵。有望仙殿、御容殿。置蕃、汉守陵三千户，并隶大内都总管司。在州西二十里。有黑山、赤山、太保山、老翁岭、馒头山、兴国湖、辖失泺、黑河。景福元年复置，更隶兴圣宫。统县三：

---

① 即渤海国扶余府。

玄德县，本黑山黑河之地。景福元年，括落帐人户，从便居之。户六千。

孝安县。

富义县，本义州，太宗迁渤海义州民于此。重熙元年降为义丰县，后更名。隶弘义宫。

脱脱等：《辽史》卷三十七《地理志一》，北京：中华书局，2016年，第502页。

仪坤州，启圣军，节度。本契丹右大部地。应天皇后建州。回鹘①糯思居之，至四世孙容我梅里，生应天皇后述律氏，适太祖。太祖开拓四方，平渤海，后有力焉。俘掠有技艺者多归帐下，谓之属珊。以所生之地置州。州建启圣院，中为仪宁殿，太祖天皇帝、应天地皇后银像在焉。隶长宁宫。统县一：

广义县，本回鹘部牧地。应天皇后以四征所俘居之，因建州县。统和八年，以诸宫提辖司户置来远县，十三年并入。户二千五百。

脱脱等：《辽史》卷三十七《地理志一》，北京：中华书局，2016年，第505页。

龙化州，兴国军，下，节度。本汉北安平县地。契丹始祖奇首可汗居此，称"龙庭"。太祖于此建东楼。唐天复二年，太祖为迭烈部夷离堇，破代北，迁其民，建城居之。明年，伐女直，俘数百户实焉。天祐元年，增修东城，制度颇壮丽。十三年，太祖于城东金铃冈受尊号曰大圣大明天皇帝，建元神册。天显元年，崩于东楼。太宗升节度。隶彰愍宫，兵事属北路女直兵马司。刺史州一，未详。统县一：

龙化县，太祖东伐女直，南掠燕、蓟，所俘建城置邑。户一千。

脱脱等：《辽史》卷三十七《地理志一》，北京：中华书局，2016年，第505页。

降圣州，开国军，下，刺史。本大部落东楼之地。太祖春月行帐多驻此。应天皇后梦神人金冠素服，执兵仗，貌甚丰美，异兽十二随之。中有黑兔跃入后怀，因而有娠，遂生太宗。时黑云覆帐，火光照室，有声如雷，诸部异之。穆宗建州。四面各三十里，禁樵采放牧。先属延昌宫，后隶彰愍宫。统县一：

---

①　又称"回纥"。

永安县。本龙原府庆州县名。太祖平渤海①，破怀州之永安，迁其人置寨于此，建县。户八百。

脱脱等：《辽史》卷三十七《地理志一》，北京：中华书局，2016 年，第505—506 页。

饶州，匡义军，中，节度。本唐饶乐府地。贞观中置松漠府。太祖完葺故垒。有潢河、长水泺、没打河、青山、大福山、松山。隶延庆宫。统县三：

长乐县，本辽城县名。太祖伐渤海，迁其民，建县居之。户四千，内一千户纳铁。

临河县，本丰永县人，太宗分兵伐渤海，迁于潢水之曲。户一千。

安民县，太宗以渤海诸邑所俘杂置。户一千。

脱脱等：《辽史》卷三十七《地理志一》，北京：中华书局，2016 年，第506 页。

《辽史》卷三十八《地理志二》

东京辽阳府。

忽汗州即故平壤城也，号中京显德府。太祖建国，攻渤海，拔忽汗城，俘其王大諲譔，以为东丹王国，立太子图欲为人皇王以主之。神册四年，葺辽阳故城，以渤海、汉户建东平郡，为防御州。天显三年，迁东丹国民居之，升为南京。城名天福，高三丈，有楼橹，幅员三十里。八门：东曰迎阳，东南曰韶阳，南曰龙原，西南曰显德，西曰大顺，西北曰大辽，北曰怀远，东北曰安远。宫城在东北隅，高三丈，具敌楼，南为三门，壮以楼观，四隅有角楼，相去各二里。宫墙北有让国皇帝御容殿。大内建二殿，不置宫嫔，唯以内省使副、判官守之。大东丹国新建南京碑铭，在宫门之南。外城谓之汉城，分南北市，中为看楼；晨集南市，夕集北市。街西有金德寺；大悲寺；附马寺，铁幡竿在焉；赵头陀寺；留守卫；户部司；军巡院，归化营军千余人，河、朔亡命，皆籍于此。

脱脱等：《辽史》卷三十八《地理志二》，北京：中华书局，2016 年，第518 页。

---

① 指渤海国。

天显十三年，改南京为东京，府曰辽阳。户四万六百四。辖州、府、军、城八十七。统县九：

辽阳县。本渤海国金德县地。汉浿水县，高丽改为勾丽县，渤海为常乐县。户一千五百。

仙乡县。本汉辽队县，渤海为永丰县。《神仙传》云："仙人白仲理能炼神丹，点黄金，以救百姓。"户一千五百。

鹤野县。本汉居就县地，渤海为鸡山县。昔丁令威家此，去家千年，化鹤来归，集于华表柱，以咮画表云："有鸟有鸟丁令威，去家千年今来归。城郭虽是人民非，何不学仙冢累累。"户一千二百。

析木县。本汉望平县地，渤海为花山县。户一千。

紫蒙县。本汉镂芳县地。后拂涅国置东平府，领蒙州紫蒙县。后徙辽城，并入黄岭县，渤海复为紫蒙县。户一千。

兴辽县。本汉平郭县地，渤海改为长宁县。唐元和中，渤海王大仁秀南定新罗，北略诸部，开置郡邑，遂定今民。户一千。

肃慎县。以渤海户置。

归仁县。

顺化县。

脱脱等：《辽史》卷三十八《地理志二》，北京：中华书局，2016年，第519—520页。

《辽史》卷三十九《地理志三》

锦州，临海军，中，节度。本汉辽东无虑县，慕容皝置西乐县。太祖以汉俘建州。有大胡僧山、小胡僧山、大查牙山、小查牙山、淘河岛。隶弘义宫。统州一、县二：

永乐县。

安昌县。

严州，保肃军，下，刺史。本汉海阳县地。太祖平渤海，迁汉户杂居兴州境，圣宗于此建城焉。隶弘义宫。来属。统县一：

兴城县。

脱脱等：《辽史》卷三十九《地理志三》，北京：中华书局，2016年，第

552 页。

建州，保静军，上，节度。唐武德中，置昌乐县。太祖完葺故垒，置州。汉乾佑元年，故石晋太后诣世宗，求于汉城侧耕垦自赡。许于建州南四十里给地五十顷，营构房室，创立宗庙。州在灵河之南，屡遭水害，圣宗迁于河北唐崇州故城。初名武宁军，隶永兴宫，后属敦睦宫。统县二：

永霸县。

永康县，本唐昌黎县地。

脱脱等：《辽史》卷三十九《地理志三》，北京：中华书局，2016 年，第 553 页。

《辽史》卷四十《地理志四》

檀州，武威军，下，刺史。本燕渔阳郡地，汉为白檀县。《魏书》：曹公历白檀，破乌丸于柳城。《续汉书》：白檀在右北平。元魏创密云郡，兼置安州。后周改为元州。隋开皇十八年割燕乐、密云二县置檀州。唐天宝元年改密云郡，乾元元年复为檀州。辽加今军号。有桑溪、鲍丘山、桃花山、螺山。统县二：

密云县。本汉白檀县，后汉以居犀奚。元魏置密云郡，领白檀、要阳、密云三县。高齐废郡及二县，来属。户五千。

行唐县。本定州行唐县。太祖掠定州，破行唐，尽驱其民，北至檀州，择旷土居之，凡置十寨，仍名行唐县。隶彰愍宫。户三千。

脱脱等：《辽史》卷四十《地理志四》，北京：中华书局，2016 年，第 565 页。

平州，辽兴军，上，节度。商为孤竹国，春秋山戎国。秦为辽西、右北平二郡地，汉因之。汉末，公孙度据有，传子康、孙渊，入魏。隋开皇中改平州，大业初复为郡。唐武德初改州，天宝元年仍北平郡。后唐复为平州。太祖天赞二年取之，以定州俘户错置其地。统州二、县三：

卢龙县。本肥如国。春秋晋灭肥，肥子奔燕，受封于此。汉、晋属辽西郡。元魏为郡治，兼立平州。北齐属北平郡。隋开皇中，省肥如，入新昌。十八年改新昌曰卢龙。唐为平州，后因之。户七千。

安喜县。本汉令支县地，久废。太祖以定州安喜县俘户置。在州东北六十里。户五千。

望都县。本汉海阳县，久废。太祖以定州望都县俘户置。县在州南三十里。户三千。

脱脱等：《辽史》卷四十《地理志四》，北京：中华书局，2016年，第568—569页。

滦州，永安军，中，刺史。本古黄洛城。滦河环绕，在卢龙山南。齐桓公伐山戎，见山神俞鬼，即此。秦为右北平。汉为石城县，后名海阳县。汉末为公孙度所有。晋以后属辽西。石晋割地，在平州之境。太祖以俘户置。滦州负山带河，为朔汉形胜之地。有扶苏泉，甚甘美，秦太子扶苏北筑长城尝驻此；临榆山，峰峦崛起，高千余仞，下临渝河。统县三：

石城县，汉置，属右北平郡[①]，久废。唐贞观中于此置临渝县，万岁通天元年改石城县，在滦州南三十里，唐仪凤石刻在焉。今县又在其南五十里，辽徙置以就盐官。户三千。

脱脱等：《辽史》卷四十《地理志四》，北京：中华书局，2016年，第569页。

营州，邻海军，下，刺史。本商孤竹国。秦属辽西郡。汉为昌黎郡。前燕慕容皝徙都于此。元魏立营州，领昌黎、建德、辽东、乐浪、冀阳、营丘六郡。后周为高宝宁所据。隋开皇置州，大业改辽西郡。唐武德元年改营州，万岁通天元年始入契丹。圣历二年侨治渔阳。开元五年还治柳城。天宝元年改曰柳城郡。后唐复为营州。太祖以居定州俘户。

脱脱等：《辽史》卷四十《地理志四》，北京：中华书局，2016年，第569—570页。

《辽史》卷四十一《地理志五》

丰州，天德军，节度使。秦为上郡北境，汉属五原郡。地碛卤，少田畴。自晋永嘉之乱，属赫连勃勃。后周置永丰镇。隋开皇中升永丰县，改丰州。大业七年为五原郡。义宁元年太守张逊奏改归顺郡。唐武德元年为丰州总管府。六年省，迁民于白马县，遂废。

---

① 郡治在平刚县平刚城（治今内蒙古宁城县西南）。

脱脱等：《辽史》卷四十一《地理志五》，北京：中华书局，2016 年，第 580 页。

振武县，本汉定襄郡盛乐县。背负阴山，前带黄河。元魏尝都盛乐，即此。唐武德四年克突厥，建云中都督府。麟德三年改单于大都督府。圣历元年又改安北都督。开元七年割隶东受降城。八年置振武军节度使。会昌五年为安北都护府。后唐庄宗以兄嗣本为振武节度使。太祖神册元年，伐吐浑还，攻之，尽俘其民以东，唯存乡兵三百人防戍。后更为县。

脱脱等：《辽史》卷四十一《地理志五》，北京：中华书局，2016 年，第 581 页。

天德军，本中受降城。唐开元中废横塞军，置天安军于大同川。乾元中改天德军，移永济栅，今治是也。太祖平党项，遂破天德，尽掠吏民以东。后置招讨司，渐成井邑，乃以国族为天德军节度使。有黄河、黑山峪、庐城、威塞军、秦长城、唐长城；又有牟那山，钳耳觜城在其北。

脱脱等：《辽史》卷四十一《地理志五》，北京：中华书局，2016 年，第 581—582 页。

奉圣州，武定军，上，节度。本唐新州。后唐置团练使，总山后八军，庄宗以弟存矩为之。军乱，杀存矩于祁州，拥大将卢文进亡归。太祖克新州，庄宗遣李嗣源复取之。同光二年升威塞军。石晋高祖割献，太宗改升。有两河会、温泉、龙门山、涿鹿山。东南至南京三百里，西北至西京四百四十里。兵事属西京都部署司。

脱脱等：《辽史》卷四十一《地理志五》，北京：中华书局，2016 年，第 582 页。

可汗州，清平军，下，刺史。本汉潘县，元魏废。北齐置北燕郡，改怀戎县。隋废郡，属涿郡。唐武德中复置北燕州，县仍旧。贞观八年改妫州。五代时，奚王去诸以数千帐徙妫州，自别为西奚①，号可汗州，太祖因之。有妫泉在城中，相传舜嫔二女于此。又有温泉、版泉、磨笄山、鸡鸣山、乔山、历山。

脱脱等：《辽史》卷四十一《地理志五》，北京：中华书局，2016 年，第 583 页。

_____

① 奚族的一部分。

蔚州，忠顺军，上，节度。周《职方》，并州川曰沤夷，在州境飞狐县。赵襄子灭代，武灵王置代郡；项羽徙赵歇为代王，歇还赵，立陈余王代，汉韩信斩余，复置代郡；文帝初封代；皆此地。周宣帝始置蔚州，隋开皇中废。唐武德四年复置。至德二年改兴唐县。乾元元年仍旧。大中后，朱邪执宜为刺史，有功，赐姓名李国昌。子克用乞为留后，僖宗不许。广明初，攻败国昌，代北无备，太祖来攻，克之，俘掠居民而去。

脱脱等：《辽史》卷四十一《地理志五》，北京：中华书局，2016 年，第584 页。

《辽史》卷四十五《百官志一》

著帐郎君院。遥辇痕德堇可汗以蒲古只等三族害于越室鲁，家属没入瓦里。应天皇太后知国政，析出之，以为著帐郎君、娘子，每加矜恤。世宗悉免之。其后内族、外戚及世官之家罪犯者，皆没入瓦里。人户益众，因复故名。皇太后、皇太妃帐，皆有著帐诸局。

脱脱等：《辽史》卷四十五《百官志一》，北京：中华书局，2016 年，第790—791 页。

著帐户司。本诸斡鲁朵户析出，及诸色人犯罪没入。凡御帐、皇太后、皇太妃、皇后、皇太子、近位、亲王祗从、伶官，皆充其役。

脱脱：《辽史》卷四十五《百官志一》，北京：中华书局，2016 年，第794 页。

《辽史》卷四十八《百官志四》

东京军巡院。《地理志》，东京有归化营军千余人，籍河朔亡命于此，置军巡院。

脱脱：《辽史》卷四十八《百官志四》，北京：中华书局，2016 年，第902 页。

《传》曰："虽楚有材，晋实用之。"辽自太祖以来，攻掠五代、宋境，得其人，则就用之，东、北二鄙，以农以工，有事则从军政。计之善者也。

脱脱等：《辽史》卷四十八《百官志四》，北京：中华书局，2016 年，第918 页。

《辽史》卷五十五《仪卫志一》

自黄帝而降，舆服之制，其来远矣。禹乘四载作小车，商人得桑根之瑞为大辂，周人加金玉，象饰益备。秦取六国仪物，而分别其用，先王之制，置而弗御。至汉中叶，锐意稽古，然礼文之事，名存实亡，盖得十一于千百焉。唐之车辂因周、隋遗法，损益可知。而祭服皆青，朝服皆绛，常服用宇文制，以紫、绯、绿、碧分品秩。五代颇以常服代朝服。辽国自太宗入晋之后，皇帝与南班汉官用汉服，太后与北班契丹臣僚用国服，其汉服即五代晋之遗制也。考之载籍之可征者，著《舆服篇》，冠诸《仪卫》之首。

脱脱等：《辽史》卷五十五《仪卫志一》，北京：中华书局，2016 年，第 1000 页。

《辽史》卷六十四《皇子表》

聪敏好学，通阴阳、医药、箴灸之术，知音律，善画，工文章。太祖征乌古、党项，倍为先锋都统。经略燕地，至定州。闻太祖与李存勖相拒于云碧店，引兵驰赴，存勖退走。陈渤海可取之计。天显元年，从征渤海，拔扶余城，太祖欲括户口，谏止，且劝乘势攻忽汗城，夜围降之。唐李从珂自立，密报太宗曰"从珂弑君，不可不讨。"

脱脱等：《辽史》卷六十四《皇子表》，北京：中华书局，2016 年，第 1075—1077 页。

李胡，勇悍多力。天显五年，徇代北，攻寰州，多俘而还。

脱脱等：《辽史》卷六十四《皇子表》，北京：中华书局，2016 年，第 1077—1080 页。

天显三年，救耶律沙于定州，为李嗣源所获，至石晋立，始得还。

脱脱等：《辽史》卷六十四《皇子表》，北京：中华书局，2016 年，第 1080—1081 页。

《辽史》卷六十九《部族表》

太祖三年，讨黑车子室韦，破之。西北嗢娘改①部族进牵车人。

---

① 可能就是后来的兀良哈（合）或乌梁海。

脱脱等：《辽史》卷六十九《部族表》，北京：中华书局，2016 年，第 1190—1191 页。

神册六年，皇太子暨诸将分击部落，以乌古、奚为图卢、涅离、奥畏三部。天赞元年击西南诸部。分迭剌部为二院。

脱脱等：《辽史》卷六十九《部族表》，北京：中华书局，2016 年，第 1193 页。

天赞二年，讨奚胡损，获之，置奚堕瑰部。

脱脱等：《辽史》卷六十九《部族表》，北京：中华书局，2016 年，第 1193—1194 页。

天显三年，太宗不改元，五月突吕不讨乌古部。九月突吕不献乌古俘。十一月鼻骨德来贡。

脱脱等：《辽史》卷六十九《部族表》，北京：中华书局，2016 年，第 1194 页。

天显四年，突吕不献乌古俘。

脱脱等：《辽史》卷六十九《部族表》，北京：中华书局，2016 年，第 1195 页。

会同三年，正月乌古献伏鹿国俘。八月黑车子室韦来贡。九月术不姑三部人来贡。

脱脱等：《辽史》卷六十九《部族表》，北京：中华书局，2016 年，第 1196 页。

会同四年，正月涅剌、乌隗二部上党项俘获。乙室、品、突举三部上项俘获。二月乌古来贡。于厥里来贡。六月阿里底来贡。

脱脱等：《辽史》卷六十九《部族表》，北京：中华书局，2016 年，第 1196 页。

会同九年，正月鼻骨德奏军籍。

脱脱等：《辽史》卷六十九《部族表》，北京：中华书局，2016 年，第 1198 页。

应历十四年，九月黄室韦叛。十二月库古只奏黄室韦掠马牛，叛去。库古只与黄室韦战，败之，降其众。赐诏抚谕。乌古叛，掠居民财蓄。

脱脱等：《辽史》卷六十九《部族表》，北京：中华书局，2016 年，第

1199 页。

应历十五年，正月乌古杀其酋长底，降而复叛。二月大黄室韦酋长寅底吉叛。五坊人四十户叛入乌古。

脱脱等：《辽史》卷六十九《部族表》，北京：中华书局，2016 年，第 1200 页。

应历十五年，四月库古只奏室韦酋长寅底吉亡入敌烈。五月敌烈来降。六月乌古至河德泺，遣夷离堇画里、夷离毕常恩以击之。丁丑，乌古掠上京北榆林峪居民，遣林牙萧干讨之。

脱脱等：《辽史》卷六十九《部族表》，北京：中华书局，2016 年，第 1201 页。

应历十七年，正月夷离毕骨欲献乌古之俘。

脱脱等：《辽史》卷六十九《部族表》，北京：中华书局，2016 年，第 1201—1202 页。

《辽史》卷七十《属国表》

神册四年，十月师次骨里国，分路击之，举国归附。

脱脱等：《辽史》卷七十《属国表》，北京：中华书局，2016 年，第 1242—1243 页。

天赞三年，六月西讨吐浑、党项、阻卜①。八月大食国来贡。回鹘怕里遣使来贡。攻阻卜。九月遣兵逾流沙，拔浮图城，尽取西鄙诸部。十月获甘州回鹘乌母主可汗。

脱脱等：《辽史》卷七十《属国表》，北京：中华书局，2016 年，第 1243 页。

天赞四年，二月大元帅尧骨略地党项。四月攻小番，下之。回鹘乌母主可汗遣使贡谢。九月日本国来贡。

脱脱等：《辽史》卷七十《属国表》，北京：中华书局，2016 年，第 1243—1244 页。

辽太宗天显六年，正月西南边将以慕化辖戛斯国人来。十月铁骊②来贡。

---

① 辽金对鞑靼的称呼。

② "铁骊"具有"铁利""铁离"等不同称呼，均指同一部族。

脱脱等：《辽史》卷七十《属国表》，北京：中华书局，2016 年，第 1245—1246 页。

天显十年，三月党项来贡。四月吐谷浑酋长率众内附。六月吐浑来贡。

脱脱等：《辽史》卷七十《属国表》，北京：中华书局，2016 年，第 1247 页。

会同元年，四月女直国遣使进弓矢。西南边大详稳耶律鲁不古奏党项之捷。五月吐谷浑来贡。八月吐谷浑、乌孙、靺鞨各来贡。

脱脱等：《辽史》卷七十《属国表》，北京：中华书局，2016 年，第 1247—1248 页。

会同四年，四月鲁不古伐党项回，献俘。十一月吐谷浑降。阻卜来贡。女直国遣使来贡。

脱脱等：《辽史》卷七十《属国表》，北京：中华书局，2016 年，第 1249 页。

会同九年，三月吐浑进生口。四月吐浑白可久来附。

脱脱等：《辽史》卷七十《属国表》，北京：中华书局，2016 年，第 1251 页。

会同十二年，八月女直国贡鼻上有毛小儿。

脱脱等：《辽史》卷七十《属国表》，北京：中华书局，2016 年，第 1252 页。

《辽史》卷七十一《后妃传》

时晋王李存勖欲结援，以叔母事后。幽州刘守光遣韩延徽求援，不拜，太祖怒，留之，使牧马。后曰："守节不屈，贤者也。宜礼用之。"太祖乃召延徽与语，大悦，以为谋主。

脱脱等：《辽史》卷七十一《后妃传》，北京：中华书局，2016 年，第 1320 页。

《辽史》卷七十二《宗室传》

尝从征乌古、党项，为先锋都统，及经略燕地。太祖西征，留倍守京师，因陈取贸海计。天显元年，从征渤海。拔扶余城，上欲括户口，倍谏曰："今始得地而料民，民必不安。若乘破竹之势，径造忽汗城，克之必矣。"太祖从之。倍与大元帅德光为前锋，夜围忽汗城，大諲譔穷蹙，请降。寻复叛，太祖破之。改其国曰东丹，名其城曰天福，以倍为人皇王主之。仍赐天子冠服，建元甘露，称制，置左右大次四相及百官，一用汉法。岁贡布十五万端、马千匹。上谕曰"此地濒海，非可久居，留汝抚治，以见朕爱民之心。"驾将还，倍作歌以献。陛辞，太祖曰："得汝治东土，吾复何忧。"倍号泣而出。遂如仪坤州。

太宗既立，见疑，以东平为南京，徙倍居之，尽迁其民。又置卫士阴伺动静。倍既归国，命王继远撰建南京碑，起书楼于西宫，作乐田园诗。唐明宗闻之，遣人跨海持书密召倍。倍因畋海上。使再至，倍谓左右曰："我以天下让主上，今反见疑；不如适他国，以成吴太伯之名。"立木海上，刻诗曰："小山压大山，大山全无力。羞见故乡人，从此投外国。"携高美人，载书浮海而去。

　　脱脱等：《辽史》卷七十二《宗室传》，北京：中华书局，2016 年，第1334—1335 页。

天显五年，遣徇地代北，攻寰州，多俘而还，遂立为皇太弟，兼天下兵马大元帅。太宗亲征，常留守京师。

　　脱脱等：《辽史》卷七十二《宗室传》，北京：中华书局，2016 年，第1337 页。

《辽史》卷七十三《耶律曷鲁传》

时制度未讲，国用未充，扈从未备，而诸弟剌葛等往往觊非望。太祖宫行营始置腹心部，选诸部豪健二千余充之，以曷鲁及萧敌鲁总焉。已而诸弟之乱作，太祖命曷鲁总领军事，讨平之，以功为迭剌部夷离堇。时民更兵焚剽，日以抚敝，曷鲁抚辑有方，畜牧益滋，民用富庶。乃讨乌古部，破之。自是震慑，不敢复叛。乃请制朝仪、建元，率百官上尊号。太祖既备礼受册，拜曷鲁为阿鲁敦于越。"阿鲁敦"者，辽言盛名也。

　　脱脱等：《辽史》卷七十三《耶律曷鲁传》，北京：中华书局，2016 年，第1347 页。

《辽史》卷七十三《耶律斜涅赤传》

太祖即位，掌腹心部。天赞初，分迭剌部为北、南院，斜涅赤为北院夷离堇。帝西征至流沙，威声大振，诸夷溃散，乃命斜涅赤抚集之。及讨渤海，破扶余城，斜涅赤从太子、大元帅率众夜围忽汗城，大諲譔降。已而复叛，命诸将分地攻之。诘旦，斜涅赤感励士伍，鼓噪登陴，敌震慑，莫敢御，遂破之。

脱脱等：《辽史》卷七十三《耶律斜涅赤传》，北京：中华书局，2016 年，
第 1350 页。

《辽史》卷七十三《耶律欲稳传》

欲稳既见器重，益感奋思报。太祖始置宫分以自卫，欲稳率门客首附宫
籍。帝益嘉其忠，诏以台押配享庙廷。及平剌葛等乱，以功迁奚迭剌部夷离
堇。从征渤海有功。天显初卒。

脱脱等：《辽史》卷七十三《耶律欲稳传》，北京：中华书局，2016 年，
第 1352 页。

《辽史》卷七十四《康默记传》

康默记，本名照。少为蓟州衙校，太祖侵蓟州得之，爱其材，隶麾下。一
切蕃、汉相涉事，属默记折衷之，悉合上意。

时诸部新附，文法未备，默记推析律意，论决重轻，不差毫厘。罹禁网
者，人人自以为不冤。顷之，拜左尚书。神册三年，始建都，默记董役，人咸
劝趋，百日而讫事。五年，为皇都夷离毕。会太祖出师居庸关，命默记将汉军
进逼长芦水寨，俘馘甚众。天赞四年，亲征渤海，默记与韩知古从。后大諲譔
叛，命诸将攻之。默记分薄东门，率骁勇先登。既拔，与韩延徽下长岭府。军
还，已下城邑多叛，默记与阿古只平之。既破回跋城归，营太祖山陵毕，卒。
佐命功臣其一也。

脱脱等：《辽史》卷七十四《康默记传》，北京：中华书局，2016 年，第
1356 页。

《辽史》卷七十四《韩延徽传》

延徽少英，燕帅刘仁恭奇之，召为幽都府文学、平州录事参军，同冯道祗
候院，授幽州观察度支使。后守光为帅，延徽来聘，太祖怒其不屈，留之。述
律后谏曰："彼秉节弗挠，贤者也，奈何困辱之？"太祖召与语，合上意，立命
参军事。攻党项、室韦，服诸部落，延徽之筹居多。乃请树城郭，分市里，以
居汉人之降者。又为定配偶，教垦艺，以生养之。以故逃亡者少。

脱脱等：《辽史》卷七十四《韩延徽传》，北京：中华书局，2016 年，第
1357 页。

《辽史》卷七十五《耶律觌烈传》

初，太祖为于越时，觌烈以谨愿宽恕见器使。既即位，兄曷鲁典宿卫，以故觌烈入侍帷幄，与闻政事。神册三年，曷鲁薨，命觌烈为迭剌部夷离堇，属以南方事。会讨党项，皇太子为先锋，觌烈副之。军至天德、云内，分道并进。觌烈率遍师渡河力战，斩获甚众。天赞初，析迭剌部为北、南院，罗夷离堇。时大元帅率师由古北口略燕地，觌烈徇山西，所至城堡皆下，太祖嘉其功，锡赍甚厚。从伐渤海，拔扶余城，留觌烈与寅底石守之。

脱脱等：《辽史》卷七十五《耶律觌烈传》，北京：中华书局，2016年，第1365页。

《辽史》卷七十五《耶律羽之传》

太宗即位，上表曰："我大圣天皇始有东土，择贤辅以抚斯民，不以臣愚而任之。国家利害，敢不以闻。渤海昔畏南朝，阻险自卫，居忽汗城。今去上京辽邈，既不为用，又不罢戍，果何为哉？先帝因彼离心，乘衅而动，故不战而克。天授人与，彼一时也。遗种浸以蕃息，今居远境，恐为后患。梁水之地乃其故乡，地衍土沃，有木铁盐鱼之利。乘其微弱，徙还其民，万世长策也。彼得故乡，又获木铁盐鱼之饶，必安居乐业。然后选徙以翼吾左，突厥、党项、室韦夹辅吾右，可以坐制南邦，混一天下，成圣祖未集之功，贻后世无疆之福。"表奏，帝嘉纳之。是岁，诏徙东丹国民于梁水①，时称其善。

脱脱等：《辽史》卷七十五《耶律羽之传》，北京：中华书局，2016年，第1366页。

《辽史》卷七十五《突吕不传》

大元帅东归，突吕不留屯西南部，复讨党项，多获而还。

淳钦皇后称制，有飞语中伤者，后怒，突吕不惧而亡。太宗知其无罪，召还。天显三年，讨乌古部，俘获甚众。

脱脱等：《辽史》卷七十五《突吕不传》，北京：中华书局，2016年，第1368—1369页。

---

① 即太子河。

《辽史》卷七十五《王郁传》

帝遣郁从皇太子讨之。至定州，都坚壁不出，掠居民而还。明年，从皇太子攻镇州，遇唐兵于定州，破之。天赞二年秋，郁及阿古只略地燕、赵，攻下磁窑务。从太祖平渤海，战有功，加同政事门下平章事，改崇义军节度使。

脱脱等：《辽史》卷七十五《王郁传》，北京：中华书局，2016年，第1370页。

《辽史》卷七十六《耶律拔里得传》

耶律拔里得，字孩邻，太祖弟剌葛之子。太宗即位，以亲爱见任。会同七年，讨石重贵，拔里得进围德州，下之，擒刺史师居璠等二十七人。九年，再举兵，次滹沱河，降杜重威，战功居多。太宗入汴，以功授安国军节度使，总领河北道事。师还，州郡往往叛，以应刘知远，拔里得不能守而归。

脱脱等：《辽史》卷七十六《耶律拔里得传》，北京：中华书局，2016年，第1374页。

《辽史》卷七十六《耶律鲁不古传》

耶律鲁不古，字信宁，太祖从侄也。初，太祖制契丹国字，鲁不古以赞成功，授林牙、监修国史。后率偏师，为西南边大详稳，从伐党项有功。会河东节度使石敬瑭为其主所讨，遣人求援，鲁不古导送于朝，如其请。帝亲率师往援，鲁不古从击唐将张敬达于太原北，败之。会同初，从讨党项，俘获最诸将，师还。

脱脱等：《辽史》卷七十六《耶律鲁不古传》，北京：中华书局，2016年，第1375页。

《辽史》卷七十六《赵延寿传》

明年，德钧卒，以延寿为幽州节度使，封燕王。及改幽州为南京，迁留守，总山南事。天显末，以延寿妻在晋，诏取之以归。自是益自激昂图报。

脱脱等：《辽史》卷七十六《赵延寿传》，北京：中华书局，2016年，1376页。

《辽史》卷七十六《高模翰传》

初，太祖平渤海，模翰避地高丽，王妻以女。因罪亡归。坐使酒杀人下狱，太祖知其才，贳之。

天显十一年七月，唐遣张敬达、杨光远帅师五十万攻太原，势锐甚。石敬瑭遣人求救，太宗许之。九月，征兵出雁门，模翰与敬达军接战，败之，太原围解。敬瑭夜出谒帝，约为父子。帝召模翰等赐以酒馔，亲飨士卒，士气益振。翌日，复战，又败之。敬达鼠窜晋安寨，模翰献俘于帝。会敬瑭自立为晋帝，光远斩敬达以降，诸州悉下。上谕模翰曰："朕自起兵百余战，卿功第一，虽古名将无以加。"乃授上将军。

脱脱等：《辽史》卷七十六《高模翰传》，北京：中华书局，2016 年，第 1377—1378 页。

《辽史》卷七十六《赵思温传》

神册二年，太祖遣大将经略燕地，思温来降。及伐渤海，以思温为汉军都团练使，力战，拔扶余城①。身被数创，太祖亲为调药。

脱脱等：《辽史》卷七十六《赵思温传》，北京：中华书局，2016 年，第 1379 页。

《辽史》卷七十六《耶律沤里思传》

会同间，伐晋，上至河而猎，适海东青鹘搏雉，晋人隔水以鸽引去。上顾左右曰："谁为我得此人？"沤里思请内厩马，济河擒之，并杀救者数人还。上大悦，优加赏赉。既而晋将杜重威逆于望都，据水勒战。沤里思介马突阵，余军继之。被围，众言阵薄处可出，沤里思曰："恐彼有他备。"竟引兵冲坚而出，回视众所指，皆大堑也。其料敌多此类。

脱脱等：《辽史》卷七十六《耶律沤里思传》，北京：中华书局，2016 年，第 1380 页。

《辽史》卷七十六《张砺传》

张砺，磁州人。初仕唐为掌书记，迁翰林学士。会石敬瑭起兵，唐主以砺为招讨判官，从赵德钧援张敬达于河东。及敬达败，砺入契丹。后太宗见砺刚直，有文彩，擢翰林学士。砺临事必尽言，无所避，上益重之。未几，谋亡归，为追骑所获。上责曰："汝何故亡？"砺对曰："臣不习北方土俗、饮食、

---

① 即渤海扶余府。

居处，意常郁郁，以是亡耳。"上顾通事高彦英曰："朕尝戒汝善遇此人，何乃使失所而亡？砺去，可再得耶？"遂杖彦英而谢砺。

脱脱等：《辽史》卷七十六《张砺传》，北京：中华书局，2016 年，第 1380 页。

《辽史》卷七十七《耶律安抟传》

耶律安抟，曾祖岩木，玄祖之长子；祖楚不鲁，为本部夷离堇。父迭里，幼多疾，时太祖为挞马狘沙里，常加抚育。神册六年，为惕隐，从太祖将龙军讨阻卜、党项有功。天赞三年，为南院夷离堇。征渤海，攻忽汗城，俘斩甚众。太祖崩，淳钦皇后称制，欲以大元帅嗣位。迭里建言，帝位宜先嫡长；今东丹王赴朝，当立。由是忤旨。以党附东丹王，诏下狱，讯鞫，加以炮烙。不伏，杀之，籍其家。

脱脱等：《辽史》卷七十七《耶律安抟传》，北京：中华书局，2016 年，第 1390 页。

《辽史》卷七十七《耶律挞烈传》

会同间，为边部令稳。应历初，升南院大王，均赋役，劝耕稼，部人化之，户口丰殖。时周人侵汉，以挞烈都统西南道军援之。周已下太原数城，汉人不敢战。及闻挞烈兵至，周主遣郭从义、尚钧等率精骑拒于忻口。挞烈击败之，获其将史彦超，周军遁归，复所陷城邑，汉主诣挞烈谢。及汉主殂，宋师来伐，上命挞烈为行军都统，发诸道兵救之。既出雁门，宋谍知而退。

脱脱等：《辽史》卷七十七《耶律挞烈传》，北京：中华书局，2016 年，第 1392—1393 页。

《辽史》卷七十八《萧继先传》

统和四年，宋人来侵，继先率逻骑逆境上，多所俘获，上嘉之，拜北府宰相。自是出师，继先必将本府兵先从。拔狼山石垒，从破宋军应州，上南征取通利军，战称捷力。及亲征高丽，以继先年老，留守上京。卒，年五十八。

脱脱等：《辽史》卷七十八《萧继先传》，北京：中华书局，2016 年，第 1398 页。

《辽史》卷七十九《室昉传》

会同初，登进士第，为卢龙巡捕官。太宗入汴受册礼，诏昉知制诰，总礼仪事。天禄中，为南京留守判官。应历间，累迁翰林学士，出入禁闼十余年。保宁间，兼政事舍人，数延问古今治乱得失，奏对称旨。上多昉有理剧才，改南京副留守，决讼平允，人皆便之。迁工部尚书，寻改枢密副使，参知政事。顷之，拜枢密使，兼北府宰相，加同政事门下平章事。乾亨初，监修国史。

脱脱等：《辽史》卷七十九《室昉传》，北京：中华书局，2016 年，第 1401 页。

《辽史》卷八十三《耶律休哥传》

耶律休哥，字逊宁。祖释鲁，隋国王。父绾思，南院夷离堇。休哥少有公辅器。初乌古、室韦二部叛，休哥从北府宰相萧干讨之。应历末，为惕隐。

圣宗即位，太后称制，令休哥总南面军务，以便宜从事。休哥均戍兵，立更休法，劝农桑，修武备，边境大治。

脱脱等：《辽史》卷八十三《耶律休哥传》，北京：中华书局，2016 年，第 1431—1432 页。

《辽史》卷八十四《耶律海里传》

海里俭素，不喜声利，以射猎自娱。虽居闲，人敬之若贵官然。保宁初，拜彰国军节度使，迁惕隐。秩满，称疾不仕。久之，复为南院大王。及曹彬、米信等来侵，海里有却敌功，赐资忠保义匡国功臣。

帝屡亲征，海里在南院十余年，镇以宽静，户口增给，时议重之。封漆水郡王，迁上京留守，薨。诏以家贫给葬具。

脱脱等：《辽史》卷八十四《耶律海里传》，北京：中华书局，2016 年，第 1443 页。

《五代会要》卷二十八《吐浑》

晋天福元年，高祖以契丹有助立之功，割雁门已北及幽州之地以赂之，由是吐谷浑部族皆隶于契丹。其后苦契丹之虐政，部族皆怨之，复为镇州节度使安重荣所诱，乃背契丹，率车帐、羊马，取五台路归国。契丹大怒，以朝廷招纳叛亡，遣使责让。至六年正月，晋高祖命供奉官张澄等率兵二千搜索并、镇、忻、代四州山谷吐浑[①]，还其旧地。

王溥：《五代会要》卷二十八《吐浑》，上海：上海古籍出版社，1978 年，第 451 页。

《文献通考》卷三百二十六《新罗》

新罗，其先本辰韩种也，辰韩始有六国，稍分为十二。其国在百济东南五百余里，东滨大海，其人杂有华夏，高丽百济之属，兼有沃沮，不耐韩秽之地。后唐同光元年，王金朴英遣使来朝贡。

马端临：《文献通考》卷三百二十六《新罗》，北京：中华书局，1986 年，第 2564—2565 页。

《辽史拾遗》卷十八《吐谷浑》

《会海菁华》曰：吐谷浑，本辽东鲜卑也。西晋时，酋帅徒何涉归有二子，长曰吐谷浑，少曰若洛廆，代统部落，别为慕容氏。浑庶长，廆正嫡。父在时分七百户与浑，浑与廆二部俱牧马，马斗相伤，浑拥马西行，乃附阴山，属永嘉之乱，始度陇西，止于枹罕。而后子孙据有甘、松之南，洮水之西，南极于白兰。在益州西北有青海，周回千余里，海中有小山，每冬冰合后，以良牝马置此山，至来冬收之。马有孕，所生得驹，号曰龙种。时称青海骢焉，至其孙叶延以礼云，公孙之子，得以王父字为氏，吾祖始自昌黎先宅于此，今以吐谷浑为氏，尊祖之义也。

厉鹗：《辽史拾遗》卷十八《吐谷浑》，上海：商务印书馆，1936 年，第 360 页。

《辽史拾遗补》卷四《女直国》

《宋元通鉴》曰：太祖建隆二年，女真以马入贡，诏蠲登州沙门岛居民租赋，令专治舟船，渡其所贡马。三年、四年，复遣贡马。乾德二年，开宝二年、三年，俱贡马。太宗太平兴国六年，女真遣使来贡，帝欲伐契丹，乃以诏

---

① 即吐谷浑。

赐定安国王，令张犄角之势，定安本马韩之种也。其王乌玄明，亦怨契丹侵侮不已。欲依中国。以摅宿愤，得诏大喜，因女真遣使朝贡道出定安，附表来上，帝优诏答之，付女真使者，令齐以赐焉。淳化二年，首领野里鸡等上言，契丹怒其朝贡中国，置三栅于海岸，每栅置兵三千，统其贡献之路。乞发兵共平三栅，太宗但降诏抚谕，而不为发兵。大中祥符三年，契丹征高丽，道由女真，女真复与高丽合兵拒之。天禧三年，复遣使至。自天圣后，没属契丹不复入贡。至乌古乃能役属诸部，会辽主国蒲聂部节度使拔乙门叛辽。辽将至讨，乌古乃恐辽兵深入，得其山川险易，或将图之，乃告辽曰，彼可计取也。若用兵，必将走险，非岁月可平也。辽从之。乌古乃因袭而擒之以献，辽主召视，燕赐加等，授生女直部节度使，始有官属，纲纪渐立，然不肯受印系辽籍，其部内旧无铁，邻国有以甲胄往鬻者，必厚价售之。得铁即多，因以修弓矢，备器械，兵势稍振，前后顾附者众。熙宁七年，五国没撚部谢野勃堇复叛辽，乌古乃伐之。谢野败走。乌古乃将见辽边将，自陈败谢野之功，行次来流水，疾作而死，子劾里钵嗣。哲宗[1]元佑七年，劾里钵卒，母弟颇刺淑袭为节度使，颇刺淑机敏善辩，尤能知辽人国政民情，每白事于辽，听者皆信服不疑。

杨复吉：《辽史拾遗补》卷四《女直国》，上海：商务印书馆，1936年，第103—104页。

《辽史拾遗补》卷五《崔延勋》

《旧五代史》曰：崔廷勋[2]，不知何许人也。形貌魁伟，美鬓髯。幼陷北庭，历仕至云州节度使，官至侍中。契丹入汴，迁少帝于封禅寺，遣廷勋以兵防守，寻授河阳节度使，甚得民情。契丹北行，武行德率军趋河阳，廷勋为行德所逐，乃与奚王拽剌保怀州，寻以兵反攻行德，行德出战，为廷勋所败。及契丹主死，遂归镇州。汉初，与麻答同奔定州，后没于北蕃。

杨复吉：《辽史拾遗补》卷五《崔延勋》，上海：商务印书馆，1936年，第117页。

---

① 为宋哲宗赵煦。

② 《通鉴注》引宋白云："廷勋本河内人。"

《旧五代史》卷九十九《高祖本纪上》

以通事耿崇美为潞州节度使，高唐英为相州节度使，崔廷勋为河阳节度使，以扼要害之地。

晖侦知相州颇积兵仗，且无守备，遂以三月二十一日夜与其徒逾垣而入，杀契丹数十人，夺器甲数万计，遂据其城。契丹主先遣伪命相州节度使高唐英率兵讨之。未几，契丹主至城下，是月四日攻拔之，遂屠其城。翌日，契丹主北去，命高唐英镇之，唐英阅城中遗民，得男女七百人而已。

薛居正：《旧五代史》卷九十九《高祖本纪上》，北京：中华书局，1976年，第1325—1327页。

《资治通鉴》卷二百八十六
《后汉纪一·高祖睿文圣武昭肃孝皇帝上》

（天福十二年夏四月）契丹昭义节度使耿崇美屯泽州，将攻潞州；乙丑，诏史弘肇将步骑万人救之。

司马光：《资治通鉴》卷二百八十六《后汉纪一·高祖睿文圣武昭肃孝皇帝上》，北京：中华书局，2011年，第9481页。

《资治通鉴》卷二百八十七
《后汉纪二·高祖睿文圣武昭肃孝皇帝中》

丁酉，史弘肇奏克泽州。始，弘肇攻泽州，刺史翟令奇固守不下。帝以弘肇兵少，欲召还。苏逢吉、杨邠曰："今陕、晋、河阳皆已向化，崔廷勋、耿崇美朝夕遁去；若召弘肇还，则河南人心动摇，虏势复壮矣。"帝未决，使人谕指于弘肇；曰："兵已及此，势如破竹，可进不可退。"与逢吉等议合，帝乃从之。弘肇遣部将李万超说令奇，令奇乃降；弘肇以万超权知泽州。崔廷勋、耿崇美、奚王拽剌合兵逼河阳，张遇帅众数千救之，战于南阪，败死。武行德出战，亦败，闭城自守。拽剌欲攻之，廷勋曰："今北军已去，得此城何用！且杀一夫犹可惜，况一城乎！"闻弘肇已得泽州，乃释河阳，还保怀州。弘肇将至，廷勋等拥众北遁，过卫州，大掠而去。契丹在河南者相继北去，弘肇引兵与武行德合。

司马光：《资治通鉴》卷二百八十七《后汉纪二·高祖睿文圣武昭肃孝皇帝中》，北京：中华书局，2011年，第9490—9491页。

三、石刻

《大王记结亲事碑》（天赞二年　923年）

天赞二年五月十五日，记稱兔下娉女及求妇据，下却羊马牛等具随头下，分折如后。大王言我年老，我从十六上别父，我弟稱吒年小，并不得父母悉妇，我成长后，遂与弟下羊马牛等，求稱兔并儿郎悉妇，并是我与六畜求到，其弟把父母大帐，有好弱物，并在弟处，我处无。记娉安祖哥女与契丹素舍利，所得诸物并在弟稱吒处，合与他者，并还他讫。又记与娄呵阿拔作亲，先娉与女掘劣，所得羊牛马头匹，并是弟稱吒受却据，女掘劣死后，弟稱吒合更与他续亲女，又为自无续亲女与他，我虽是弟兄，我另坐其，娄呵阿不欲绝亲情，遂言与大王羊三百口、牛马卅头匹，求女苏乎酌。大王言，所与我羊马，便准取前掘劣女奥渠吕，元如此言定。昨赤眼年举去来，娄呵阿言，不曾与大王羊马牛，遂却。右赤眼年举与来人眼年窘舍利，同去问苏古阿拨，其苏古阿拨言，实与他大王羊三百、牛马卅头匹，寻大王实言折取前女奥渠吕，今回何讳称不知，如此政对定，遂拈鼻子与瞎年窘舍利把为据。又记娉稱兔女挠回折与袍都夷离己，得羊六百口、牛马六十头匹，寻与他金腰带及较具银，衣服绫彩并随女去，诸物并一一还足，并不欠少一件。又记娉啮遏者女与如乎礼太糯羊，得羊五百、牛马五十头匹，合与伊硬软物，衣服绫彩并还足，一无欠少。□□□□□□□□□□下却羊三百口，牛马卅头匹，合得金腰带一条，较具二，衣服绫彩廿件，并不缺。□□□□□□求稱兔下却羊三百、牛马卅头匹，合得金腰带一条，较具二，衣服绫彩廿件，并不缺。又记与儿□□□□□妇与奥辇卖羊七百口，牛马七十头匹，元商量却，还以川锦五匹，又锦五匹，银炼银五定，脚银一定，较具二副，重绫一十匹，吴绫一十匹，袄子卅领，并冬夏衣，并不得来。不依元商量。□□□□□□□□于辖刺瞎处求到，用却大王床子买到牛卅。又记与□□□□官人求妇于阿束忽处，下却羊五百口，牛马五十头匹。第二□□于□□哥处，用却大王子买到牛廿头，求朝拨。又记

□□□□□□于袍古舍利处下却羊三百口、牛马卅头匹，欠金腰带一，较具二，衣服一十件。又记□□□□□□于□□舍利处下却羊三百口，牛马卅头匹。又记与□□□□□作亲得羊三百口，牛二头，应合与硬物三件，衣服绢帛廿件，并与他足。又记与□□□□□□□□得羊牛，应合与他硬软物并还他后与伊别肠女。又记大王□□□□官人下羊马牛等，与实失郎王下撒蟒官人求葛扬徒□苏，母名掘劣兔，其指疑官人偷，皇帝审着软物与自家充下羊马酬答，遂破车帐，子孙莫忘。据此事我也眼不见，身不泛来，只是我母曾向我道，我肚里不忘却，遂记石上。

向南、张国庆、李宇峰：《辽代石刻文续编》，沈阳：辽宁人民出版社，2010 年，第 1—2 页。

《耶律羽之墓志》（会同五年　942 年）

大契丹国东京太傅相公墓志铭并序。

蓟门邢明远撰并书。

夫欲建皇极扇薰风，必资栋梁之材，更籍盐梅之士。其或非熊应兆，卧龙见称。时推命世之贤，代许间生之杰，股肱王室，经营霸图。升坛则四海具瞻，拜幕则三军禀令者，其唯太傅相公欤！公讳羽之，姓耶律氏，其先宗分仳首，派出石槐，历汉、魏、隋、唐已来，世为君长。曾祖讳勤德迭列，夷离堇、北大王，九领节钺，十全功勋。祖讳曷鲁匣麦，夷离堇，两奉王猷，控制藩屏。列考讳沤思涅烈，夷离堇、金云大王，剑履承家，旌麾显世。皇妣夫人邀屈耐奇，叔画宰相之女也，贤方卫女，德比樊姬。生六男六女，公即金云大王弟四息也。长兄曷鲁，于越、北大王。次兄汗里整，前北大王、东丹国大内相。季兄涅烈神子，舍利。弟护之、术宝，舍利，并早亡。姊妹六人，皆适高门望族之家。公星辰诞粹，河岳降灵。德符九三，贤当五百。幼勤事业，长负才能。儒、释、庄、老之文，尽穷旨趣；书、算、射、御之艺，无不该通。咸谓生知，亦曰天性。事有寓目历耳者，终身不忘；言有可记堪录者，一览无遗。博辩洽闻，光前绝后。比及大圣大明升天皇帝收伏渤海，革号东丹，册皇太子为人皇王，乃授公中台右平章事，虽居四辅之末班，独承一人之顾命。寻授钺专讨，克致大功，旋加太尉，招抚边城。比至班师倒载，又加太傅、判盐铁，封东平郡开国公，食邑一千户。天显二年丁亥岁，迁升左相，及总统百揆，庶绩咸熙。以天显四年己丑岁，人皇王乃下诏曰："朕以孝理天下，虑远晨昏，欲效盘庚，卿宜进表。"公即陈："辽地形便，可建邦家。"于是允协帝心，爰兴基构。公夙夜勤恪，退食在公。民既乐于子来，国亦期年成矣。天显十三年戊戌岁，嗣圣皇帝受大晋之册礼也，即表公通敏博达启运功臣，加特进阶，上柱国，食邑二千五百户。身为冢宰，手执国钧。于辅政之余，养民之暇，留心佛法，耽味儒书。入箫寺则荡涤六尘，退庙堂则讨论五典。而又为政尚于激浊，举士不滥抡材。朝推正人，国赖良相。无何，祸罹梦奠，疊起涉洹。人之云亡，邦国殄瘁。以会同四年岁次辛丑八月十一日戊戌，薨于官，春秋五十有二。於戏！皇上轸悼，僚属歔欷！痛天道之不仁，于忠良而降祸，哀诏爰下，有司备仪，送终之礼既伸，易号之彝无废，谥曰文惠公，礼也。以壬寅年三月六日庚申，葬于裂峰之阳。夫人重衮，故实六宰相之女也，升天皇帝之甥。淑德传芳，柔仪显誉。深谐瀚濯之规，颇吓丝萝之义。始自相国薨后，痛孤鸾之独处，增别鹤之悲伤，日夜哀号，殆将灭性。洎营葬具，用尽身心。因兹积气成疴，内攻腠理，虽加医药，渐至沉绵。去相国葬后一十八日戊寅，倾逝。呜呼！生死之期，荣瘁之分，在修短而不定，于因缘而或差，未有如相国与夫人同缘同会者焉。即以当年五月十一日甲午，衬葬于旧茔。夫人生子一十人，诸夫人生子四人。嫡子佛奴，幼年谢世，其余诸子，并有仁孝，俱怀器能。女四人，二人早亡，二女皆幼。仲子阙等于哀酷之余，攀号之际，虑人移世改，谷变陵迁，徽猷不振于将来，盛德篆闻于远裔，乃勒贞石，用传不朽。铭曰：

伟哉天道，玄妙莫穷。降生旄杰，以正时风。为辟为士，立德立功。宰割区宇，制御英雄。其一。吾皇应运，君临东丹。征求辅相，保乂国艰。公叶卜兆，乃登礼坛。风云会合，鱼水相欢。其二。位居冢宰，礼绝百僚。于宠思辱，在上不骄。公平无党，义均更昭。养民以惠，扶俗不劳。其三。卓尔相国，怀文怀武。归敬释门，遵行孔矩。了果知因，明今识古。寿限何差，华年不与。其四。良人才逝，哲妇又殂。生既同乐，死愿共居。爰遵古制，衬葬旧墟。儿女虽恸，铭志宜书。其五。积善无应，天祸屡钟。马鬣长往，风池永空。君亲恸哭，僚寀失容。贞珉纪德，来裔钦风。其六。

向南、张国庆、李宇峰：《辽代石刻文续编》，沈阳：辽宁人民出版社，2010 年，第 3—4 页。

《刘存规墓志》（应历五年 955 年）

存规，字守范，河间王二十四代孙。大辽间，屡著奇功，拜积庆宫都提辖使、金紫荣禄大夫、校尉司空、兼御史大夫、上柱国。应历五年卒，葬密云县嘉禾乡。子五：长继阶，摄顺义军节度衙推；次继英，永康府押衙；次继昭，山河都指挥使；次继伦，定远军节度衙推。

向南：《辽代石刻文编》，石家庄：河北教育出版社，1995 年，第 9 页。

第二章　辽代中期史料汇编

一、编年

辽景宗保宁二年（970 年）

九月辛丑，得国舅萧海只及海里杀萧思温状，皆伏诛，流其弟神睹于黄龙府。

脱脱等：《辽史》卷八《景宗本纪上》，北京：中华书局，2016 年，第99 页。

辽景宗保宁三年（971 年）

十一月庚子，胪朐河于越延尼里等率户四百五十来附，乞隶宫籍。诏留其户，分隶敦睦、积庆、永兴三宫，优赐遣之。

脱脱等：《辽史》卷八《景宗本纪上》，北京：中华书局，2016 年，第100 页。

辽景宗保宁五年（973 年）

五年春正月甲子，惕隐休哥伐党项，破之，以俘获之数来上。

脱脱等：《辽史》卷八《景宗本纪上》，北京：中华书局，2016 年，第101 页。

二月丁亥，近侍实鲁里误触神纛，法论死，杖释之。壬辰，越王必摄献党项俘获之数。

脱脱等：《辽史》卷八《景宗本纪上》，北京：中华书局，2016 年，第101 页。

五月癸亥，于越屋质薨，辍朝三日。辛未，女直侵边，杀都监达里迭、拽刺斡里鲁，驱掠边民牛马。

脱脱等：《辽史》卷八《景宗本纪上》，北京：中华书局，2016 年，第101 页。

辽景宗保宁七年（975 年）

九月，败燕颇于治河①，遣其弟安抟追之。燕颇走保兀惹城，安抟乃还，以余党千余户城通州。

脱脱等：《辽史》卷八《景宗本纪上》，北京：中华书局，2016 年，第103 页。

辽景宗保宁八年（976 年）

是月（八月），女直侵贵德州东境。

脱脱等：《辽史》卷八《景宗本纪上》，北京：中华书局，2016 年，第103 页。

九月己巳，谒怀陵。辛未，东京统军使察邻、详稳涧奏女直袭归州五寨，剽掠而去。

脱脱等：《辽史》卷八《景宗本纪上》，北京：中华书局，2016 年，第103 页。

辽景宗保宁九年（977 年）

三月癸亥，耶律沙、敌烈献援汉之役所获宋俘。

脱脱等：《辽史》卷九《景宗本纪下》，北京：中华书局，2016 年，第107 页。

宋太平兴国四年（979 年）

（六月）太宗平晋阳，移兵幽州，其酋帅大鸾河率小校李勋等十六人、部族三百骑来降。

---

① 为鸭绿江支流。

脱脱等：《宋史》卷四百九十一《渤海国传》，北京：中华书局，1977 年，第 14130 页。

高丽景宗四年（979 年）

是岁，渤海人数万来投。

郑麟趾：《高丽史》卷二《世家卷二·景宗》，重庆：西南师范大学出版社；北京：人民出版社，2013 年，第 56 页。

辽景宗乾亨二年（980 年）

三月丁亥，西南面招讨副使耶律王六、太尉化哥遣人献党项俘。

脱脱等：《辽史》卷九《景宗本纪下》，北京：中华书局，2016 年，第 111 页。

秋七月戊午，王六等献党项俘。

脱脱等：《辽史》卷九《景宗本纪下》，北京：中华书局，2016 年，第 111 页。

辽圣宗统和元年（983 年）

（二月）宋边七十余村来附，诏抚存之。

脱脱等：《辽史》卷十《圣宗本纪一》，北京：中华书局，2016 年，第 117 页。

（五月）庚午，耶律善补招亡入宋者，得千余户归国，诏令抚慰。

西南路招讨使大汉奏，近遣拽剌跋剌哥谕党项诸部，来者甚众，下诏褒美。

脱脱等：《辽史》卷十《圣宗本纪一》，北京：中华书局，2016 年，第 118 页。

（六月）西南路招讨使奏党项酋长执夷离堇①子限引等乞内附，诏抚纳之，仍察其诚伪，谨边备。

脱脱等：《辽史》卷十《圣宗本纪一》，北京：中华书局，2016 年，第

---

① 这里用契丹的首长名称指代党项军事首长。

118—119 页。

（秋七月）丙子，韩德威遣详稳辖马上破党项俘获数，并送夷离堇之子来献。

脱脱等：《辽史》卷十《圣宗本纪一》，北京：中华书局，2016 年 4 月第 1 版，2016 年 4 月第 1 次印刷，第 119 页。

（冬十月）癸巳，速撒奏敌烈部及叛蕃来降，悉复故地。

脱脱等：《辽史》卷十《圣宗本纪一》，北京：中华书局，2016 年，第 120 页。

辽圣宗统和二年（984 年）

（二月）丁未，韩德威以征党项回，遂袭河东，献所俘，赐诏褒美。

脱脱等：《辽史》卷十《圣宗本纪一》，北京：中华书局，2016 年，第 121 页。

八月辛卯，东京留守兼侍中耶律末只奏，女直术不直、赛里等八族乞举众内附，诏纳之。

脱脱等：《辽史》卷十《圣宗本纪一》，北京：中华书局，2016 年，第 122 页。

辽圣宗统和三年（985 年）

（闰九月）己亥，速撒奏术不姑诸部至近淀，夷离堇易鲁姑请行俘掠，上曰："诸部于国无恶，何故俘掠，徒生事耳。"不允。

脱脱等：《辽史》卷十《圣宗本纪一》，北京：中华书局，2016 年，第 124 页。

辽圣宗统和四年（986 年）

（四年春正月）彰德军节度使萧闼览上东征俘获，赐诏奖谕。丙子，枢密使耶律斜轸、林牙勤德等上讨女直所获生口十余万、马二十余万及诸物。

脱脱等：《辽史》卷十一《圣宗本纪二》，北京：中华书局，2016 年，第 127 页。

二月壬寅，以四番都统军李继忠为检校司徒、上柱国。癸卯，西夏李继迁叛宋来降，以为定难军节度使、银夏绥宥等州观察处置等使、特进、检校太师、都督夏州诸军事。

脱脱等：《辽史》卷十一《圣宗本纪二》，北京：中华书局，2016 年，第 127 页。

三月甲戌，于越休哥奏宋遣曹彬、崔彦进、米信由雄州道，田重进飞狐道，潘美、杨继业雁门道来侵，岐沟、涿州、固安、新城皆陷。诏宣徽使蒲领驰赴燕南，与休哥议军事；分遣使者征诸部兵益休哥以击之；复遣东京留守耶律抹只以大军继进，赐剑专杀。乙亥，以亲征告陵庙、山川。丙子，统军使耶律颇德败宋军于固安，休哥绝其粮饷，擒将吏，获马牛、器仗甚众。庚辰，寰州刺史赵彦章以城叛，附于宋。辛巳，宋兵入涿州。顺义军节度副使赵希赞以朔州叛，附于宋。

脱脱等：《辽史》卷十一《圣宗本纪二》，北京：中华书局，2016 年，第 128 页。

（四月）癸丑，以艾正、赵希赞及应州、朔州节度副使、奚军小校隰离辖、渤海小校贯海等叛入于宋，籍其家属，分赐有功将校。

脱脱等：《辽史》卷十一《圣宗本纪二》，北京：中华书局，2016 年，第 129 页。

（四月）壬戌，围固安城，统军使颇德先登，城遂破，大纵俘获。居民先被俘者，命以官物赎之。

脱脱等：《辽史》卷十一《圣宗本纪二》，北京：中华书局，2016 年，第 130 页。

（五月）癸未，休哥、筹宁、蒲奴宁进俘获。癸巳，以军前降卒分赐扈从。乙未，赏颇德诸将校士卒。

脱脱等：《辽史》卷十一《圣宗本纪二》，北京：中华书局，2016 年，第 130—131 页。

（秋七月）以宋归命者①二百四十人分赐从臣。

脱脱等：《辽史》卷十一《圣宗本纪二》，北京：中华书局，2016 年，第 131 页。

———————————

① 应是"归明者"，指投靠辽朝的宋人。

（八月）乙卯，斜轸还自军，献俘。

脱脱等：《辽史》卷十一《圣宗本纪二》，北京：中华书局，2016 年，第 132 页。

（冬十月）政事令室昉奏山西四州自宋兵后，人民转徙，盗贼充斥，乞下有司禁止。命新州节度使蒲打里选人分道巡检。

脱脱等：《辽史》卷十一《圣宗本纪二》，北京：中华书局，2016 年，第 133 页。

十二月己亥，休哥败宋军于望都，遣人献俘。

脱脱等：《辽史》卷十一《圣宗本纪二》，北京：中华书局，2016 年，第 134 页。

宋太宗雍熙三年（986 年）

（雍熙三年）三月，潘美出雁门，自西径入，与敌①战，胜之。遂北至寰州。庚辰，刺史赵彦辛举寰州降。诏以彦辛为本州团练使。曹彬进壁于涿州东，复与敌战，李继隆、范廷召等皆中流矢，督战愈急，敌遂败，乘胜攻其北门，克之。辛巳，取涿州。潘美进围朔州，其知节度副使赵希赞举城降，诏以希赞为本州观察使。

李焘：《续资治通鉴长编》卷二十七《太宗雍熙三年》，北京：中华书局，1980 年，第 608 页。

雍熙中，出师北征，重进率兵傅飞狐城下，用袁继忠继计，伏兵飞狐南口，擒契丹骁将大鹏翼及其监军马赟、副将何万通并渤海军三千余人。

脱脱等：《宋史》卷二百六十《田重进传》，北京：中华书局，1977 年，第 9024 页。

辽圣宗统和五年（987 年）

正月乙丑，破束城县，纵兵大掠。丁卯，次文安，遣人谕降，不听，遂击破之。尽杀其丁壮，俘其老幼。

脱脱等：《辽史》卷十二《圣宗本纪三》，北京：中华书局，2016 年，第 139 页。

---

① 指契丹。

辽圣宗统和六年（988 年）

（八月）西北路管押详稳速撒哥以伐折立、助里二部，上所俘获。东路林牙萧勤德及统军石老以击败女直兵，献俘。

脱脱等：《辽史》卷十二《圣宗本纪三》，北京：中华书局，2016 年，第 141 页。

（十一月）辛卯，攻满城，围之。甲午，拔其城，军士开北门遁，上使谕其将领，乃率众降。戊戌，攻下祁州，纵兵大掠。己亥，拔新乐。庚子，破小狼山寨。丁未，宋军千人出益津关，国舅郎君桃委、详稳十哥击走之，杀副将一人。己酉，休哥献黄皮室详稳徇地莫州所获马二十匹、士卒二十人。命赐降者衣带，使隶燕京。辛亥，西路又送降卒二百余人，给寒者裘衣。以马得臣权宣徽院事。

脱脱等：《辽史》卷十二《圣宗本纪三》，北京：中华书局，2016 年，第 142 页。

辽圣宗统和七年（989 年）

春正月癸未朔，班师。戊子，宋鸡壁寨守将郭荣率众来降，诏屯南京。庚寅，次长城口。三卒出营劫掠，笞以徇众，以所获物分赐左右。

脱脱等：《辽史》卷十二《圣宗本纪三》，北京：中华书局，2016 年，第 143 页。

（正月）谒景宗皇帝庙。诏遣涿州刺史耶律守雄护送易州降人八百，还隶本贯。

脱脱等：《辽史》卷十二《圣宗本纪三》，北京：中华书局，2016 年，第 143 页。

二月壬子朔，上御元和殿受百官贺。诏鸡壁寨民二百户徙居檀、顺、蓟三州。

脱脱等：《辽史》卷十二《圣宗本纪三》，北京：中华书局，2016 年，第 143 页。

（三月）以鸡壁寨民成廷朗等八户隶飞狐。

脱脱等：《辽史》卷十二《圣宗本纪三》，北京：中华书局，2016 年，第 144 页。

（五月）休哥引军至满城，招降卒七百余人，遣使来献，诏隶东京。辛卯，

猎桑乾河。壬辰，燕京奏宋兵至边，时暑未敢与战，且驻易州，俟彼动则进
击，退则班师。从之。

脱脱等：《辽史》卷十二《圣宗本纪三》，北京：中华书局，2016 年，第
145 页。

六月庚戌朔，以太师枋母迎合，挞之二十。辛酉，诏燕乐、密云二县荒地
许民耕种，免赋役十年。

脱脱等：《辽史》卷十二《圣宗本纪三》，北京：中华书局，2016 年，第
145 页。

（秋七月）甲午，以迪离毕、涅剌、乌澈三部各四人益东北路夫人婆里德，
仍给印绶。

脱脱等：《辽史》卷十二《圣宗本纪三》，北京：中华书局，2016 年，第
145—146 页。

辽圣宗统和八年（990 年）

（春三月）乙酉，城杏埚，以宋俘实之。

脱脱等：《辽史》卷十三《圣宗本纪四》，北京：中华书局，2016 年，第
151 页。

（七月）诏东京路诸宫分提辖司，分置定霸、保和、宣化三县，白川州置
洪理，仪坤州置广义，辽西州置长庆，乾州置安德各一县。省遂、妫、松、
饶、宁、海、瑞、玉、铁里、奉德等十州，及玉田、辽丰、松山、弘远、怀
清、云龙、平泽、平山等八县，以其民分隶他郡。

脱脱等：《辽史》卷十三《圣宗本纪四》，北京：中华书局，2016 年，第
152 页。

九月乙亥，北女直四部请内附。壬辰，李继迁献宋俘。

脱脱等：《辽史》卷十三《圣宗本纪四》，北京：中华书局，2016 年，第
152 页。

辽圣宗统和九年（991 年）

（春正月）戊子，选宋降卒五百置为宣力军。

脱脱等：《辽史》卷十三《圣宗本纪四》，北京：中华书局，2016 年，第

153 页。

（二月）甲子，建威寇、振化、来远三城，屯戍卒。

脱脱等：《辽史》卷十三《圣宗本纪四》，北京：中华书局，2016 年，第
153 页。

辽圣宗统和十年（992 年）

（二月）韩德威奏李继迁称故不出，至灵州俘掠以还。庚寅，夏国以韩德
威俘掠，遣使来奏，赐诏安慰。辛卯，给复云州流民。

脱脱等：《辽史》卷十三《圣宗本纪四》，北京：中华书局，2016 年，第
154 页。

高丽成宗文懿王十三年（994 年）

春二月，萧逊宁致书曰：近奉宣命，但以彼国信好早通，境土相接。虽已小
事大，固有规仪。而原始要终，须存悠久。若不设于防备，虑中阻于使人。遂与
彼国商议，使于要卫路陌，创筑城池者，寻准宣命，自便斟酌。拟于鸭江①西创
筑五城取，三月初拟到筑城处，下手修筑，伏请大王预先指挥。从安北府至鸭绿
江东，计二百八十里。踏行稳便田地，酌量地里远近，并令筑城。发签役夫，同
时下手。其合筑城数，早与回报。所贵交通车马，长开贡观之途，永奉朝廷，自
协安康之计。始行契丹年号。

徐居正：《东国通鉴》卷十四，汉城：朝鲜石书刊行会，1912 年，第 36—
37 页。

辽圣宗统和十三年（995 年）

三月丁巳，高丽遣使请所俘人畜，诏赎还。戊午，幸南京。丙寅，遣使抚
谕高丽。

脱脱等：《辽史》卷十三《圣宗本纪四》，北京：中华书局，2016 年，第
156 页。

（十一月）诏诸部所俘宋人有官吏儒生抱器能者，诸道军有勇健者，具以

---

① 指鸭绿江。

名闻。庚戌，诏郡邑贡明经、茂材异等。甲寅，诏南京决滞狱。己未，官宋俘卫德升等六人。

脱脱等：《辽史》卷十三《圣宗本纪四》，北京：中华书局，2016 年，第157 页。

春正月壬子，幸延芳淀。甲寅，置广灵县。

脱脱等：《辽史》卷十三《圣宗本纪四》，北京：中华书局，2016 年，第158 页。

（三月）戊辰，武清县百余人入宋境剽掠，命诛之，还其所获人畜财物。

脱脱等：《辽史》卷十三《圣宗本纪四》，北京：中华书局，2016 年，第158 页。

（夏四月）丙戌，诏诸道民户应历以来胁从为部曲者，仍籍州县。

脱脱等：《辽史》卷十三《圣宗本纪四》，北京：中华书局，2016 年，第158 页。

十一月乙巳，阿萨兰回鹘遣使来贡。辛酉，遣使册王治为高丽国王。戊辰，高丽遣童子十人来学本国语。

脱脱等：《辽史》卷十三《圣宗本纪四》，北京：中华书局，2016 年，第159 页。

辽圣宗统和十五年（997 年）

（春正月）癸未，兀惹长武周来降。

脱脱等：《辽史》卷十三《圣宗本纪四》，北京：中华书局，2016 年，第161 页。

（二月）戊戌，劝品部富民出钱以赡贫民。庚子，徙梁门、遂城、泰州、北平①民于内地。丁巳，诏品部旷地令民耕种。

脱脱等：《辽史》卷十三《圣宗本纪四》，北京：中华书局，2016 年，第161 页。

（三月）甲申，河西党项乞内附。

脱脱等：《辽史》卷十三《圣宗本纪四》，北京：中华书局，2016 年，第

———————————

① 即平州。

161 页。

（五月）是月，敌烈八部杀详稳以叛，萧挞凛追击，获部族之半。

脱脱等：《辽史》卷十三《圣宗本纪四》，北京：中华书局，2016 年，第162 页。

辽圣宗统和十九年（1001 年）

六月乙巳，以所俘宋将康昭裔为昭顺军节度使。

脱脱等：《辽史》卷十四《圣宗本纪五》，北京：中华书局，2016 年，第170 页。

辽圣宗统和二十一年（1003 年）

（六月）乙酉，阻卜铁剌里率诸部来降。

脱脱等：《辽史》卷十四《圣宗本纪五》，北京：中华书局，2016 年，第172 页。

（十一月）丙申，通括南院部民。

脱脱等：《辽史》卷十四《圣宗本纪五》，北京：中华书局，2016 年，第173 页。

辽圣宗统和二十二年（1004 年）

（十一月）甲子，东京留守萧排押获宋魏府官吏田逢吉、郭守荣、常显、刘绰等以献。

脱脱等：《辽史》卷十四《圣宗本纪五》，北京：中华书局，2016 年，第174 页。

辽圣宗统和二十五年（1007 年）

春正月，建中京①。

脱脱等：《辽史》卷十四《圣宗本纪五》，北京：中华书局，2016 年，第177 页。

---

① 即中京大定府。

宋真宗大中祥符元年（1008 年）

宋抟等使契丹还，言："契丹所居曰中京，在幽州东北，城垒卑小，鲜居人，夹道多蔽以墙垣。宫中有武功殿，国主居之，文化殿，国母居之。"

李焘：《续资治通鉴长编》卷六十八《真宗》，北京：中华书局，1980 年，第 1527 页。

辽圣宗统和二十八年（1010 年）

五月己卯朔，如中京。辛卯，清暑七金山。乙巳，西北路招讨使萧图玉奏伐甘州回鹘，破肃州，尽俘其民。诏修土隗口故城以实之。

脱脱等：《辽史》卷十五《圣宗本纪六》，北京：中华书局，2016 年，第 184 页。

辽圣宗统和二十九年（1011 年）

二月己酉，谒乾、显二陵。戊午，所俘高丽人分置诸陵庙，余赐内戚、大臣。

脱脱等：《辽史》卷十五《圣宗本纪六》，北京：中华书局，2016 年，第 185 页。

辽圣宗开泰元年（1012 年）

八月丙申，铁骊那沙等送兀惹百余户至宾州，赐丝绢。

脱脱等：《辽史》卷十五《圣宗本纪六》，北京：中华书局，2016 年，第 187 页。

辽圣宗开泰二年（1013 年）

夏四月甲子，拜日。诏从上京请，以韩斌所括赡国、挞鲁河①、奉豪等州户二万五千四百有奇，置长霸、兴仁、保和等十县。

脱脱等：《辽史》卷十五《圣宗本纪六》，北京：中华书局，2016 年，第 189 页。

----

①　又称"达鲁河"。

秋七月壬辰，乌古、敌烈皆复故疆。乙未，西南招讨使、政事令斜轸奏，党项诸部叛者皆遁黄河北模赖山，其不叛者曷党、乌迷两部因据其地，今复西迁，诘之则曰逐水草。不早图之，后恐为患。又闻前后叛者多投西夏，西夏不纳。诏遣使再问西迁之意，若归故地，则可就加抚谕。使不报，上怒，欲伐之。遂诏李德昭："今党项叛，我欲西伐，尔当东击，毋失掎角之势。"仍命诸军各市肥马。丁酉，以惕隐耶律涤洌为南府宰相，太尉五哥为惕隐。癸卯，钩鱼曲沟。戊申，诏以敦睦宫子钱振贫民。己酉，化哥等破阻卜酋长乌八之众。

脱脱等：《辽史》卷十五《圣宗本纪六》，北京：中华书局，2016 年，第 189—190 页。

辽圣宗开泰三年（1014 年）

是夏，诏国舅详稳萧敌烈、东京留守耶律团石等讨高丽，造浮梁于鸭渌江，城保、宣义、定远等州。

脱脱等：《辽史》卷十五《圣宗本纪六》，北京：中华书局，2016 年，第 191 页。

辽圣宗开泰四年（1015 年）

夏四月癸丑，以林牙建福为北院大王。甲寅，萧敌烈等伐高丽还。丙辰，曷苏馆部请括女直王殊只你户旧无籍者，会其丁入赋役，从之。枢密使贯宁奏大破八部迪烈得，诏侍御撒剌奖谕，伐行执手之礼。丙寅，耶律世良等上破阻卜俘获数。戊辰，驻跸沿柳湖。己巳，女直遣使来贡。壬申，耶律出良讨乌古，破之。甲戌，遣使赏有功将校。世良讨迪烈得至清泥埚。时于厥既平，朝廷议内徙其众，于厥安土重迁，遂叛。世良惩创，既破迪烈得，辄歼其丁壮。勒兵渡曷剌河，进击余党，斥候不谨，其将勃括聚兵稠林中，击辽军不备。辽军小却，结陈河曲。勃括是夜来袭。翌日，辽后军至，勃括诱于厥之众皆遁，世良追之，军至险厄，勃括方阻险少休，辽军侦知其所，世良不亟掩之，勃括轻骑遁去。获其辎重及所诱于厥之众，并迁迪烈得所获辖麦里部民，城胪朐河上以居之。

脱脱等：《辽史》卷十五《圣宗本纪六》，北京：中华书局，2016 年，第 192—193 页。

辽圣宗开泰五年（1016 年）

（三月）辛未，党项魁可来降。

脱脱等：《辽史》卷十五《圣宗本纪六》，北京：中华书局，2016 年，第194 页。

高丽显宗七年（1016 年）

（二月）壬午，契丹王美、延相等七人来奔。

郑麟趾：《高丽史》卷四《世家卷四·显宗一》，重庆：西南师范大学出版社；北京：人民出版社，2013 年，第 103 页。

（二月）甲辰，契丹曹恩、高忽等六人来投。

郑麟趾：《高丽史》卷四《世家卷四·显宗一》，重庆：西南师范大学出版社；北京：人民出版社，2013 年，第 103 页。

（五月）辛亥，契丹马儿保、良王保、可新等十三户来投。

郑麟趾：《高丽史》卷四《世家卷四·显宗一》，重庆：西南师范大学出版社；北京：人民出版社，2013 年，第 103 页。

（五月）契丹要豆等三人来投。

郑麟趾：《高丽史》卷四《世家卷四·显宗一》，重庆：西南师范大学出版社；北京：人民出版社，2013 年，第 104 页。

（六月）戊寅，契丹志甫等三人来投。

郑麟趾：《高丽史》卷四《世家卷四·显宗一》，重庆：西南师范大学出版社；北京：人民出版社，2013 年，第 104 页。

（六月）乙酉，契丹张烈、公现、申豆、猷儿、王忠等三十户来投。

郑麟趾：《高丽史》卷四《世家卷四·显宗一》，重庆：西南师范大学出版社；北京：人民出版社，2013 年，第 104 页。

（七月）丁巳，契丹由道、高宗等九人来投。

郑麟趾：《高丽史》卷四《世家卷四·显宗一》，重庆：西南师范大学出版社；北京：人民出版社，2013 年，第 104 页。

八月，契丹朱简、从道等八人来投。

郑麟趾：《高丽史》卷四《世家卷四·显宗一》，重庆：西南师范大学出版社；北京：人民出版社，2013 年，第 104 页。

九月，契丹罗垦等五人来投。

郑麟趾：《高丽史》卷四《世家卷四·显宗一》，重庆：西南师范大学出版社；北京：人民出版社，2013年，第104页。

（九月）辛未，契丹奉大、高里等十九人来投。

郑麟趾：《高丽史》卷四《世家卷四·显宗一》，重庆：西南师范大学出版社；北京：人民出版社，2013年，第104页。

（十一月）契丹匡父儿等十人来投。

郑麟趾：《高丽史》卷四《世家卷四·显宗一》，重庆：西南师范大学出版社；北京：人民出版社，2013年，第105页。

（十二月）乙未，契丹瑟弗达等六人来投。

郑麟趾：《高丽史》卷四《世家卷四·显宗一》，重庆：西南师范大学出版社；北京：人民出版社，2013年，第105页。

高丽显宗八年（1017年）

秋七月戊戌，契丹光正等七户来投。

郑麟趾：《高丽史》卷四《世家卷四·显宗一》，重庆：西南师范大学出版社；北京：人民出版社，2013年，第105页。

（七月）契丹买瑟、多乙、郑新等十四人来投。

郑麟趾：《高丽史》卷四《世家卷四·显宗一》，重庆：西南师范大学出版社；北京：人民出版社，2013年，第105页。

八月癸酉，契丹果许伊等三户来投。乙酉，东女真盖多弗等四人来投，请效边功。许之，优礼赐物。甲午，黑水靺鞨阿离弗等六人来投，分处江南①州县。

郑麟趾：《高丽史》卷四《世家卷四·显宗一》，重庆：西南师范大学出版社；北京：人民出版社，2013年，第106页。

九月甲辰，契丹群其、昆伎、女真孤这等十户来投。壬子，契丹乌豆等八人来投。

郑麟趾：《高丽史》卷四《世家卷四·显宗一》，重庆：西南师范大学出版

---

① 指朝鲜半岛南部地区。

社；北京：人民出版社，2013 年，第 106 页。

高丽显宗九年（1018 年）

（正月）丙申，西女真未阏达等七人来献甲鳌及马。定安国人骨须来奔。

郑麟趾：《高丽史》卷四《世家卷四·显宗一》，重庆：西南师范大学出版社；北京：人民出版社，2013 年，第 107 页。

（二月）丙戌，契丹张正等四人来投。

郑麟趾：《高丽史》卷四《世家卷四·显宗一》，重庆：西南师范大学出版社；北京：人民出版社，2013 年，第 107 页。

三月甲午朔，契丹宋匡袭、伊盖等十余人来投。

郑麟趾：《高丽史》卷四《世家卷四·显宗一》，重庆：西南师范大学出版社；北京：人民出版社，2013 年，第 107 页。

（四月）西女真木史、木开等二百户来投。

郑麟趾：《高丽史》卷四《世家卷四·显宗一》，重庆：西南师范大学出版社；北京：人民出版社，2013 年，第 108 页。

五月乙丑，契丹史夫来投。

郑麟趾：《高丽史》卷四《世家卷四·显宗一》，重庆：西南师范大学出版社；北京：人民出版社，2013 年，第 108 页。

（十二月）壬辰，契丹人王遂来投。

郑麟趾：《高丽史》卷四《世家卷四·显宗一》，重庆：西南师范大学出版社；北京：人民出版社，2013 年，第 110 页。

辽圣宗开泰八年（1019 年）

（五月）乙亥，迁宁州渤海户子辽、土二河之间。

脱脱等：《辽史》卷十六《圣宗本纪七》，北京：中华书局，2016 年，第 208 页。

辽圣宗太平元年（1021 年）

三月戊戌，皇子勃已只生。庚子，驸马都尉萧绍业建私城，赐名睦州，军曰长庆。是月，大食国王复遣使请婚，封王子班郎君胡思里女可老为公主，嫁之。

脱脱等：《辽史》卷十六《圣宗本纪七》，北京：中华书局，2016 年，第
211 页。

高丽显宗十二年（1021 年）

（三月）癸巳，铁利国遣使表请归附如旧。

郑麟趾：《高丽史》卷四《世家卷四·显宗一》，重庆：西南师范大学出版
社；北京：人民出版社，2013 年，第 116 页。

辽圣宗太平二年（1022 年）

五月乙亥朔，参知政事石用中薨。庚辰，铁骊遣使献兀惹十六户。

脱脱等：《辽史》卷十六《圣宗本纪七》，北京：中华书局，2016 年，第
212 页。

高丽显宗十三年（1022 年）

（二月）壬子，契丹孟流、演举等四人来奔。

郑麟趾：《高丽史》卷四《世家卷四·显宗一》，重庆：西南师范大学出版
社；北京：人民出版社，2013 年，第 118 页。

秋七月丙子，都兵马使奏："于山国民被女真虏掠逃来者处之礼州，官给
资粮，永为编户。"从之。

郑麟趾：《高丽史》卷四《世家卷四·显宗一》，重庆：西南师范大学出版
社；北京：人民出版社，2013 年，第 118 页。

（九月）丙子，契丹东京使王守荣来。戊子，契丹首于昧、乌于乙等十九
人来投。

郑麟趾：《高丽史》卷四《世家卷四·显宗一》，重庆：西南师范大学出版
社；北京：人民出版社，2013 年，第 119 页。

十二月辛丑，契丹弗大等十一人来投。癸丑，西女真鱼尼底来告："亲姑
曾随投化人昧那来住大国①京都，已经数年，思恋本蕃，乞以土马赎之。"即

---

① 指王氏高丽的都城开京。

命放归，还其马。

郑麟趾：《高丽史》卷四《世家卷四·显宗一》，重庆：西南师范大学出版社；北京：人民出版社，2013年，第119页。

辽圣宗太平三年（1023年）

（春正月）辛巳，赐越国公主私城之名曰懿州，军曰庆懿。

脱脱等：《辽史》卷十六《圣宗本纪七》，北京：中华书局，2016年，第213页。

宋仁宗天圣元年（1023年）

仁宗即位，改东上阁门使，真授陇州团练使、知雄州。其冬，契丹猎燕蓟，候卒报有兵入钞，边州皆警。继勋曰："契丹岁赖汉金缯，何敢损盟好邪？"居自若，已，乃知渤海人叛契丹，行剽两界也。

脱脱等：《宋史》卷二百八十九《高继勋传》，北京：中华书局，1977年，第9695页。

高丽显宗十四年（1023年）

（正月）戊寅，契丹焦福等十一户来投。

郑麟趾：《高丽史》卷五《世家卷五·显宗二》，重庆：西南师范大学出版社；北京：人民出版社，2013年，第121页。

（五月）丁丑，契丹麻许底等十三户来投。壬辰，契丹大世奴、齐化那等八人来投。

郑麟趾：《高丽史》卷五《世家卷五·显宗二》，重庆：西南师范大学出版社；北京：人民出版社，2013年，第122页。

高丽显宗十五年（1024年）

（正月）契丹马史刀等三人来投。

郑麟趾：《高丽史》卷五《世家卷五·显宗二》，重庆：西南师范大学出版社；北京：人民出版社，2013年，第123页。

（三月）甲午，西女真高豆老、东女真瑟弗达等九十人来投。

郑麟趾：《高丽史》卷五《世家卷五·显宗二》，重庆：西南师范大学出版社；北京：人民出版社，2013 年，第 123 页。

辽圣宗太平六年（1026 年）

二月己酉，以迷离已同知枢密院，黄翩为兵马都部署，达骨只副之。赫石为都监，引军城混同江①、疏木河之间。黄龙府请建堡障三、烽台十，诏以农隙筑之。东京留守八哥奏黄翩领兵入女直界徇地，俘获人、马、牛、豕，不可胜计，得降户二百七十。

脱脱等：《辽史》卷十七《圣宗本纪八》，北京：中华书局，2016 年，第 225 页。

夏四月丁未朔，以武定军节度使耶律洪古为惕隐。戊申，蒲卢毛朵部多兀惹户，诏索之。

脱脱等：《辽史》卷十七《圣宗本纪八》，北京：中华书局，2016 年，第 225 页。

辽圣宗太平八年（1028 年）

（春）二月戊子，燕京留守萧孝穆乞于拒马河接宋境上置戍长巡察，诏从之。

脱脱等：《辽史》卷十七《圣宗本纪八》，北京：中华书局，2016 年，第 228 页。

（九月）癸丑，阻卜别部长胡懒来降。乙卯，阻卜长春古来降。

脱脱等：《辽史》卷十七《圣宗本纪八》，北京：中华书局，2016 年，第 228 页。

高丽显宗二十年（1029 年）

（四月）契丹人曹兀絜家来奔。

郑麟趾：《高丽史》卷五《世家卷五·显宗二》，重庆：西南师范大学出版社；北京：人民出版社，2013 年，第 131 页。

（八月）乙未，东女真大相哙拔率其族三百余户来投，赐渤海古城地处之。

---

① 指松花江。

郑麟趾：《高丽史》卷五《世家卷五·显宗二》，重庆：西南师范大学出版社；北京：人民出版社，2013 年，第 131 页。

辽圣宗太平十年（1030 年）

十一月辛亥，南京留守燕王萧孝穆以东征将士凯还，戎服见上，上大加宴劳。翌日，以孝穆为东平王、东京留守，国舅详稳、驸马都尉萧匹敌封兰陵郡王，奚王蒲奴加侍中；以权燕京留守兼侍中萧惠为燕京统军使，前统军委窊大将军、节度使，宰相兼枢密使马保忠权知燕京留守，奚王府都监萧阿古轸东京统军使。诏渤海旧族有勋劳材力者叙用，余分居来、隰、迁、润等州。

脱脱等：《辽史》卷十七《圣宗本纪八》，北京：中华书局，2016 年，第 232 页。

高丽显宗二十一年（1030 年）

（五月）乙丑，契丹水军指麾使虎骑尉大道李卿等六人来投。自是，契丹、渤海人来附甚众。

郑麟趾：《高丽史》卷五《世家卷五·显宗二》，重庆：西南师范大学出版社；北京：人民出版社，2013 年，第 133 页。

（九月）丙辰，兴辽国郢州刺史李匡禄来告急，寻闻国亡，遂留不归。

郑麟趾：《高丽史》卷五《世家卷五·显宗二》，重庆：西南师范大学出版社；北京：人民出版社，2013 年，第 134 页。

是月（十月），契丹奚哥、渤海①民五百余人来投，处之江南州郡。

郑麟趾：《高丽史》卷五《世家卷五·显宗二》，重庆：西南师范大学出版社；北京：人民出版社，2013 年，第 134 页。

十一月乙丑，西女真曼斗等二十七户来附，处之东界。

郑麟趾：《高丽史》卷五《世家卷五·显宗二》，重庆：西南师范大学出版社；北京：人民出版社，2013 年，第 134 页。

---

① 指奚人和渤海人。

二、杂编

《续资治通鉴长编》卷二十五《宋太宗雍熙元年》

初，李继捧入朝，其弟夏州蕃落使继迁留居银州。及诏发继捧亲属赴阙，独继迁不乐内徙，时年十七，勇悍有智谋，伪称乳母死，出葬郊外，以兵甲置棺中，与其党数十人奔入蕃族地斤泽，距夏州东北三百里，出其祖彝兴像以示戎人，戎人皆拜泣，继迁自言："我李氏子孙，当复兴宗绪。"族帐稍稍归附，尝遣所部奉表诣麟州贡马及橐驼等。敕书招谕之，继迁不出。是月，知夏州尹宪侦知继迁所在，与巡检使曹光实选精骑，夜发兵掩袭地斤，再宿而至，斩首五百级，烧四百余帐，获继迁母、妻及羊马器械万计，继迁仅以身免。

李焘：《续资治通鉴长编》卷二十五《宋太宗雍熙元年》，北京：中华书局，1980 年，第 585—586 页。

《宣和乙巳奉使金国行程录》

第三十三程，自黄龙府六十里至托撤孛董寨。

府为契丹东塞。当舞丹强盛时，虏获异国人，则迁徙散处于此。南有渤海，北有铁离、吐浑，东南有高丽、靺鞨，东有女真、室韦，东北有乌舍，西北有契丹、回纥、党项，西南有奚，故此地杂诸国俗。凡聚会处，诸国人语言不能相通晓，则各以汉语为证，方能辨之。

许亢宗：《宣和乙巳奉使金国行程录》，赵永春：《奉使辽金行程录》，北京：商务印书馆，2017 年，第 219 页。

《契丹国志》卷二十二《州县载记》

中京之地，奚国王牙帐所居。奚本曰库莫奚，其先东部胡宇文之别种也。窜居松漠之间，俗甚不洁，而善射猎，好为寇抄。其后种类渐多，分为五部：一曰辱纥，二曰莫贺弗，三曰契个，四曰木昆，五曰室得。每部一千余人，为其帅，随逐水草。中京东过小河，唱叫山道北奚王避暑庄，有亭台。由古北口至中京北，皆奚境。奚本与契丹等，后为契丹所并。所在分奚、契丹、汉人、渤海杂处之。奚有六节度、都省统领。言语、风俗与契丹不同。善耕种，步射，入山采猎，其行如飞。

叶隆礼：《契丹国志》卷二十二《州县载记》，北京：中华书局，2014年，第241页。

《松漠纪闻》

回鹘自唐末浸微，本朝盛时，有入居秦川为熟户者。女真破陕，悉徙之燕山、甘、凉、瓜、沙。旧皆有族帐，后悉羁縻于西夏，唯居四郡外地者，颇自为国，有君长。其人卷发深目，眉修而浓，自眼睫而下多虬髯。士多瑟瑟珠玉，帛有兜罗绵、毛毯、狨锦、注丝、熟绫、斜褐。药有腽肭脐、硇砂。香有乳香、安息、笃耨。善造宾铁刀剑、乌金银器。多为商贾于燕，载以橐驼过夏地，夏人率十而指一，必得其最上品者，贾人苦之。后以物美恶杂贮毛连中，毛连以羊毛缉之，单其中，两头为袋，以毛绳或线封之。有甚粗者，有间以杂色毛者则轻细。然所征亦不赀。其来浸熟，始厚赂税吏，密识其中下品，俾指之。尤能别珍宝，蕃、汉为市者，非其人为侩则不能售价。奉释氏最甚，共为一堂，塑佛像其中，每斋必刲羊，或酒酤以指染血涂佛口，或捧其足而鸣之，谓为亲敬。诵经则衣袈裟，作西竺语，燕人或俾之祈祷，多验。妇人类男人，白皙，着青衣，如中国道服。然以薄青纱幂首而见其面。其居秦川时，女未嫁者先与汉人通，有生数子年近三十始能配其种类。媒妁来议者，父母则曰，吾女尝与某人某人昵，以多为胜，风俗皆然。其在燕者皆久居业成，能以金相瑟瑟为首饰，如钗头形而曲一二寸，如古之笄状。又善结金线相瑟瑟为珥及巾环，织熟锦、熟绫、注丝、线罗等物。又以五色线织成袍，名曰"克丝"，甚华丽。又善捻金线别作一等，背织花树，用粉缴，经岁则不佳，唯以打换达靼。辛酉岁，金国肆眚，皆许西归，多留不反。今亦有目微深而髯不虬者，盖与汉儿通而生也。

喗热①者，国最小，不知其始所居，后为契丹徙置黄龙府南百余里，曰宾州。州近混同江，即古之粟末河黑水也。部落杂处，以其族类之长为千户统之。契丹、女真贵游子弟及富家儿月夕被酒，则相率携尊，驰马戏饮。其地妇女闻其至，多聚观之。闲令侍坐，与之酒则饮，亦有起舞歌讴以侑觞者，邂逅

---

① 即兀惹。

相契，调谑往反，即载以归。不为所顾者，至追逐马足不远数里。其携去者父母皆不问，留数岁，有子，始具茶食、酒数车归宁，谓之拜门，因执子婿之礼。其俗谓男女自媒，胜于纳币而昏者。饮食皆以木器，好置蛊，他人欲其不验者，乃三弹指于器上，则其毒自解，亦间有遇毒而毙者。族多李姓。

渤海国，去燕京、女真所都皆千五百里，以石累城足，东并海。其王旧以大为姓，右姓曰高、张、杨、窦、乌、李，不过数种。部曲、奴婢无姓者皆从其主。妇人皆悍妒，大氏与他姓相结为十姊妹，迭稽察其夫，不容侧室。及他游，闻则必谋置毒，死其所爱。一夫有所犯而妻不之觉者，九人则群聚而诟之。争以忌嫉相夸。故契丹、女真诸国皆有女倡，而其良人皆有小妇、侍婢，唯渤海无之。男子多智谋，骁勇出他国右，至有"三人渤海当一虎"之语。契丹阿保机灭其王大諲撰，徙其各帐千余户于燕，给以田畴，捐其赋入，往来贸易，关市皆不征，有战则用为前驱。天祚之乱，其聚族立姓大者于旧国为王，金人讨之，军未至，其贵族高氏弃家来降，言其虚实，城后陷。契丹所迁民益蕃，至五千余户，胜兵可三万。金人虑其难制，频年转戍山东，每徙不过数百家。至辛酉岁尽驱以行，其人大怨。富室安居逾二百年，往往为围池，植牡丹多至三二百本，有数十干丛生者，皆燕地所无，才以十数千或五千贱贸而去。其居故地者，令归契丹旧，为东京，置留守。有苏、扶等州。苏与中国登州、青州相直，每大风顺，隐隐闻鸡犬声。

洪皓：《松漠纪闻》，赵永春：《奉使辽金行程录》，北京：商务印书馆，2017 年 6 月第 1 版，2017 年 6 月第 1 次印刷，第 315—317 页。

《契丹国志》卷二十四《王沂公行程录》

出北门，过古长城、延芳淀，四十里至孙侯馆，改为望京馆，稍移故处。望楮谷山、五龙池，过温余河、大夏城坡，坡西北即凉淀避暑之地。五十里至顺州。东北过白屿河，北望银冶山，又有黄罗螺盘、牛阑山，七十里至檀州。自北渐入山，五十里至金沟馆。将至馆，川原平广，谓之金沟淀，国主尝于此过冬。自此入山，诘曲登陟，无复里堠，但以马行记日景而约其里数。过朝鲤河，亦名七度河，九十里至古北口。两旁峻崖，中有路，仅容车轨；口北有铺，彀弓连绳，本范阳防扼奚、契丹之所，最为隘束。然幽州束趋营、平州，路甚平坦，自顷犯边，多由斯出。又度德胜岭，盘道数层，俗名思乡岭，八十里至新馆。过雕窠岭、偏枪岭，四十里至卧如来馆，盖山中有卧佛像故也。过乌滦河，东有滦州，因河为名。又过墨斗岭，亦名度云岭，长二十里许。又过芹菜岭，七十里至柳河馆，河在馆旁。西北有铁冶，多渤海人所居，就河漉沙石，炼得成铁。渤海俗，每岁时聚会作乐，先命善歌舞者数辈前行，士女相随，更相唱和，回旋宛转，号曰"踏锤"。所居室，皆就山墙开门。过松亭岭，甚峻险，七十里至打造部落馆。惟有番户百余，编荆为篱，锻铁为军器。东南行，五十里至牛山馆。八十里至鹿儿峡馆。过虾蟆岭，九十里至铁浆馆。过石子岭，自此渐出山，七十里至富谷馆，居民多造车者，云渤海人。正东望马云山，山多禽兽、林木。

叶隆礼：《契丹国志》卷二十四《王沂公行程录》，北京：中华书局，2014年1月第1版，2014年1月第1次印刷，第257—258页。

《五代会要》卷二十八《吐浑》

其畜牧就善水草，丁壮常数千人，羊马生息，入市中土，朝廷常存恤之。（晋天福六年）大首领白承福及麾下念虎里、赫连功德等来朝。九月，又遣首领白可久来朝。少主嗣位，绝契丹之好，数召其酋长入朝，厚加宴赐，每大宴会，皆命列坐于勋臣之次。至开运，捍房于澶州，召承福等率其部众从行，属岁多暑热，部下多死，复遣归太原，移帐于岚石州界。然承福驭下无法，多干军令。其族自可久，名在承福之亚，因牧马率本帐北遁。契丹授以官爵，复遣潜诱承福。承福亦思叛去，事未果，汉高祖知之，乃以兵环其部族，擒承福与其族白铁匮、赫连海龙等五家，凡四百有余人，伏诛。籍其牛马，命别部长王义宗统其余属。

王溥：《五代会要》卷二十八《吐浑》，上海：上海古籍土版社，1978年，第450—452页。

《五代会要》卷二十八《奚》

自天佑初，契丹兵力渐盛，室韦、奚、霫皆受制焉。故奚之部族为契丹代守边土，暨房人虐其首颔，去诸怨之，以别部内附，徙于妫州，依北山而居，渐至数千帐，故有东、西奚之号。法诸卒，其子扫剌代立。后唐庄宗破幽州，赐扫剌姓李，名绍威。晋天福元年，高祖以契丹有助立之功，割雁门已北及幽州之地以赂之，由奚之部族复隶于契丹。自后常为契丹所役属。开运三年十二月，契丹犯阙，其王拽剌以所部兵屯于洛阳，及虏主死，随众北遁。

王溥：《五代会要》卷二十八《奚》，上海：上海古籍出版社，1978年，第452—453页。

《文献通考》卷三百二十四《东夷·渤海》

先是，契丹大首领耶律阿保机兵力雄盛，东北诸蕃多臣属之，以渤海土地相接，常有吞并之志。是岁，率诸番部攻渤海国夫余城，下之，改夫余城为东丹府，命其子突欲留兵镇之。未几，阿保机死，命其弟率兵攻夫余城，不克而还。四年，及长兴二年、三年、四年，清泰二年、三年，俱遣使贡方物。周显德元年，渤海国乌思罗等三十人归化，其后隔绝不通。宋太平兴国四年，太宗平晋阳，移兵幽州，其酋帅大鸾河率小校李勋等十六人、部族三百骑来降，以鸾河为渤海都指挥使。六年，赐乌舍①城浮渝府渤海琰府王诏略曰："蠢兹北戎，犯我封略。今欲鼓行深入，大歼丑类。素闻尔国密迩寇仇，势迫并吞，力不能制，因而服属，困于宰割。当灵旗破虏之际，是邻邦雪愤之日，所宜尽出族帐，佐予兵锋。俟其翦灭，沛然封赏，幽、蓟土宇，复归中朝，朔漠之外，悉以相与。勖乃协力，朕不食言。"时将率兵大举北伐，故降是诏。

马端临：《文献通考》卷三二四《东夷·渤海》，北京：中华书局，1986年，第2568页。

《辽史》卷三十八《地理志二》

开州，镇国军，节度。本濊貊地，高丽为庆州，渤海为东京龙原府。有宫殿。都督庆、盐、穆、贺四州事。故县六：曰龙原、永安、乌山、壁谷、熊山、白杨，皆废。叠石为城，周围二十里。唐薛仁贵征高丽，与其大将温沙门战熊山，擒善射者于石城，即此。太祖平渤海，徙其民于大部落，城遂废。圣宗伐新罗还，周览城基，复加完葺。开泰三年，迁双、韩二州千余户实之，号开封府开远军，节度；更名镇国军。隶东京留守，兵事属东京统军司。统州三、县一。

开远县。本栅城地，高丽为龙原县，渤海因之，辽初废。圣宗东讨，复置

---

① 即兀惹之意。

以军额。民户一千。

脱脱等：《辽史》卷三十八《地理志二》，北京：中华书局，2016年，第520页。

定州，保宁军。高丽置州，故县一，曰定东。圣宗统和十三年升军，迁辽西民实之。隶东京留守司。统县一：

定东县。高丽所置，辽徙辽西民居之。户八百。

脱脱等：《辽史》卷三十八《地理志二》，北京：中华书局，2016年，第521页。

保州，宣义军，节度。高丽置州，故县一，曰来远。圣宗以高丽王询擅立，问罪不服，统和末，高丽降。开泰三年取其保、定二州，于此置榷场。隶东京统军司。统州、军二，县一：

来远县。初徙辽西诸县民实之，又徙奚、汉兵七百防戍焉。户一千。

脱脱等：《辽史》卷三十八《地理志二》，北京：中华书局，2016年，第521—522页。

宣州，定远军，刺史。开泰三年徙汉户置。隶保州。

脱脱等：《辽史》卷三十八《地理志二》，北京：中华书局，2016年，第522页。

辰州，奉国军，节度。本高丽盖牟城。唐太宗会李世勣攻破盖牟城，即此。渤海改为盖州，又改辰州，以辰韩得名。井邑骈列，最为冲会。辽徙其民于祖州。初曰长平军。户二千。隶东京留守司。

脱脱等：《辽史》卷三十八《地理志二》，北京：中华书局，2016年，第522页。

来远城。本熟女直地。统和中伐高丽，以燕军骁猛，置两指挥，建城防戍。兵事属东京统军司。

脱脱等：《辽史》卷三十八《地理志二》，北京：中华书局，2016年，第522页。

海州，南海军，节度。本沃沮国地。高丽为沙卑城，唐李世勣尝攻焉。渤海号南京南海府。叠石为城，幅员九里，都督沃、晴、椒三州。故县六：沃沮、鹫岩、龙山、滨海、升平、灵泉，皆废。太平中，大延琳叛，南海城坚守，经岁不下，别部酋长皆被擒，乃降。因尽徙其人于上京，置迁辽县，移泽州民来实之。户一千五百。

脱脱等：《辽史》卷三十八《地理志二》，北京：中华书局，2016 年，第 524 页。

渌州，鸭渌军，节度。本高丽①故国，渤海号西京鸭渌府。城高三丈，广轮二十里，都督神、桓、丰、正四州事。故县三：神鹿、神化、剑门，皆废。大延琳叛，迁余党于上京，置易俗县居之。在者户二千。隶东京留守司。

脱脱等：《辽史》卷三十八《地理志二》，北京：中华书局，2016 年，第 524 页。

桓州。高丽中都城，故县三：桓都、神乡、淇水，皆废。高丽王于此创立宫阙，国人谓之新国。五世孙钊，晋康帝建元初为慕容皝所败，宫室焚荡。户七百。隶渌州。在西南二百里。

脱脱等：《辽史》卷三十八《地理志二》，北京：中华书局，2016 年，第 525 页。

显州，奉先军，上，节度。本渤海显德府地。世宗置，以奉显陵。显陵者，东丹人皇王墓也。人皇王性好读书，不喜射猎，购书数万卷，置医巫闾山绝顶，筑堂曰望海。山南去海一百三十里。大同元年，世宗亲护人皇王灵驾归自汴京。以人皇王爱医巫闾山水奇秀，因葬焉。山形掩抱六重，于其中作影殿，制度宏丽。州在山东南，迁东京三百余户以实之。应历元年，穆宗葬世宗于显陵西山，仍禁樵采。有十三山，有沙河。隶长宁、积庆二宫，兵事属东京都部署司。统州三、县三：

奉先县。本汉无虑县，即医巫闾，幽州镇山。世宗析辽东长乐县民以为陵户，隶长宁宫。

山东县。本汉望平县。穆宗割渤海永丰县民为陵户，隶积庆宫。

归义县。初置显州，渤海民自来助役，世宗嘉悯，因籍其人户置县，隶长宁宫。

脱脱等：《辽史》卷三十八《地理志二》，北京：中华书局，2016 年，第 525—526 页。

嘉州，嘉平军，下，刺史。隶显州。

---

① 指高句丽。

辽西州，阜城军，中，刺史。本汉辽西郡地，世宗置州，隶长宁宫，属显州。统县一：

长庆县。统和八年，以诸宫提辖司①人户置。

脱脱等：《辽史》卷三十八《地理志二》，北京：中华书局，2016 年，第526 页。

康州，下，刺史。世宗迁渤海率宾府人户置，属显州。初隶长宁宫，后属积庆宫。统县一：

率宾县。本渤海率宾府地。

脱脱等：《辽史》卷三十八《地理志二》，北京：中华书局，2016 年，第526 页。

宗州，下，刺史。在辽东石熊山，耶律隆运以所俘汉民置。圣宗立为州，隶文忠王府。王薨，属提辖司。统县一：

熊山县。本渤海县地。

脱脱等：《辽史》卷三十八《地理志二》，北京：中华书局，2016 年，第527 页。

乾州，广德军，上，节度。本汉无虑县地。圣宗统和三年置，以奉景宗乾陵。有凝神殿。隶崇德宫，兵事属东京都部署司。统州一、县四：

奉陵县。本汉无虑县地。括诸落帐户，助营山陵。

延昌县。析延昌宫户置。

灵山县。本渤海灵峰县地。

司农县。本渤海麓郡县，并麓波、云川二县入焉。

脱脱等：《辽史》卷三十八《地理志二》，北京：中华书局，2016 年，第527 页。

海北州，广化军，中，刺史。世宗以所俘汉户置。地在闾山之西，南海之北。初隶宣州，后属乾州。

脱脱等：《辽史》卷三十八《地理志二》，北京：中华书局，2016 年，第527 页。

贵德州，宁远军，下，节度。本汉襄平县地，汉公孙度所据。太宗时察割

---

① 即统领契丹各宫帐所属丁户的机构。

以所俘汉民置。后以弑逆诛，没入焉。圣宗建贵德军，后更名。有陀河、大宝山。隶崇德宫，兵事属东京都部署司。统县二：

贵德县。本汉襄平县，渤海为崇山县。

奉德县。本渤海缘城县地，常置奉德州。

脱脱等：《辽史》卷三十八《地理志二》，北京：中华书局，2016年，第527—528页。

沈州，昭德军，中，节度。本挹娄国地。渤海建沈州，故县九，皆废。太宗置兴辽军，后更名。初隶永兴宫，后属敦睦宫，兵事隶东京都部署司。统州一、县二：

乐郊县。太祖俘蓟州三河民，建三河县，后更名。

灵源县。太祖俘蓟州吏民，建渔阳县，后更名。

脱脱等：《辽史》卷三十八《地理志二》，北京：中华书局，2016年，第528页。

广州，防御。汉属襄平县，高丽①为当山县，渤海为铁利郡。太祖迁渤海人居之，建铁利州，统和八年省。开泰七年以汉户置。

脱脱等：《辽史》卷三十八《地理志二》，北京：中华书局，2016年，第529页。

辽州，始平军，下，节度。本拂涅国城，渤海为东平府。唐太宗亲征高丽，李世勣拔辽城；高宗诏程振、苏定方讨高丽，至新城，大破之；皆此地也。太祖伐渤海，先破东平府，迁民实之。故东平府都督伊、蒙、陀、黑、北五州，共领县十八，皆废。太祖改为州，军曰东平，太宗更为始平军。有辽河、羊肠河、锥子河、蛇山、狼山、黑山、巾子山。隶长宁宫，兵事属北女直兵马司。

脱脱等：《辽史》卷三十八《地理志二》，北京：中华书局，2016年，第529页。

祺州，祐圣军，下，刺史。本渤海蒙州地。太祖以檀州俘于此建檀州，后更名。隶弘义宫，兵事属北女直兵马司。统县一：

庆云县。太祖俘密云民，于此建密云县，后更名。

遂州，刺史。本渤海美州地，采访使耶律颇德以部下汉民置。穆宗时，颇

---

① 指高句丽。

德嗣绝，没入焉。隶延昌宫。统县一：

山河县。本渤海县，并黑川、麓川二县置。

脱脱等：《辽史》卷三十八《地理志二》，北京：中华书局，2016 年，第529—530 页。

通州，安远军，节度。本扶余国王城，渤海号扶余城。太祖改龙州，圣宗更今名。保宁七年，以黄龙府叛人燕颇余党千余户置，升节度。统县四：

通远县。本渤海扶余县，并布多县置。

安远县。本渤海显义县，并鹊川县置。

归仁县。本渤海强帅县，并新安县置。

渔谷县。本渤海县。

脱脱等：《辽史》卷三十八《地理志二》，北京：中华书局，2016 年，第530 页。

韩州，东平军，下，刺史。本藁离国旧治柳河县。高丽置鄚颉府，都督鄚、颉二州。渤海因之。今废。太宗置三河、榆河二州。圣宗并二州置。隶延昌宫，兵事属北女直兵马司。统县一：

柳河县。本渤海粤喜县地，并万安县置。

脱脱等：《辽史》卷三十八《地理志二》，北京：中华书局，2016 年，第530—531 页。

双州，保安军，下，节度。本挹娄故地。渤海置安定郡，久废。沤里僧王从太宗南征，以俘镇、定二州之民建城置州。察割弑逆诛，没入焉。初隶延昌宫，后属崇德宫，兵事隶北女直兵马司。统县一：

双城县。本渤海安夷县地。

脱脱等：《辽史》卷三十八《地理志二》，北京：中华书局，2016 年，第531 页。

银州，富国军，下，刺史。本渤海富州，太祖以银冶更名。隶弘义宫，兵事属北女直兵马司。统县三：

延津县。本渤海富寿县，境有延津故城，更名。

新兴县。本故越喜国地，渤海置银冶，尝置银州。

永平县。本渤海优富县地，太祖以俘户置。旧有永平寨。

脱脱等：《辽史》卷三十八《地理志二》，北京：中华书局，2016 年，第

531 页。

同州，镇安军，下，节度。本汉襄平县地，渤海为东平寨。太祖置州，军曰镇东，后更名。隶彰愍宫，兵事属北女直兵马司。统州一，未详；县二：

东平县。本汉襄平县地。产铁，拨户三百采炼，随征赋输。

永昌县。本高丽永宁县地。

脱脱等：《辽史》卷三十八《地理志二》，北京：中华书局，2016 年，第531—532 页。

咸州，安东军，下，节度。本高丽铜山县地，渤海置铜山郡。地在汉候城县北，渤海龙泉府南。地多山险，寇盗以为渊薮，乃招平、营等州客户数百，建城居之。初号郝里太保城，开泰八年置州。兵事属北女直兵马司。统县一：

咸平县。唐安东都护①，天宝中治营、平二州间，即此。太祖灭渤海，复置安东军。开泰中置县。

脱脱等：《辽史》卷三十八《地理志二》，北京：中华书局，2016 年，第532 页。

信州，彰圣军，下，节度。本越喜故城。渤海置怀远府，今废。圣宗以地邻高丽，开泰初置州，以所俘汉民实之。兵事属黄龙府都部署司。统州三，未详；县二：

武昌县。本渤海怀福县地，析平州提辖司及豹山县一千户隶之。

定武县。本渤海豹山县地，析平州提辖司并乳水县人户置。初名定功县。

脱脱等：《辽史》卷三十八《地理志二》，北京：中华书局，2016 年，第532 页。

宾州，怀化军，节度。本渤海城。统和十七年，迁兀惹户，置刺史于鸭子、混同二水之间，后升。兵事隶黄龙府都部署司。

龙州，黄龙府。本渤海扶余府。太祖平渤海还，至此崩，有黄龙见，更名。军将燕颇叛，府废。开泰九年，迁城于东北，以宗州、檀州汉户一千复置。统州五、县三：

黄龙县。本渤海长平县，并富利、佐慕、肃慎置。

迁民县。本渤海永宁县，并丰水、扶罗置。

———————

① 即唐朝安东都护府。

永平县。渤海置。

益州，观察。属黄龙府。统县一：

静远县。

安远州，怀义军，刺史。属黄龙府。

威州，武宁军，刺史。属黄龙府。

清州，建宁军，刺史。属黄龙府。

雍州，刺史。属黄龙府。

脱脱等：《辽史》卷三十八《地理志二》，北京：中华书局，2016 年，第
533 页。

镇海府，防御。兵事隶南女直汤河司。统县一：

平南县。

冀州，防御。圣宗建，升永安军。

东州。以渤海户置。

尚州。以渤海户置。

吉州，福昌军，刺史。

麓州，下，刺史。渤海置。

荆州，刺史。

脱脱等：《辽史》卷三十八《地理志二》，北京：中华书局，2016 年，第
535—536 页。

懿州，宁昌军，节度。太平三年越国公主以媵臣户置。初曰庆懿军，更曰
广顺军，隶上京。清宁七年宣懿皇后进入，改今名。统县二：

宁昌县。本平阳县。

顺安县。

顺化城，向义军，下，刺史。开泰三年以汉户置。兵事隶东京统军司。

宁州，观察。统和二十九年伐高丽，以渤海降户置。兵事隶东京统军司。
统县一：

新安县。

脱脱等：《辽史》卷三十八《地理志二》，北京：中华书局，2016 年，第
536—537 页。

衍州，安广军，防御。以汉户置。初刺史，后升军。兵事属东京统军司。

脱脱等：《辽史》卷三十八《地理志二》，北京：中华书局，2016年，第537页。

连州，德昌军，刺史。以汉户置。兵事属东京统军司。

脱脱等：《辽史》卷三十八《地理志二》，北京：中华书局，2016年，第537页。

归州，观察。太祖平渤海，以降户置，后废。统和二十九年伐高丽，以所俘渤海户复置。兵事属南女直汤河司。统县一：

归胜县。

脱脱等：《辽史》卷三十八《地理志二》，北京：中华书局，2016年，第537页。

肃州，信陵军，刺史。重熙十年州民亡入女直，取之复置。兵事隶北女直兵马司。

脱脱等：《辽史》卷三十八《地理志二》，北京：中华书局，2016年，第538页。

宁江州，混同军，观察。清宁中置。初防御，后升。兵事属东北统军司。

脱脱等：《辽史》卷三十八《地理志二》，北京：中华书局，2016年，第539页。

河州，德化军。置军器坊。

祥州，瑞圣军，节度。兴宗以铁骊户置。兵事隶黄龙府都部署司。

脱脱等：《辽史》卷三十八《地理志二》，北京：中华书局，2016年，第539—540页。

《辽史》卷三十九《地理志三》

中京大定府，虞为营州，夏属冀州，周在幽州之分。秦郡天下，是为辽西。汉为新安平县。汉末步奚居之，幅员千里，多大山深谷，阻险足以自固。魏武北征，纵兵大战，降者二十余万，去之松漠。其后拓拔氏乘辽建牙于此，当饶乐河水之南，温渝河水之北。唐太宗伐高丽，驻跸于此。部帅苏支从征有功。奚长可度率众内附，为置饶乐都督府。咸通以后，契丹始大，奚族不敢复抗。太祖建国，举族臣属。圣宗常过七金山土河之滨，南望云气，有郛郭楼阙之状，因议建都。择良工于燕、蓟，董役二岁，郛郭、宫掖、楼阁、府库、市肆、廊庑，拟神都之制。统和二十四年，五帐院进故奚王牙帐地。二十五年，城之，实以汉户，号曰中京，府曰大定。

皇城中有祖庙，景宗、承天皇后御容殿。城池湫湿，多凿井泄之，人以为便。大同驿以待宋使，朝天馆待新罗使，来宾馆待夏使①。有七金山、马盂山、双山、松山、土河。统州十、县九：

大定县。白霫故地。以诸国俘户居之。

长兴县。本汉宾从县。以诸部人居之。

富庶县。本汉新安平地。开泰二年析京民置。

劝农县。本汉宾从县地。开泰二年析京民置。

文定县。开泰二年析京民置。

升平县。开泰二年析京民置。

归化县。本汉柳城县地。

神水县。本汉徒河县地。开泰二年置。

金源县。本唐青山县境。开泰二年析京民置。

脱脱等：《辽史》卷三十九《地理志三》，北京：中华书局，2016 年，第545—546 页。

恩州，怀德军，下，刺史。本汉新安平县地。太宗建州。开泰中，以渤海户实之。初隶永兴宫，后属中京。统县一：

恩化县。开泰中渤海人户置。

脱脱等：《辽史》卷三十九《地理志三》，北京：中华书局，2016 年，第546—547 页。

惠州，惠和军，中，刺史。本唐归义州地。太祖俘汉民数百户兔麕山下，创城居之，置州。属中京。统县一：

惠和县。圣宗迁上京惠州民，括诸宫院落帐户置。

脱脱等：《辽史》卷三十九《地理志三》，北京：中华书局，2016 年，第547 页。

高州，观察。唐信州之地。万岁通天元年，以契丹室活部置。开泰中，圣宗伐高丽，以俘户置高州。有平顶山、乐河。属中京。统县一：

---

① 即西夏使者。

三韩县。辰韩为扶余，弁韩为新罗，马韩为高丽。开泰中，圣宗伐高丽，俘三国之遗人置县。户五千。

脱脱等：《辽史》卷三十九《地理志三》，北京：中华书局，2016 年，第 547 页。

武安州，观察。唐沃州地。太祖俘汉民居木叶山下，因建城以迁之，号杏埚新城。复以辽西户益之，更曰新州。

脱脱等：《辽史》卷三十九《地理志三》，北京：中华书局，2016 年，第 547 页。

利州，中，观察。本中京阜俗县。统和二十六年置刺史州，开泰元年升。属中京。统县一：

阜俗县。唐末，契丹渐炽，役使奚人，迁居琵琶川。

脱脱等：《辽史》卷三十九《地理志三》，北京：中华书局，2016 年，第 547—548 页。

榆州，高平军，下，刺史。本汉临渝县地，后隶右北平骊城县。唐载初二年，析镇州置黎州，处靺鞨部落，后为奚人所据。太宗南征，横帐解里以所俘镇州民置州。开泰中没入。

脱脱等：《辽史》卷三十九《地理志三》，北京：中华书局，2016 年，第 548 页。

泽州，广济军，下，刺史。本汉土垠县地。太祖俘蔚州民，立寨居之，采炼陷河银冶。隶中京留守司。开泰中置泽州。有松亭关、神山、九宫岭、石子岭、滦河、撒河。

脱脱等：《辽史》卷三十九《地理志三》，北京：中华书局，2016 年，第 548 页。

北安州，兴化军，上，刺史。

本汉女祁县地，属上谷郡。晋为冯跋所据。唐为奚王府西省地。圣宗以汉户置北安州。

脱脱等：《辽史》卷三十九《地理志三》，北京：中华书局，2016 年，第 548 页。

潭州，广润军，下，刺史。本中京之龙山县，开泰中置州，仍属中京。统县一：

龙山县。本汉交黎县地。开泰二年以习家寨置。

脱脱等：《辽史》卷三十九《地理志三》，北京：中华书局，2016 年，第 549 页。

成州，兴府军，节度。晋国长公主以媵户置，军曰长庆，隶上京。复改军名。

脱脱等：《辽史》卷三十九《地理志三》，北京：中华书局，2016 年，第 550 页。

兴中府。本霸州彰武军，节度。古孤竹国。汉柳城县地。慕容皝既以柳城之北，龙山之南，福德之地，乃筑龙城，构宫庙，改柳城为龙城县，遂迁都，号曰和龙宫。慕容垂复居焉，后为冯跋所灭。元魏取为辽西郡。隋平高保宁，置营州。炀帝废州置柳城郡。唐武德初，改营州总管府，寻为都督府。万岁通天中，陷李万荣。神龙初，移府幽州。开元四年复治柳城。八年西徙渔阳。十年还柳城。后为奚所据。太祖平奚及俘燕民，将建城，命韩知方择其处。乃完葺柳城，号霸州彰武军，节度。统和中，制置建、霸、宜、锦、白川等五州。寻落制置，隶积庆宫。后属兴圣宫。重熙十年升兴中府。有大华山、小华山、香高山、麝香崖——天授皇帝①刻石在焉、驻龙峪、神射泉、小灵河。统州二、县四：

兴中县。本汉柳城县地。太祖掠汉民居此，建霸城县。重熙中置府，更名。

营丘县。析霸城置。

象雷县。开泰二年以麦务川置。初隶中京，后属。

闾山县。本汉且虑县。开泰二年以罗家军置。隶中京，后属。

脱脱等：《辽史》卷三十九《地理志三》，北京：中华书局，2016 年，第 550—551 页。

安德州，化平军，下，刺史。以霸州安德县置，来属。统县一：

安德县。统和八年析霸城东南龙山徙河境户置。初隶乾州，更属霸州，置州来属。

脱脱等：《辽史》卷三十九《地理志三》，北京：中华书局，2016 年，第 551 页。

---

① 即辽世宗耶律阮。

黔州，阜昌军，下，刺史。本汉辽西郡地。太祖平渤海，以所俘户居之，隶黑水河提辖司。安帝置州，析宜、霸二州汉户益之。初隶永兴宫，更隶中京，后置府，来属。统县一：

盛吉县。太祖平渤海，俘兴州盛吉县民来居，因置县。

脱脱等：《辽史》卷三十九《地理志三》，北京：中华书局，2016 年，第 551 页。

宜州，崇义军，上，节度。本辽西累县地。东丹王每秋畋于此。兴宗以定州俘户建州。

有坟山，松柏连亘百余里，禁樵采，浚河累石为堤。隶积庆宫。统县二：

弘政县。世宗以定州俘户置。民工织纴，多技巧。

闻义县。世宗置。初隶海北州，后来属。

脱脱等：《辽史》卷三十九《地理志三》，北京：中华书局，2016 年，第 551 页。

来州，归德军，下，节度。圣宗以女直五部岁饥来归，置州居之。初刺史，后升。隶永兴宫。有三州山、六州山、五脂山。

统州二、县一：

来宾县。本唐来远县地。

隰州，平海军，下，刺史。慕容皝置集宁县。圣宗括帐户迁信州，大雪不能进，建城于此，置焉。隶兴圣宫。来属。统县一：

海阳县。本汉县。濒海，地多碱卤，置盐场于此。

迁州，兴善军，下，刺史。本汉阳乐县地。圣宗平大延琳，迁归州民置，来属。有箭笴山。

统县一：

迁民县。

润州，海阳军，下，刺史。圣宗平大延琳，迁宁州之民居此，置州。统县一：

海阳县。本汉阳乐县地，迁润州，本东京城内渤海民户，因叛移于此。

脱脱等：《辽史》卷三十九《地理志三》，北京：中华书局，2016 年，第 553—554 页。

德州，下，刺史。

《辽史》卷四十一《地理志五》

唐会昌中以西德店置德州。开泰八年以汉户复置。有步落泉、金河山、野狐岭、白道坂。县一：

宣德县。本汉桐过县地，属云中郡，后隶定襄郡，汉末废。高齐置紫阿镇。唐会昌中置县。户三千。

脱脱等：《辽史》卷四十一《地理志五》，北京：中华书局，2016 年，第580 页。

《辽史》卷六十四《皇子表》

妃甄氏生一子。只没，字和鲁董。景宗封为宁王，保宁八年夺爵。统和元年，皇太后称制，诏复旧爵。应历末，与宫人私通，上闻，怒，榜掠数百，刺一目而宫之，系狱，将弃市。景宗即位，释之，赐以所私宫人。保宁八年，妻造鸩毒，夺爵，贬乌古部。赋放鹤诗，征还。

脱脱等：《辽史》卷六十四《皇子表》，北京：中华书局，2016 年，第1087—1088 页。

《辽史》卷六十五《公主表》

大氏生一女：长寿，第八。封临海郡主，进封公主。下嫁大力秋。驸马都尉大力秋坐大延琳事伏诛，改适萧慆古。

脱脱等：《辽史》卷六十五《公主表》，北京：中华书局，2016 年，第1111—1112 页。

《辽史》卷六十九《部族表》

圣宗统和元年，速撒奏降敌烈部。速撒奏叛蕃来降。

脱脱等：《辽史》卷六十九《部族表》，北京：中华书局，2016 年，第1203 页。

（统和）二年二月，五国、限乌古部节度使耶律限注以所辖诸部难制，请赐诏、给剑，仍便宜从事。从之。三月，划离部人请今后详稳只于当部选授，上以诸部官长惟在得人，诏不允。四月，耶律蒲宁、都监萧勤德东征女直回，献捷。

脱脱等：《辽史》卷六十九《部族表》，北京：中华书局，2016 年，第

1203—1204 页。

（统和）三年三月，上阅诸部籍，以涅剌、乌隈二部额少役重，故量免之。十一月，乙室奥隗部黍过熟未获，遣人以助收刈。十二月，乙室姥隗族部副使进物。术不姑诸部来至近地。

脱脱等：《辽史》卷六十九《部族表》，北京：中华书局，2016 年，第 1204 页。

（统和）四年四月，频不部节度使和卢睹、黄皮室详稳解里等各上所获兵甲①。

脱脱等：《辽史》卷六十九《部族表》，北京：中华书局，2016 年，第 1205 页。

（统和）五年七月，涅剌部节度使撒葛里有惠政，部民请留，从之。

脱脱等：《辽史》卷六十九《部族表》，北京：中华书局，2016 年，第 1205—1206 页。

（统和）十五年四月，罢奚五部岁贡麛鹿。五月，敌烈八部杀详稳以叛，萧挞凛追击，获其部族之半。

脱脱等：《辽史》卷六十九《部族表》，北京：中华书局，2016 年，第 1207 页。

开泰元年正月，曷苏馆大王曷里喜来朝。

脱脱等：《辽史》卷六十九《部族表》，北京：中华书局，2016 年，第 1209 页。

（开泰）二年正月，乌古、敌烈叛，命右皮室详稳延寿率兵讨之。七月，乌古、敌烈皆复故地。

脱脱等：《辽史》卷六十九《部族表》，北京：中华书局，2016 年，第 1209 页。

（开泰）三年正月，铁骊来贡。四月，乌古叛。八月，八部敌烈杀共其详稳稍瓦，皆叛，诏南府宰相耶律吾剌葛招抚之。释所囚敌烈数人，令招谕其众。壬子，耶律世良遣使献敌烈之俘。

脱脱等：《辽史》卷六十九《部族表》，北京：中华书局，2016 年，第

---

① 应包括士兵和甲胄。

1209—1211 页。

（开泰）四年正月，耶律世良讨敌烈得部。四月耶律世良讨叛命乌古，尽杀之。遣使赏军前有功将校。九月以旗鼓拽剌详稳题里姑为六部奚王。

脱脱等：《辽史》卷六十九《部族表》，北京：中华书局，2016 年，第 1211 页。

太平六年四月，蒲卢毛朵部内多有兀惹民户，诏索之。九月，术不姑诸部皆叛。十月，曷苏馆诸部长来朝。十二月，曷苏馆部乞建旗鼓，许之。

脱脱等：《辽史》卷六十九《部族表》，北京：中华书局，2016 年，第 1214 页。

（太平）七年二月，蒲卢毛朵部遣使来贡。三月，女直部、蒲卢毛朵部送来州收管。十一月，查只底部民四百户来附。

脱脱等：《辽史》卷六十九《部族表》，北京：中华书局，2016 年，第 1214 页。

《辽史》卷七十《属国表》

周有天下，不期而会者八百余国。辽居松漠，最为强盛。天命有归，建国改元。号令法度，皆遵汉制。命将出师，臣服诸国。人民皆入版籍，贡赋悉输内帑。东西朔南，何啻万里。视古起百里国而致太平之业者，亦几矣。故有辽之盛不可不著。作属国表。

脱脱等：《辽史》卷七十《属国表》，北京：中华书局，2016 年，第 1241 页。

景宗保宁五年正月，伐党项，破之，上俘获之数。五月，女直国侵边。阿萨兰回鹘来贡。

脱脱等：《辽史》卷七十《属国表》，北京：中华书局，2016 年，第 1253 页。

（保宁）九年十一月，吐谷浑叛入太原四百余户，索而还之。

脱脱等：《辽史》卷七十《属国表》，北京：中华书局，2016 年，第 1253—1254 页。

圣宗统和元年，党项十五部寇边，西南面招讨使韩德威破之。破阻卜。韩德威讨党项诸部。七月，破党项，上俘获之数。

脱脱等：《辽史》卷七十《属国表》，北京：中华书局，2016 年，第 1254 页。

（统和）二年八月，女直宰相海里等八族内附。十二月，速撒等讨阻卜，杀其酋长挞剌干。

脱脱等：《辽史》卷七十《属国表》，北京：中华书局，2016 年，第 1255—1256 页。

（统和）八年十月，北女直国四部请内附。

脱脱等：《辽史》卷七十《属国表》，北京：中华书局，2016 年，第 1257 页。

（统和）十二年三月，高丽遣使请所俘生口，诏赎还之。十二月，女直国以宋人由海道略本国及说兀惹叛，遣使来告。

脱脱等：《辽史》卷七十《属国表》，北京：中华书局，2016 年，第 1258 页。

（统和）十三年十月，回鹘来贡。兀惹归款。鼻骨来贡。十一月，阿萨兰回鹘遣使来贡。高丽遣童子十人来学本国语。

脱脱等：《辽史》卷七十《属国表》，北京：中华书局，2016 年，第 1258—1259 页。

（统和）十四年三月，韩德威奏讨党项之捷。

脱脱等：《辽史》卷七十《属国表》，北京：中华书局，2016 年，第 1259 页。

（统和）十五年正月，河西党项叛，诏韩德威讨之。兀惹酋长武周来降。女直国遣使来贡。二月韩德威奏破党项之捷。三月，党项来贡。河西党项乞内附。兀惹乌昭庆乞岁时免进贡鹰、马、貂皮，以其地远，诏生辰、正旦外，并免。七月，项酋长来贡。禁吐浑别部鬻马于宋。九月，萧挞凛奏讨阻卜之捷。

脱脱等：《辽史》卷七十《属国表》，北京：中华书局，2016 年，第 1259—1260 页。

（统和）十七年六月兀惹乌昭庆①来降，释之。

脱脱等：《辽史》卷七十《属国表》，北京：中华书局，2016 年，第 1261 页。

（统和）十八年六月，阻卜叛酋鹘碾之弟铁剌不率部民来附，鹘碾无所归，继降，诏诛之。

脱脱等：《辽史》卷七十《属国表》，北京：中华书局，2016 年，第 1261—1262 页。

（统和）十九年正月，回鹘进梵僧名医。三月，西南面招讨司奏讨党项之捷。九月，西南面招讨司奏讨吐谷浑之捷。

---

① 兀惹国王，也有乌昭度的称呼。

脱脱等：《辽史》卷七十《属国表》，北京：中华书局，2016 年，第 1262 页。

（统和）二十一年四月，女直国来贡。兀惹、渤海、奥里米、越里笃、越里吉五部来贡。六月，党项来贡。阻卜酋长铁刺里率诸部来降。

脱脱等：《辽史》卷七十《属国表》，北京：中华书局，2016 年，第 1263 页。

（统和）二十二年八月，党项来贡。阻卜酋铁刺里来朝。铁刺里求婚，许之。九月，南京女直国遣使献所获乌昭庆妻子。

脱脱等：《辽史》卷七十《属国表》，北京：中华书局，2016 年，第 1263—1264 页。

（统和）二十三年三月，振党项部。回鹘来贡。四月，女直国及阿萨兰回鹘各遣使来贡。铁骊来贡。党项来寇。六月，阻卜酋铁刺里遣使贺与宋和。七月，党项来贡。乌古来贡。女直国遣使来贡。阿萨兰回鹘遣使来，因请先留使者，皆遣之。

脱脱等：《辽史》卷七十《属国表》，北京：中华书局，2016 年，第 1264—1265 页。

（统和）二十五年九月，西北路招讨使萧图玉讨叛命阻卜，破之。

脱脱等：《辽史》卷七十《属国表》，北京：中华书局，2016 年，第 1266 页。

（统和）二十八年五月，西北路招讨使萧图玉奏伐甘州回鹘，破其属郡肃州，尽俘其生口。诏修土隗口故城以实之。

脱脱等：《辽史》卷七十《属国表》，北京：中华书局，2016 年，第 1267 页。

（统和）二十九年六月，诏西北路招讨使、驸马都尉萧图玉安抚西鄙，置阻卜等部。

脱脱等：《辽史》卷七十《属国表》，北京：中华书局，2016 年，第 1267—1268 页。

开泰元年正月，女直国太保蒲捻等来朝。八月，铁骊那沙等送兀惹百余户至宾州，赐丝绢以赏之。

脱脱等：《辽史》卷七十《属国表》，北京：中华书局，2016 年，第 1268—1269 页。

（开泰）四年二月，于阗国来贡。三月，耶律世良等破阻卜，上俘获之数。女直国遣使来贡。

脱脱等：《辽史》卷七十《属国表》，北京：中华书局，2016 年，第 1270 页。

（开泰）五年正月，耶律世良与萧善宁东讨高丽，破之。三月，叛命党项酋长魁可来降。

脱脱等：《辽史》卷七十《属国表》，北京：中华书局，2016年，第1270—1271页。

太平元年三月，大食①国王复遣使请婚，以王子班郎君胡思里女可老封公主，降之。

脱脱等：《辽史》卷七十《属国表》，北京：中华书局，2016年，第1272页。

（太平）二年五月，铁骊遣使进兀惹人一十六户。

脱脱等：《辽史》卷七十《属国表》，北京：中华书局，2016年，第1272—1273页。

（太平）六年二月，诏党项别部塌西设契丹节度使治之。三月，阻卜入寇，西北路招讨使萧惠破之。五月，遣西北路招讨使萧惠将兵伐甘州回鹘。八月，萧惠攻甘州不克，师还。自是，西阻卜诸部皆叛。我军与战，败绩，涅里姑、曷不吕皆殁于阵，遣惕隐耶律洪古等将兵讨之。

脱脱等：《辽史》卷七十《属国表》，北京：中华书局，2016年，第1273—1274页。

（太平）七年六月，诏萧惠再讨阻卜。

脱脱等：《辽史》卷七十《属国表》，北京：中华书局，2016年，第1274页。

（重熙）十年九月，夏国遣使献所俘宋将及生口。

脱脱等：《辽史》卷七十《属国表》，北京：中华书局，2016年，第1276页。

（重熙）十二年十月，夏人侵掠党项，遣延昌宫使高家奴问之。

脱脱等：《辽史》卷七十《属国表》，北京：中华书局，2016年，第1276—1277页。

（重熙）十三年四月，南院大王耶律高十奏党项等部叛附夏国。五月，罗汉奴奏所发部兵与党项战不利。六月，阻卜酋长乌八遣其子执元昊求援使者洼邑改来，且乞以兵助战，从之。十月，获叛命党项侦人，射鬼箭。元昊亲执党项三部酋长来降。

脱脱等：《辽史》卷七十《属国表》，北京：中华书局，2016年，第1277—

---

① 指喀喇汗王朝，是突厥语族部落在今新疆与中亚建立的政权。

1278 页。

道宗咸雍五年三月，阻卜酋长叛，以南京留守晋王仁先为西北路招讨使，领禁军讨之。九月，晋王仁先遣人奏阻卜之捷。

脱脱等：《辽史》卷七十《属国表》，北京：中华书局，2016 年，第 1282—1283 页。

（大安）九年正月，磨古斯入寇。二月，西北路招讨使耶律阿鲁扫古追磨古斯还，都监萧张九遇贼众，与战不利，二室韦、挞刺、北王府、特满群牧、宫分等军多陷于贼。十月，有司奏磨古斯诣西北路招讨使，耶律挞不也遇害，附近阻卜酋长乌古扎叛去。达里底及拔思母并寇倒塌岭路。阻卜酋辖底侵掠西路群牧。

脱脱等：《辽史》卷七十《属国表》，北京：中华书局，2016 年，第 1289—1290 页。

（大安）十年正月，乌古扎等来降。达里底、拔思母二部入寇。二月，西南面招讨司奏拔思母之捷。达里底入寇。三月，山北路副部署萧阿鲁带奏达里底之捷。闰月，达里底、拔思母二部来降。七月，阻卜来寇倒塌岭，西路群牧及浑河北牧马皆为所掠。东北路统军使耶律石柳以兵追及，尽获所掠。十一月，西北路统军司获阻卜酋拍撒葛、蒲鲁等来献。惕德酋铜刮、阻卜酋的烈等来降。达里底及拔思母等来寇，山北副部署阿鲁带击败之。十二月，西北路统军司奏讨磨古斯之捷。

脱脱等：《辽史》卷七十《属国表》，北京：中华书局，2016 年，第 1291 页。

寿隆三年二月，阻卜酋长猛撒葛及粘八葛酋长秃骨撒、梅里急酋长忽鲁八等请复旧地，以贡方物。五月，斡特剌讨阻卜，破之。九月，斡特剌遣人奏梅里急之捷。十二月西北路统军司奏梅里急之捷。

脱脱等：《辽史》卷七十《属国表》，北京：中华书局，2016 年，第 1293 页。

天祚帝天庆四年三月，女直国遣使索叛人阿疏①，不发。七月，女直国复遣使来取阿疏，不发，即遣侍御阿息保往问境上建城堡之故。八月，阿息保还，言女直国主之意，若还阿疏，朝贡如旧；不然，城未能已。女直国遣师来攻。十月，女直国下宁江州。十二月，铁骊、兀惹叛归女直。

---

① 又称"阿踈"。

脱脱等：《辽史》卷七十《属国表》，北京：中华书局，2016 年，第 1297—1298 页。

（天庆）五年正月，遣僧家奴持书约和，斥女直国主名。女直国主遣塞剌复书，若归叛人阿疏，迁黄龙府于别地，然后图之。三月，遣耶律张家奴、蒲苏、阿息保、聂葛、纥石保、得里底等赍书使女直国，斥其名，冀以速降。五月，张家奴等以女直国主书来，复遣张家奴以往。六月，张家奴等还，女直国主复书，亦指其名，谕之使降。遣萧辞剌使女直国，以书辞不屈，见留。七月，都统斡里朵等及女直军战于白马泺，败绩。九月，女直军下黄龙府。女直国主遣塞剌以书来报，若归我叛人阿疏，即当班师。

脱脱等：《辽史》卷七十《属国表》，北京：中华书局，2016 年，第 1298—1299 页。

（天庆）六年五月，女直军攻下沈州。族人痕孛、铎剌、吴十、挞不也、道剌、酬斡、平甲、卢仆古、辟离剌、韩七、吴十、那也温、曷鲁十三人皆归女直国。

脱脱等：《辽史》卷七十《属国表》，北京：中华书局，2016 年，第 1299—1300 页。

（天庆）七年正月，女直军攻春州①，女古、皮室四部及渤海人皆降。复下泰州。十二月，都元帅秦晋国王淳遇女直军，战于蒺藜山，败绩。女直军复攻拔显州。

脱脱等：《辽史》卷七十《属国表》，北京：中华书局，2016 年，第 1300—1301 页。

（天庆）八年正月，遣耶律奴哥等使金国，复议和好。保安军节度使张崇以双州民二百户归金国。二月，耶律奴哥还，金主复书，大略言：如以兄事朕，岁贡方物，归上、中京、兴中府三路州县，以亲王、公主、驸马、大臣子孙为质，及还我行人与元给信牌，并宋、夏、高丽往复书诏、表牒，可以如约。三月，复遣奴哥使金国。五月，奴哥以书来，约不逾此月见报。复遣奴哥使金国，要以酌中之议。金主遣胡突衮与奴哥持书来，大略如前所约。六月，遣胡突衮赍三国书诏、表牒，复使金国。通、祺、双、辽四州之民八百余户归

_____

① 即长春州。

附金朝。七月，金朝复遣胡突衮以书来，免所取质，及上京、兴中府所属州郡，裁减岁币之数；如能以兄事朕，册用汉仪，可以如约。八月，奴哥、突迭复使金朝，议册礼。九月，突迭见留，奴哥还。金主复书，谓如不能从，勿复遣使。遣奴哥复使金朝。萧宝、讹里野、特末、霍石、韩庆和、王伯龙等各率众归于金。十月，奴哥、突迭持金主书来。龙化州张应古、刘仲良、渤海二哥等率众归附金朝。十二月，以议定册礼，遣奴哥使于金。宁昌军节度使刘宏以懿州民户三千归金。

脱脱等：《辽史》卷七十《属国表》，北京：中华书局，2016 年，第 1301—1302 页。

（天庆）九年四月，阻卜补疏只等反。六月，金复遣乌林答赞谟持书来，责册文无兄事之语，不言"大金"，而云"东怀"及乖体式。如依前书所定，然后可从。杨询卿、罗子韦率众归金。八月，复遣萧习泥烈、杨近忠先持册藁使于金。

十二月遣使送赞谟以还。

脱脱等：《辽史》卷七十《属国表》，北京：中华书局，2016 年，第 1303—1305 页。

保大元年五月，南京统军耶律余睹率将吏户归于金。

脱脱等：《辽史》卷七十《属国表》，北京：中华书局，2016 年，第 1305—1306 页。

（保大）二年正月，金师克中京，进下泽州。二月，金师败奚王霞末于北安州，遂降其城。三月，闻金师将出岭西，遂趋白水泺。群牧使谟鲁斡归金。闻金师将及，轻骑以遁。殿前点检耶律高八率卫士归金。四月，金师取西京。六月，夏国遣兵来援，为金所败。八月，亲遇金师，战于石辇驿，败绩。夏国遣曹介来问起居。九月，奉圣州降金。十月，蔚州降金。十一月，金师屯奉圣，上遁于落昆髓。十二月，金主抚定南京。

脱脱等：《辽史》卷七十《属国表》，北京：中华书局，2016 年，第 1306—1307 页。

（保大）三年正月，辽兴军、宜、锦、干、显、成、川、豪、懿等州降金。二月，兴中府降金。归德军及隰、迁、润三州款附金。四月，金师至居庸关，耶律大石被擒。金师围辎重于青冢硬寨。金遣人以书来招，回书请和。金帅以兵送族属东行，乃遣兵邀战于白水泺，为金师所败。金帅以书来招，以书答之，金帅复书，不许请和。五月，回金帅书，乞为弟若子，量赐土地。夏国王李乾顺请临其国。六月，册李乾顺为夏国皇帝。

脱脱等：《辽史》卷七十《属国表》，北京：中华书局，2016 年，第 1307—1309 页。

（保大）四年正月，金师来攻，上弃营北遁。特母哥归金。八月，萧挞不也、察剌归金。九月，建州降金。十月，兴中府降金。

脱脱等：《辽史》卷七十《属国表》，北京：中华书局，2016 年，第 1309 页。

（保大）五年，党项小斛禄遣人请临其地。上过沙漠，金师忽至，徒步出走。二月，上至应州新城，为金帅完颜娄室等所获。

脱脱等：《辽史》卷七十《属国表》，北京：中华书局，2016 年，第 1309—1310 页。

《辽史》卷七十二《平王隆先传》

平王隆先，字团隐，母大氏。

景宗即位，始封平王。未几，兼政事令，留守东京。薄赋税，省刑狱，恤鳏寡，数荐贤能之士。后与统军耶律室鲁同讨高丽有功，还薨，葬医巫闾山之道隐谷。

脱脱等：《辽史》卷七十二《平王隆先传》，北京：中华书局，2016 年，第 1335—1336 页。

《辽史》卷七十九《耶律阿没里传》

阿没里性好聚敛，每从征所掠人口，聚而建城，请为丰州，就以家奴阎贵为刺史，时议鄙之。

脱脱等：《辽史》卷七十九《耶律阿没里传》，北京：中华书局，2016 年，第 1405 页。

《辽史》卷八十《张俭传》

张俭，宛平人。性端悫，不事外饰。

统和十四年，举进士第一，调云州幕官。故事，车驾经行，长吏当有所献。圣宗猎云中，节度使进曰："臣境无他产，惟幕僚张俭，一代之宝，愿以为献。"先是，上梦四人侍侧，赐食人二口，至闻俭名，始悟。召见，容止朴野；访及世务，占奏三十余事。由此顾遇特异，践历清华，号称明干。

开泰中，累迁同知枢密院事。太平五年，出为武定军节度使，移镇大同。

脱脱等：《辽史》卷八十《张俭传》，北京：中华书局，2016 年，第 1407 页。

《辽史》卷八十一《耶律室鲁传》

耶律室鲁，字乙辛隐，六部院人。魁岸，美容仪。圣宗同年生，帝爱之。甫冠，补祗候郎君。未几，为宿直官。及出师伐宋，为队帅，从南府宰相耶律奴瓜、统军使萧挞览略地赵、魏，有功，加检校太师，为北院大王。攻拔通利军。

脱脱等：《辽史》卷八十一《耶律室鲁传》，北京：中华书局，2016 年，第 1415 页。

《辽史》卷八十二《耶律隆运传》

统和元年，加开府仪同三司，兼政事令。四年，宋遣曹彬、米信将十万众来侵，隆运从太后出师败之，加守司空，封楚国公。师还，与北府宰相室昉共执国政。上言山西诸州数被兵，加以岁饥，宜轻税赋以来流民，从之。

脱脱等：《辽史》卷八十二《耶律隆运传》，北京：中华书局，2016 年，第 1422 页。

《辽史》卷八十二《韩德威传》

德威，性刚介，善驰射。保宁初，历上京[①]皇城使，儒州防御使，改北院宣徽使。乾亨初，丁父丧，强起复职，权西南招讨使。统和初，党项寇边，一战却之。赐剑许便宜行事，领突吕不、迭剌二纠军。以讨平稍古葛功，真授招讨使。

夏州李继迁叛宋内附，德威请纳之。既得继迁，诸夷皆从，玺书褒奖。与惕隐耶律善补败宋将杨继业，加开府仪同三司、政事门下平章事。未几，以山西城邑多陷，夺兵柄。李继迁受赂，潜怀二心，奉诏率兵往谕，继迁托以西征不出，德威至灵州俘掠而还。

---

① 指上京临潢府。

脱脱等：《辽史》卷八十二《韩德威传》，北京：中华书局，2016 年，第 1423 页。

《辽史》卷八十二《武白传》

武白，不知何郡人。为宋国子博士，差知相州，至通利军，为我军所俘。诏授上京国子博士，改临潢县令，迁广德军节度副使。

脱脱等：《辽史》卷八十二《武白传》，北京：中华书局，2016 年，第 1426 页。

《辽史》卷八十五《耶律题子传》

耶律题子，字胜隐，北府宰相兀里之孙。善射，工画。保宁间，为御盏郎君。九年，奉使于汉，具言两国通好长久之计，其主继元深加礼重。

统和二年，将兵与西边详稳耶律速撒讨陀罗斤，大破之。四年，宋将杨继业陷山西城邑，题子从北院枢密使耶律斜轸击之，败贺令图于定安，授西南面招讨都监。宋兵守蔚州急，召外援，题子闻之，夜伏兵道傍。黎明，宋兵果来，过未半而击之；城中军出，斜轸复邀之。两军俱溃，奔飞狐，地隘不得进，杀伤甚众。贺令图复集败卒来袭蔚州，题子逆战，破之，应州守将自遁。进围寰州，冒矢石登城，宋军大溃。当斜轸擒继业于朔州，题子功居多。是年冬，复与萧挞凛由东路击宋，俘获甚众。后闻宋兵屯易州，率兵逆之，至易境而卒。

脱脱等：《辽史》卷八十五《耶律题子传》，北京：中华书局，2016 年，第 1447 页。

《辽史》卷八十五《耶律奴瓜传》

耶律奴瓜，字延宁，太祖异母弟南府宰相苏之孙。有膂力，善调鹰隼。

统和四年，宋杨继业来侵，奴瓜为黄皮室糺都监，击败之，尽复所陷城邑。军还，加诸卫小将军。及伐宋，有功，迁黄皮室详稳。六年，再举，将先锋军，败宋游兵于定州，为东京统军使，加金紫崇禄大夫。从奚王和朔奴伐兀惹，以战失利，削金紫崇禄阶。十九年，拜南府宰相。二十一年，复伐宋，擒其将王继忠于望都，俘杀甚众，以功加同政事门下平章事。二十六年，为辽兴军节度使，寻复为南府宰相。

脱脱等：《辽史》卷八十五《耶律奴瓜传》，北京：中华书局，2016 年，第 1448 页。

《辽史》卷八十五《奚和朔奴传》

统和初，皇太后称制，以耶律休哥领南边事，和朔奴为南面行军副部署。四年，宋曹彬、米信等来侵，和朔奴与休哥破宋兵于燕南，手诏褒美。军还，怙权挝无罪人李浩至死，上以其功释之。冬，南征，将本部军由别道进击敌军于狼山，俘获甚众。

十三年秋，迁都部署，伐兀惹。驻于铁骊，秣马数月，进至兀惹城。利其俘掠，请降不许，令急攻之。城中大恐，皆殊死战。和朔奴知不能克，从副部署萧恒德议，掠地东南，循高丽北界而还。

脱脱等：《辽史》卷八十五《奚和朔奴传》，北京：中华书局，2016 年，第 1450—1451 页。

《辽史》卷八十七《萧孝穆传》

延琳走入城，深沟自卫。孝穆围之，筑重城，起楼橹，使内外不相通，城中撤屋以爨。其将杨详世等擒延琳以降，辽东悉平。改东京留守，赐佐国功臣。为政务宽简，抚纳流徙，其民安之。

脱脱等：《辽史》卷八十七《萧孝穆传》，北京：中华书局，2016 年，第 1466 页。

《辽史》卷八十七《萧蒲奴传》

萧蒲奴，字留隐，奚王楚不宁之后。幼孤贫，佣于医家，牧牛伤人稼，数遭笞辱。医者尝见蒲奴熟寐，有蛇绕身，异之。教以读书，聪敏嗜学。不数年，涉猎经史，习骑射。既冠，意气豪迈。开泰间，选充护卫，稍进用。俄坐罪黥流乌古部。久之，召还，累任剧，迁奚六部大王，治有声。

明年，复西征，悬兵深入，大掠而还，复为奚六部大王。

脱脱等：《辽史》卷八十七《萧蒲奴传》，北京：中华书局，2016 年，第 1469—1470 页。

《辽史》卷八十七《夏行美传》

夏行美，渤海人。太平九年，大延琳叛，时行美总渤海军于保州。延琳使人说欲与俱叛，行美执送统军耶律蒲古，又诱贼党百人杀之。延林谋沮，乃婴城自守，数月而破。以功加同政事门下平章事，锡赉甚厚。明年，擢忠顺军节度使。重熙十七年，迁副部署，从点检耶律义先讨蒲奴里，获其酋陶得里以归。

脱脱等：《辽史》卷八十七《萧蒲奴传》，北京：中华书局，2016年，第1470—1471页。

《辽史》卷八十八《萧排押传》

萧排押，字韩隐，国舅少父房之后。多智略，能骑射。

排押为政宽裕而善断，诸部畏爱，民以殷富，时议多之。七年，再伐高丽，至开京，敌奔溃，纵兵俘掠而还。渡茶、陀二河，敌夹射，排押委甲仗走，坐是免官。

脱脱等：《辽史》卷八十八《萧排押传》，北京：中华书局，2016年，第1475—1476页。

《辽史》卷八十八《大康乂传》

大康乂，渤海人。开泰间，累官南府宰相，出知黄龙府。善绥抚，东部怀服。榆里底乃部长伯阴与榆烈比来附，送于朝。且言蒲卢毛朵界多渤海人，乞取之。诏从其请。康乂领兵至大石河驼准城，掠数百户以归。

脱脱等：《辽史》卷八十八《大康乂传》，北京：中华书局，2016年，第1481页。

《辽史》卷九十四《耶律化哥传》

开泰元年，伐阻卜，阻卜弃辎重遁走，俘获甚多。帝嘉之，封豳王。后边吏奏，自化哥还阙，粮乏马弱，势不可守，上复遣化哥经略①西境。化哥与边将深入。闻蕃部逆命居翼只水，化哥徐以兵进。敌望风奔溃，获羊马及辎重。路由白拔烈，遇阿萨兰回鹘，掠之。都监袅里继至，谓化哥曰："君误矣！此

---

① 指军事威慑。

部实效顺者。"化哥悉还所俘。诸蕃由此不附。

脱脱等：《辽史》卷九十四《耶律化哥传》，北京：中华书局，2016 年，第 1519—1520 页。

《文献通考》卷三百四十四《库莫奚》

绍威卒，子拽刺立，初，绍威娶契丹女舍利逐不鲁之姊为妻。后逐不鲁叛亡入西奚，绍威纳之。晋高祖入立，割幽州、雁门以入于契丹。是时，绍威与逐不鲁皆已死，耶律德光已立晋北归，拽刺迎谒马前，德光曰："非尔罪也。负我者，扫刺与逐不鲁尔。"乃发其墓，粉其骨而扬之。自去诸徙妫州，自别为西奚，而东奚在琵琶川者，亦为契丹所并，不复能自见云。

马端临：《文献通考》卷三百四十四《库莫奚》，北京：中华书局，1986 年，第 2700 页。

三、石刻

《刘承嗣墓志》（保宁二年　970 年）

大契丹国故左骁卫将军、金紫崇禄大夫、检校太保、兼御史大夫、上柱国、彭城刘公墓志铭并序。

子聋，齐国王府记室参军、朝议郎、尚书司门员外郎、赐紫金鱼袋冯玘撰。

公者，世出王公，时推贤哲。龙章凤姿之异，玉昆金季之良。非享大名，任专城之欝欝；后沾小禄，列环卫之区区。况乎南北京都，壮丽地宅，故旧州里，殷繁户民，返撩衬以悲哉！屈英才而甚矣！公讳承嗣，本出陶唐之裔，有谈（炎）汉之宗。君临万邦，庆流千载，后失纂成之绪，终复更霸之图。兴烈祖仁恭，文武英雄，帷幄筹画。清燕都之万井，慑玄塞之一方。莫大崇高，有诸赦载。皇考守奇，平州刺史、横海军节度使、太保。深晓韬钤，早分节制。白羽过于七扎，彤襜显于六条。守职东州，家国有亢龙之悔；方归北闿（阙），宾王崇振鹭之班。生还本朝，善终横海。公即太保之第四子也。非常仪表，稽古聪明。修文质之彬彬，正家人之嗃嗃。早彰孝道，贲丘园之戋戋；俄历宦途，从大夫之济济。初授银青光禄大夫、守平州长史、兼御史中丞。股肱上

101

郡，腹心为僚。清镜鉴于妍嗤，利刃通于盘错。嗣圣皇帝都城大礼，圣泽无私。崇德报功，行爵出禄。会同二年，加金紫光禄大夫、检校尚书左仆射、兼御史大夫、上柱国。后以宫车晏驾，帝子承祧。曾陈献替之谋，是效忠贞之节。天授皇帝天禄元年，转司空，守右威卫将军。入亲严卫，匪惮勤劳。未及周星，有颁恩命。二年，迁司徒。忝联邦教，有益时雍。奉宣宜霸州城，通检户口桑柘。不茹不吐，廉善廉能。因奉宸衷，别承委任。四年，除兴州刺史，转太保。有名论道，守职外台。一郡迁徙之民，四野荒榛之土。舒苏凋瘵，歌咏裤襦。归复流亡，壃理膏□。遇朝廷之更变，随銮辂之驱驰。因缘私门，崇重释教。创绀园之殊胜，独灵府之规谋。遽蒙任能，俾辖若拙。始终宜州大内，又盖嗣晋新居。南北京城，霖雨摧塌，妥度板筑，备历修完。稠叠圣情，谅假心匠。周旋臣节，咸若神功。淹历年华，获迁位序。蒙天顺皇帝应历十二年，有制充左骁卫将军。得归燕京，且言乐职。旋监银冶，别立清规。未兼将相之名，忽□膏肓之疾。踪横邦计，不在位之何陈；盛大家声，终降年之莫振。应历十七年十月二十日薨于燕京私弟，享年五十有九。朝市惊悼，男女荒迷。亲族隔于关山，匍匐迎于棺柩。至保宁二年岁次庚午十月己巳朔七日乙亥，于霸州西原十五里杨氏夫人合葬焉，礼也。夫人即应天太后弘农郎中之爱女也。公义重嘉偶，悲早悼亡。谢葬华之正芳，愿丘境之同穴。视必如归，想无余恨。有契丹夫人牙思，本属皇亲，克修妇顺，非分左右，齐等糠糟。念无借老之荣，恒有未亡之叹。各生男女，具载存亡。男共九人。所亡者：长男宇弼，焉箕焉裘，如珪如璧，居丧□□，抱疾忽终；次男大猪，掌上之珠，苗而不秀；次男小猪，拟为大器，俄送长殇；次男宇晏，已成官材，不享世禄；次男延哥，才喜弄璋，遽悲封篑。见存者：弟六男宇杰，且能干事，必可承家；次曰兴哥，远游追师，忘归就业；次曰宝哥，克聪克敏，必达必闻；次曰八哥，遗腹尚幼。女共十人。所亡者：长女适豪州副使李琼璋，次曰适滑州节院使皇甫继续，次曰适于越都提举使杨威义。皆纪芳年，各生宅相。又兼数女，美而处室，命矣沉冥。见存者：弟六女适银青光禄大夫、检校太子宾客、兼御史大夫、上柱国杨隐芝，纱帐名姝，玉台佳聱；次出家女，幼居香刹，恒护戒珠；次女遍齐王府记室参军、朝议郎、尚书司门员外郎、赐紫金鱼袋冯圮，钟爱殊伦，好仇着代；次女最喜，年始龆龀。公数亲昆仲，咸着功名。早分茅土之荣，并拥旌幢之贵。公风神爽秀，谈论优闲。经管继周邵之规，仁惠齐龚黄之誉。集会僚友，酒如渑肉如陵；延接孤寒，门如市而心如水。深知机警；不媚谀邪。徒辘轳于官资，莫超腾于名秩。牙璋金鈜，未显清朝。藻镜冰壶，永埋黄壤。切以圮非侔坦腹，夙忝知心。聊旌录于平生，庶喈鸣于冥寞。濡毫落纸，垂恩泪之数行；刊石作锦，播芳猷之后世。词曰：

焕乎姓氏，大矣家门。汉帝宗祖，燕王子孙。堂堂仪表，翼翼晨昏。弛张文武，经绰乾坤。才高国器，位下时勋。兴州太守，骁卫将军。永谢白日，不浪清芬，千年封树，太保之坟。

向南：《辽代石刻文编》，石家庄：河北教育出版社，1995 年，第 47—48 页。

《耿崇美墓志》（保宁二年　970 年）

大契丹故武定军节度使、检校太师、赠同政门下平章事耿公墓志铭并序。守太子詹事王晓撰。

瞥夫！宫钟晓扣，箭漏宵传。乌飞兔走以无停，燕语蝉鸣而不至。道殊黄老宁逃过隙之悲，术昧神仙讵免成川之叹。则有功侔汉杰，誉敌周祯。继膺仗钺之荣，显陟登澶之贵。才闻斗蚁，遽与劈面之哀，是假雕虫聊叙立身之美。故武定军节度使、检校太师耿公讳崇美，其先高阳人。尽忠踈勒，恭驰许国之名；受寄东光，纯著匡右之绩。而俊袍瓜难系萍梗多迁，遂世为大燕人也。曾祖讳俊，好闲乐道，遁迹全真。雄鸡自惮于为牺，孤犊不忓于入庙。祖讳用，字用其，经纶伟器，文武全才，早事军门，累膺擢任为纳降军使，又为营田使，检校光禄卿。烈考讳去赋，荆钟利刃，构厦宏材。时推干济事之能，众谓方园之器。军府以甲兵甚众，军储是忧。遂委为营田使。仓廪既盈，渥恩继降。又迁为卢龙军使节度押衙，兼御史中丞。旋值契丹国雄图大振，奇锋莫当。一旦深犯边疆，遂遭虏掠。因兹将家入国，乃为近臣。公则中丞之令子也，架海灵峰，倚天长剑。蕴情田而无畔，吐行叶以殊芳。又以上国之言与中华迥异，公善于转译，克副佥求。大圣皇帝自谓得人，选为通事。恩泽时降，官职日新。旋值嗣圣皇帝应援并汾，大兴甲马。送大晋之新帝，南上晟门；收全燕之霸王，北归上国。自此万方入贡，中夏来朝。星轺则叠迹摩肩，玉帛则充庭牣府。宣传圣旨，引领使车。并自英聪，全由接纳偏荷明朝之泽，盖酬缓颓之功。会同六年，授同州节度使，检校太保。委寄弥深，勋庸渐著。又授武定军节度使、检校太尉，仍赐推忠翊圣功臣，食邑一千户。会同十年，先皇帝以嗣晋少主靡思报德，惟务享恩。遂乃领立骁雄，平定凶丑。公首为扈从，众伏英雄。又除昭义军节度使、检校太师，行潞州大都督府长史、潞泽等州观察使、侍卫亲军副、上谷郡开国侯，仍加推忠佐命平乱功臣。至天禄二年，再授武定军节度使、奉圣可汗濡妫化蔚州观察使、使持节奉圣州诸军事、上谷郡开国侯、食邑二千户，实封一百户。公一自分茅，频加食菜。绥民集事，克己奉公。远至迩安，家给人足。五州生聚，咸兴多裤之谣；千里提封，迥致覆盂之泰。无何，遽紫美瘵，施至弥留，越人无针砭之功，秦缓有膏肓之语。以天禄二年十一月二十五日薨于奉圣州之廨署，享年五十有六。

　　高位发叹，道路兴嗟，里巷为之辍舂，时俗比之埋玉。是以皇情悼念，朝议悲伤。加膊赠以非轻痛股肱而遗逝，敕其元子葬以葬仪。安其马鬣之封，得以牛眠之地。以天禄三年十月二十五葬于霸州西北二十里。卫国夫人耶律氏，盖国家奖以忠良，特有降匹痛恩情之中断，伤孺幼以何依。卫国夫人耶律氏，保宁二年五月十六日薨，享年五十有五。嗣子五人：长曰绍基，太后宫通事，检校司空。悲结匪莪，恸兴陟岵，寝苦枕缶，无以尽其哀诚；泣血绝浆，殆欲至于灭性。皇太后辍以近臣之假，令终孝子之情。次曰绍忠，上京副留守、金紫崇禄大夫、检校太傅、兼御史大夫、上柱国、上谷县开国子，食邑五百户。幼闻孝悌，长许公忠，不图钟考之忧，果委继先之政。次曰绍纪，保忠守节功臣，户部副使、金紫崇禄大夫、检校太保、使持节郑州诸军事、行郑州刺史、充本州防御史、御使大夫、上柱国、上谷县开国男，食邑三百户。次曰绍邕，国通事、贡物库使、银青崇禄大夫、检校尚书右仆射、兼御史大夫、上柱国。次曰绍矩，西头供奉官、银青崇禄大夫、检校右散骑常侍、兼殿中侍御史、云骑尉。俱以年当幼孺，悲感里闾，虑其陵谷易迁，桑田或改，令搜荒拙，略纪徽献，晓自到明朝，迥叩殊念，既承旨命，焉敢让辞，遂整芜音，乃为铭曰：

　　秦失帝道，汉整皇纲。慕纯继踵，社稷其昌。分枝布叶，因地随方。移家燕国，陈力贤良。弈世翰忠，传家竭节。干事绥民，远年迩悦。降泽降恩，酬勋酬哲。莘莘弥芳，绵绵不歇。魏得其虎，晋实用材。萍梗难驻，忠良北来。帝之心腹，客之梯媒。雄图赫矣，庶士康哉。转译使言，宣传帝语。难把身当，国将心许。烈镇节旄，生灵父母。功盖古今，声飞区宇。方忻无恙，遽染沉疴。虚求扁鹊，漫访医和。旋随隙影，奄逐川波。辍舂罢市，恸哭哀歌。阖国兴悲，明朝降旨。备以葬仪，委其长子。霸州之西，翠微之里。玄寝巍峨，明灵居止。事君殊列，刊在贞珉。处世美行，播在与人。寒来暑往，是物成尘。周庙黍离兮，吴公荆棘。懿迹长存兮，令誉弥新。

佺绍勋，节度押衙，充利和军使。孙大悲奴，秃哥。长孙，前儒州衙内指挥使延弼。次孙，前儒州山河指挥使延煦，次延赞，次延玉，次延寿，次后槽史延昭，次延训，次延斌，次仙留哥，次丑奴哥，次七哥。后于保宁二年岁次庚午十月己巳朔十七日乙酉重移旧墓，别就新坟，公与夫人合葬焉，礼也。

向南、张国庆、李宇峰：《辽代石刻文续编》，沈阳：辽宁人民出版社，2010年，第13—15页。

《王裕墓志》（乾亨三年　981年）

大辽故崇义军节度使、管内观察处置等使、崇禄大夫、检校太保、使持节宜州诸军事、行宜州刺史、兼御史大夫、上柱国、琅琊郡开国侯、食邑五百户王公墓志铭并序。

滦州军事判官、文林郎、试大理评事董□撰。

公讳裕，字伏贞，本素有殷之苗裔。姬周授命封［微］子为王，遂因以命氏焉。霸陵启汉图，义献匡晋祚。流庆长远，洪风寔□。盛烈遗风，灿然可述。曾［祖］讳郁，唐推忠□定功臣、义武军节度使、易定祁等州观察处置等使、开府仪同三司、检校太师、兼中书令、北平王。含□象之秀气，禀河岳之粹灵。玉□铭勋，桐圭琉爵。渭滨入兆，□定牧野之师；圯上授书，早决鸿沟之策。大父讳郁，龙化州节度使、开府仪同三司、中书令。两朝贵宠，四辅公□。协契非人，刘表查汉南之□；托身得地，窦融成河左之功。积为□华，载□贤杰。烈考讳鹗，龙化州节度使、金紫光禄大夫、检校太傅、兼御史大夫、上柱国，封太原县，食邑三佰户。哲人应运，命世隆宁。桓温承龚□之封，季光启攀龙之遇。质敏以流惠，□化以扬君。世绪弥昌，雄□间出。公即太傅之第三子也。骨相英奇，人才车荣。风神疏朗，器□□乐。当歧□之年，有公辅之量。所精宣政，涉猎四经。豪气相高，□班超之投笔；雄材自负，笑李广之不□，天顺皇帝以勋阀之嗣，立赏延之□，□授西头供奉。凤飞丹□，终是□□；云□碧霄，固宜捧日。泊夫丞相秦王之守燕也，以兵柄之重，非鼎族其□□。寻授卢龙军节度衙内马步军都指挥使。内定不战之□，外骋必胜之容。

宏规绩度，师律肃□。六军长□，高冠□尽资乎二府。功立戎□，名勋□□。就加顺州刺史，崇禄大夫、检校尚书右仆射、使持节顺州诸军事、行顺州刺史。公下车之始，起学劝农，塞帷布政。明能鉴物，强御息心。□□□□，□推恩于□郡；盖车授赐，非独擅于颍川。兰惠席草，声革□□。今夫蒙皇帝嗣守昌运也，钦委之命，弥隆于前。特加静难军节度使、［邠］宁［庆］衍［等］州观察处置等使、检校太保。秩峻□览，位隆□□。入参百□，□□佑命之功；出雄□旌，迎若经邦之业。改授崇义军节度使、管内观察处置等使、崇禄大夫、检校太保、使持节宜州诸军事、行宜州刺史、兼御史大夫、上柱国，进封琅琊郡开国侯，加食邑五百户。建牙封爵，爰崇勋赏之□；□□□□，□□□□之镇。矧□境连海表，地控句丽。□仁善邻，非□声□□□□□畏若神明，□□□于三□感化增□□□□□乃德传人□，而事□帝心。俄以鹤诏□飞，龙旗入觐，或参陪芝盖，或侍谦桂宫。适当富贵期荣，无何膏肓遘疠。中台坠彩，上药兼虚。□乾亨二年秋八月二日薨于行宫之私第，享年五十有□。

鸣呼！去时而父老攀留，声喧紫陌；来日而韩骖惋慕，悲动玄霄。夫人清河张氏，以辅佐之道，成于家风；以圣善之德，称于宗党。闺门惟睦，苹藻是修。既违偕老之期，但抱未亡之痛。兄二人：笋，东头供奉官；张八，不仕。弟二人：颗，西头供奉官，权归化州刺史；温，不仕。并先公而殒。邓林杞梓，瀚海鲲鹏。兰桂异质以齐芳，韶武殊音而并美。克昌门祚，占继业以马裘；遽浪风猷，竟光悲于逝水。子七人：长曰瓒，银青崇禄大夫、检校尚书右仆射、行通事舍人、兼御史大夫、上柱国；次曰秘，左番殿直；次曰琢，崇义军衙内都将四；次曰珏，崇义军山河指挥使；次曰玉，崇义军节院使；次并幼。兰田瑞宝，巨闻灵峰。咸荷朝荣，必成堂搏。僻地而饮瞻泣血，号天而殒日角心。女三人，尚幼，并在室。以来年十一月八日葬于建州柏山之先坐，礼也。公卓卓英风，汪汪轨度。蕴韬略，运枢奇，虽颜闵之诗书，良平之智计，无以过也。加以重分义，轻货财，美风仪，善言笑，务于赈邮，执于谦恭，不以声色间其心，不以利赂于其行。方登毫座，不享遐龄。附会者茹叹含酸，窝慕者均哀共感。晟获尘□，叨预播绅。虑陵谷以□迁，纪珪璋之景行，尤惭作者，直叙铭云：

有殷之裔，维岳之精。乃父乃祖，弈莽台衡。□功□德，为国干桢。唯公间出，袭爵联荣。分麾重寄，富俗强兵。本仁祖义，品物咸亨。抑强抚弱，道直公清。骄奢是戒，宠唇若惊。宽刑善政，码节廉平。屡承丹诏，入觐皇明。沉疴遄遘，极数俄盈。芝焚蕙叹，柱折山倾。风烟惨色，朝野伤情。卜宅远日，适葬大坐。云台赞众，石椁镌□。□秋兮万祀，玉振兮金声。

　　向南：《辽代石刻文编》，石家庄：河北教育出版社，1995 年，第 62—63 页。

第三章　辽代后期史料汇编

一、编年

辽兴宗景福元年（1031 年）

（七月）建庆州于庆陵之南，徙民实之，充奉陵邑。

脱脱等：《辽史》卷十八《兴宗本纪一》，北京：中华书局，2016 年，第 240 页。

高丽显宗二十二年（1031 年）

（三月）契丹、渤海民四十余人来投。

郑麟趾：《高丽史》卷五《世家卷五·显宗二》，重庆：西南师范大学出版社；北京：人民出版社，2013 年，第 135 页。

（七月）丁卯，渤海监门军大道行郎等十四人来投。己巳，渤海诸军判官高真祥、孔目王光禄自契丹持牒来投。

郑麟趾：《高丽史》卷五《世家卷五·德宗》，重庆：西南师范大学出版社；北京：人民出版社，2013 年，第 138 页。

（八月）甲申，制曰："女真将军①阿豆闲等三百四十户来投，勒留嘉、铁二州之地，然阿豆闲本东蕃子项史之族，宜遣置东蕃。"

郑麟趾：《高丽史》卷五《世家卷五·德宗》，重庆：西南师范大学出版社；北京：人民出版社，2013 年，第 138 页。

（十月）丁丑，契丹王守男等十九人来投，处之南地。

---

① 指首领之意。

郑麟趾：《高丽史》卷五《世家卷五·德宗》，重庆：西南师范大学出版社；北京：人民出版社，2013 年，第 139 页。

高丽德宗元年（1031 年）

（正月）渤海沙志、明童等二十九人来投。

郑麟趾：《高丽史》卷五《世家卷五·德宗》，重庆：西南师范大学出版社；北京：人民出版社，2013 年，第 140 页。

（二月）戊申，渤海史通等十七人来投。

郑麟趾：《高丽史》卷五《世家卷五·德宗》，重庆：西南师范大学出版社；北京：人民出版社，2013 年，第 141 页。

（三月）癸酉，契丹殿直高善悟、殿前高真成等十五人，左厢都指挥使大光、保州怀化军事判官崔运符、乡贡进士李运衡等来奔。

郑麟趾：《高丽史》卷五《世家卷五·德宗》，重庆：西南师范大学出版社；北京：人民出版社，2013 年，第 141 页。

（四月）戊申，契丹奚家内乙古等二十七人来投。

郑麟趾：《高丽史》卷五《世家卷五·德宗》，重庆：西南师范大学出版社；北京：人民出版社，2013 年，第 141 页。

（五月）丁丑，渤海萨五德等十五人来投。

郑麟趾：《高丽史》卷五《世家卷五·德宗》，重庆：西南师范大学出版社；北京：人民出版社，2013 年，第 141 页。

（六月）辛亥，渤海于音、若己等十二人来投。乙卯，渤海所乙史等十七人来投。

郑麟趾：《高丽史》卷五《世家卷五·德宗》，重庆：西南师范大学出版社；北京：人民出版社，2013 年，第 142 页。

（七月）丙申，渤海高城等二十人来投。

郑麟趾：《高丽史》卷五《世家卷五·德宗》，重庆：西南师范大学出版社；北京：人民出版社，2013 年，第 142 页。

冬十月丙午，渤海①押司官李南松等十人来奔。壬子，契丹注簿刘信思等

---

① 指渤海人。

五人来奔。丙寅，契丹济乙男等十人来奔。（十二月）甲辰，契丹罗骨等十人来投。

郑麟趾：《高丽史》卷五《世家卷五·德宗》，重庆：西南师范大学出版社；北京：人民出版社，2013年，第143页。

高丽德宗二年（1032年）

（正月）乙未，契丹仇乃等十八人来奔。

郑麟趾：《高丽史》卷五《世家卷五·德宗》，重庆：西南师范大学出版社；北京：人民出版社，2013年，第143页。

（三月）契丹奚家古要等十一人来投，处之江南。

郑麟趾：《高丽史》卷五《世家卷五·德宗》，重庆：西南师范大学出版社；北京：人民出版社，2013年，第144页。

夏四月戊戌，渤海首乙分等十八人来投。戊午，渤海可守等三人来投。

郑麟趾：《高丽史》卷五《世家卷五·德宗》，重庆：西南师范大学出版社；北京：人民出版社，2013年，第144页。

（五月）癸巳，渤海监门队正奇叱火等十九人来投。

郑麟趾：《高丽史》卷五《世家卷五·德宗》，重庆：西南师范大学出版社；北京：人民出版社，2013年，第144页。

六月辛丑，渤海先宋等七人来投。

郑麟趾：《高丽史》卷五《世家卷五·德宗》，重庆：西南师范大学出版社；北京：人民出版社，2013年，第144页。

（十二月）癸丑，渤海奇叱火等十一人来投，处之南地。

郑麟趾：《高丽史》卷五《世家卷五·德宗》，重庆：西南师范大学出版社；北京：人民出版社，2013年，第146页。

辽兴宗重熙六年（1037年）

八月己卯，北枢密院言越棘部民苦其酋帅坤长不法，多流亡；诏罢越棘等五国酋帅，以契丹节度使一员领之。

脱脱等：《辽史》卷十八《兴宗本纪一》，北京：中华书局，2016年，第247页。

高丽靖宗五年（1039 年）

（十二月）闰月丁亥朔，契丹东京回礼使大坚济等九人来。

郑麟趾：《高丽史》卷六《世家卷六·靖宗》，重庆：西南师范大学出版社；北京：人民出版社，2013 年，第 163 页。

辽兴宗重熙九年（1040 年）

十一月甲子，女直侵边，发黄龙府铁骊军拒之。

脱脱等：《辽史》卷十八《兴宗本纪一》，北京：中华书局，2016 年，第 250 页。

（十二月）辛卯，以所得女直户置肃州。

脱脱等：《辽史》卷十八《兴宗本纪一》，北京：中华书局，2016 年，第 251 页。

高丽靖宗六年（1040 年）

夏四月丙戌，契丹东京民巫仪老、吴知桀等二十余人来投，赐物及田宅，处之岭南。

郑麟趾：《高丽史》卷六《世家卷六·靖宗》，重庆：西南师范大学出版社；北京：人民出版社，2013 年，第 164 页。

（六月）癸丑，塞北奚家积乙仇等来投。

郑麟趾：《高丽史》卷六《世家卷六·靖宗》，重庆：西南师范大学出版社；北京：人民出版社，2013 年，第 164 页。

（十二月）契丹东京民二十余户来投。

郑麟趾：《高丽史》卷六《世家卷六·靖宗》，重庆：西南师范大学出版社；北京：人民出版社，2013 年，第 166 页。

辽兴宗重熙十年（1041 年）

二月庚辰朔，诏蒲卢毛朵部归曷苏馆户之没入者使复业。甲申，北枢密院言，南、北二王府泊诸部节度侍卫祇候郎君，皆出族帐，既免与民戍边，其祇候事，请亦得以部曲代行。诏从其请。

脱脱等：《辽史》卷十九《兴宗本纪二》，北京：中华书局，2016 年，第

257 页。

夏四月，诏罢修鸭渌江浮梁及汉兵屯戍之役。

脱脱等：《辽史》卷十九《兴宗本纪二》，北京：中华书局，2016 年，第
257 页。

辽兴宗重熙十三年（1044 年）

夏四月己酉，遣东京留守耶律侯哂、知黄龙府事耶律欧里斯将兵攻蒲卢毛
朵部。甲寅，南院大王耶律高十奏党项等部叛附夏国。丙辰，西南面招讨都监
罗汉奴、详稳斡鲁母等奏，山西部族节度使屈烈以五部叛入西夏，乞南、北府
兵援送实威塞州户。诏富者遣行，余留屯田天德军。

脱脱等：《辽史》卷十九《兴宗本纪二》，北京：中华书局，2016 年，第
262—263 页。

辽兴宗重熙十五年（1046 年）

（春）二月乙卯，如长春河①。丙寅，蒲卢毛朵界曷懒河户来附，诏抚之。

脱脱等：《辽史》卷十九《兴宗本纪二》，北京：中华书局，2016 年，第
265 页。

（夏四月）戊午，罢遥辇帐戍军。甲戌，蒲卢毛朵曷懒河百八十户来附。

脱脱等：《辽史》卷十九《兴宗本纪二》，北京：中华书局，2016 年，第
265 页。

（秋七月）丁未，以女直部长遮母率众来附，加太师。

脱脱等：《辽史》卷十九《兴宗本纪二》，北京：中华书局，2016 年，第
266 页。

高丽文宗二年（1047 年）

（六月）乙丑，契丹人高无诸等来投。

郑麟趾：《高丽史》卷七《世家卷七·文宗》，重庆：西南师范大学出版
社；北京：人民出版社，2013 年，第 183 页。

---

① 今洮儿河。

辽兴宗重熙十七年（1048 年）

（夏四月）甲申，蒲卢毛朵部大王蒲辇以造舟人来献。

脱脱等：《辽史》卷二十《兴宗本纪三》，北京：中华书局，2016 年，第 273 页。

秋七月丁未，于越摩梅欲之子不葛一及婆离八部夷离堇虎骰等内附。

脱脱等：《辽史》卷二十《兴宗本纪三》，北京：中华书局，2016 年，第 273 页。

辽兴宗重熙十八年（1049 年）

（五月）甲辰，五国①酋长各率其部来附。

脱脱等：《辽史》卷二十《兴宗本纪三》，北京：中华书局，2016 年，第 274 页。

高丽文宗四年（1049 年）

（四月）癸酉，渤海开好等来投。

郑麟趾：《高丽史》卷七《世家卷七·文宗》，重庆：西南师范大学出版社；北京：人民出版社，2013 年，第 192 页。

辽兴宗重熙十九年（1050 年）

（十月）壬申，释临潢府役徒。

脱脱等：《辽史》卷二十《兴宗本纪三》，北京：中华书局，2016 年，第 276 页。

辽兴宗重熙二十年（1051 年）

二月甲申，遣前北院都监萧友括等使夏国，索党项叛户。

脱脱等：《辽史》卷二十《兴宗本纪三》，北京：中华书局，2016 年，第 277 页。

---

①　指位于东北地区的剖阿里国、盆奴里国、奥里米国、越里笃国、越里吉国五个女真部族。

（夏五月）己巳，夏国遣使求唐隆镇及乞罢所建城邑，以诏答之。

脱脱等：《辽史》卷二十《兴宗本纪三》，北京：中华书局，2016年，第
277页。

六月丙戌，诏以所获李元昊妻及前后所俘夏人安置苏州。以伐夏所获物遣
使遗宋。

脱脱等：《辽史》卷二十《兴宗本纪三》，北京：中华书局，2016年，第
277页。

辽兴宗重熙二十四年（1055年）

三月癸亥，皇太弟重元生子，曲赦行在及长春、镇北二州徒以下罪。

脱脱等：《辽史》卷二十《兴宗本纪三》，北京：中华书局，2016年，第
282页。

辽道宗清宁二年（1056年）

（六月）戊午，命有司籍军补边戍。

脱脱等：《辽史》卷二十一《道宗本纪一》，北京：中华书局，2016年，
第288页。

辽道宗清宁四年（1058年）

（春正月）丁亥，知易州事耶律颇得秩满，部民乞留，许之。

脱脱等：《辽史》卷二十一《道宗本纪一》，北京：中华书局，2016年，
第290页。

高丽文宗十三年（1058年）

冬十月甲申，契丹多于伊、男于陵等二人来投。

郑麟趾：《高丽史》卷八《世家卷八·文宗》，重庆：西南师范大学出版
社；北京：人民出版社，2013年，第221页。

辽道宗清宁九年（1063年）

（七月）癸亥，贴不诉为重元等所胁，诏削爵为民，流镇州。

脱脱等：《辽史》卷二十二《道宗本纪二》，北京：中华书局，2016 年，第 299 页。

高丽文宗十八年（1063 年）

（十二月）契丹高奴等三人、黑水包弃等八人来投。

郑麟趾：《高丽史》卷八《世家卷八·文宗》，重庆：西南师范大学出版社；北京：人民出版社，2013 年，第 228 页。

辽道宗咸雍三年（1067 年）

六月戊申，有司奏新城县民杨从谋反，伪署官吏。上曰："小人无知，此儿戏尔。"独流其首恶，余释之。

脱脱等：《辽史》卷二十二《道宗本纪二》，北京：中华书局，2016 年，第 302 页。

辽道宗咸雍六年（1070 年）

夏四月癸未，西北路招讨司以所降阻卜酋长至行在。

脱脱等：《辽史》卷二十二《道宗本纪二》，北京：中华书局，2016 年，第 305 页。

辽道宗大康元年（1075 年）

冬十月，西北路酋长遐搭、雏搭、双古等来降。

脱脱等：《辽史》卷二十三《道宗本纪三》，北京：中华书局，2016 年，第 315 页。

辽道宗大康三年（1077 年）

（五月）乙亥，北院枢密使耶律乙辛奏，右护卫太保查剌等告知北院枢密使事萧速撒等八人谋立皇太子。上以无状，不治，出速撒等三人补外，护卫撒拨等六人各鞭百余，徙于边①。

---

①　指边界地带。

脱脱等：《辽史》卷二十三《道宗本纪三》，北京：中华书局，2016 年，第 317 页。

辽道宗大康七年（1081 年）

十一月乙酉，诏岁出官钱，振诸宫分及边戍贫户。

脱脱等：《辽史》卷二十四《道宗本纪四》，北京：中华书局，2016 年，第 324 页。

辽道宗大康八年（1082 年）

三月庚戌，黄龙府女直部长术乃率部民内附，予官，赐印绶。

脱脱等：《辽史》卷二十四《道宗本纪四》，北京：中华书局，2016 年，第 325 页。

辽道宗大安二年（1086 年）

秋七月丁巳，惠妃母燕国夫人削古以厌魅梁王事觉，伏诛，子兰陵郡王萧酬斡除名，置边郡，仍隶兴圣宫。

脱脱等：《辽史》卷二十四《道宗本纪四》，北京：中华书局，2016 年，第 330 页。

辽道宗大安三年（1087 年）

二月丙戌，发粟振中京饥。甲辰，以民多流散，除安泊逃户征偿法。

脱脱等：《辽史》卷二十五《道宗本纪五》，北京：中华书局，2016 年，第 333 页。

（夏四月）乙巳，诏出户部司粟，振诸路流民及义州之饥。

脱脱等：《辽史》卷二十五《道宗本纪五》，北京：中华书局，2016 年，第 333 页。

辽道宗大安四年（1088 年）

春正月庚戌，如混同江。甲寅，太白昼见。甲子，五国部长来贡。庚午，免上京逋逃及贫户税赋。甲戌，以上京、南京饥，许良人自鬻。丁丑，曲赦西京役徒。

脱脱等：《辽史》卷二十五《道宗本纪五》，北京：中华书局，2016 年，第 334 页。

二月己丑，如鱼儿泺。甲午，曲赦春州役徒，终身者皆五岁免。己亥，如春州。赦泰州役徒。

脱脱等：《辽史》卷二十五《道宗本纪五》，北京：中华书局，2016 年，第 334 页。

三月乙丑，免高丽岁贡。己巳，振上京及平、锦、来三州饥。

脱脱等：《辽史》卷二十五《道宗本纪五》，北京：中华书局，2016 年，第 334 页。

（五月）丁巳，诏免役徒，终身者五岁免之。

脱脱等：《辽史》卷二十五《道宗本纪五》，北京：中华书局，2016 年，第 335 页。

秋七月戊申，曲赦奉圣州役徒。

脱脱等：《辽史》卷二十五《道宗本纪五》，北京：中华书局，2016 年，第 335 页。

辽道宗大安八年（1092 年）

春正月乙酉，如山榆淀。乙未，阻卜诸长来降。

脱脱等：《辽史》卷二十五《道宗本纪五》，北京：中华书局，2016 年，第 338 页。

三月己亥，驻跸挞里舍淀。丁未，曲赦中京、蔚州役徒。

脱脱等：《辽史》卷二十五《道宗本纪五》，北京：中华书局，2016 年，第 338 页。

夏四月乙卯，阻卜长来贡。丁丑，猎西山。惕德酉长胡里只来附。

脱脱等：《辽史》卷二十五《道宗本纪五》，北京：中华书局，2016 年，第 338 页。

辽道宗大安十年（1094 年）

（春正月）戊子，乌古扎等来降。达里底、拔思母二部来侵，四捷军都监特抹死之。

脱脱等：《辽史》卷二十五《道宗本纪五》，北京：中华书局，2016 年，第 341 页。

秋七月庚子朔，猎赤山。是月，阻卜等寇倒塌岭，尽掠西路群牧马去，东北路统军使耶律石柳以兵追及，尽获所掠而还。

脱脱等：《辽史》卷二十五《道宗本纪五》，北京：中华书局，2016 年，第 342 页。

十一月乙巳，惕德铜刮、阻卜的烈等来降。

脱脱等：《辽史》卷二十五《道宗本纪五》，北京：中华书局，2016 年，第 342 页。

辽道宗寿隆元年（1095 年）

二月戊辰，赐左、右二皮室贫民钱。癸酉，高丽遣使来贡。乙亥，驻跸鱼儿泺。

脱脱等：《辽史》卷二十六《道宗本纪六》，北京：中华书局，2016 年，第 345 页。

三月丙午，赐东北路贫民绢。

脱脱等：《辽史》卷二十六《道宗本纪六》，北京：中华书局，2016 年，第 345 页。

（秋七月）癸丑，颇里八部来附，进方物。

脱脱等：《辽史》卷二十六《道宗本纪六》，北京：中华书局，2016 年，第 346 页。

九月甲寅，祠木叶山。丙辰，诏西京炮人、弩人教西北路汉军。

脱脱等：《辽史》卷二十六《道宗本纪六》，北京：中华书局，2016 年，第 346 页。

辽道宗寿隆二年（1096 年）

春正月甲午，如春水①。癸卯，西南面招讨司讨拔思母，破之。

---

① 指辽代四时捺钵中的"春捺钵"。

脱脱等：《辽史》卷二十六《道宗本纪六》，北京：中华书局，2016 年，第 346 页。

八月乙丑，颇里八部进马。

脱脱等：《辽史》卷二十六《道宗本纪六》，北京：中华书局，2016 年，第 347 页。

九月丙午，徙乌古敌烈部于乌纳水，以扼北边之冲。

脱脱等：《辽史》卷二十六《道宗本纪六》，北京：中华书局，2016 年，第 347 页。

十二月己未，斡特剌讨梅里急，破之。壬戌，南府宰相耶律铎鲁斡致仕。癸亥，萧挞不也为北府宰相，耶律大悲奴殿前都点检。乙亥，夏国献宋俘。

脱脱等：《辽史》卷二十六《道宗本纪六》，北京：中华书局，2016 年，第 347 页。

辽道宗寿隆三年（1097 年）

闰月丙午，阻卜长猛撒葛、粘八葛长秃骨撒、梅里急长忽鲁八等请复旧地，贡方物，从之。

脱脱等：《辽史》卷二十六《道宗本纪六》，北京：中华书局，2016 年，第 347 页。

八月己亥，蒲卢毛朵部长率其民来归。

脱脱等：《辽史》卷二十六《道宗本纪六》，北京：中华书局，2016 年，第 348 页。

辽道宗寿隆四年（1098 年）

春正月壬子，如鱼儿泺。己巳，徙阻卜等贫民于山前。

脱脱等：《辽史》卷二十六《道宗本纪六》，北京：中华书局，2016 年，第 349 页。

辽道宗寿隆五年（1099 年）

（冬十月）戊辰，振辽州饥，仍免租赋一年。

脱脱等：《辽史》卷二十六《道宗本纪六》，北京：中华书局，2016 年，第 350 页。

辽道宗寿隆七年（1101 年）

二月壬辰朔，改元乾统，大赦。诏为耶律乙辛所诬陷者，复其官爵，籍没者出之，流放者还之。

脱脱等：《辽史》卷二十七《天祚皇帝本纪一》，北京：中华书局，2016年，第 355 页。

三月丁卯，诏有司以张孝杰家属分赐群臣。

脱脱等：《辽史》卷二十七《天祚皇帝本纪一》，北京：中华书局，2016年，第 356 页。

辽天祚帝乾统二年（1102 年）

夏四月辛亥，诏诛乙辛党，徙其子孙于边；发乙辛、得里特之墓，剖棺戮尸；以其家属分赐被杀之家。

脱脱等：《辽史》卷二十七《天祚皇帝本纪一》，北京：中华书局，2016年，第 357 页。

冬十月乙卯，萧海里叛，劫乾州武库器甲。命北面林牙郝家奴捕之，萧海里亡入陪术水阿典部。丙寅，以南府宰相耶律斡特剌为北院枢密使，参知政事牛温舒知南院枢密使事。

脱脱等：《辽史》卷二十七《天祚皇帝本纪一》，北京：中华书局，2016年，第 357 页。

辽天祚帝天庆二年（1112 年）

九月己未，射获熊，燕群臣，上亲御琵琶。初，阿骨打[①]混同江宴归，疑上知其异志，遂称兵，先并旁近部族。女直赵三、阿鹘产拒之，阿骨打虏其家属。二人走诉咸州详稳司，送北枢密院，枢密使萧奉先作常事以闻上，仍送咸州诘责，欲使自新。后数召，阿骨打竟称疾不至。

脱脱等：《辽史》卷二十七《天祚皇帝本纪一》，北京：中华书局，2016

---

① 指完颜阿骨打。

年，第 365 页。

辽天祚帝天庆四年（1114 年）

十二月，咸、宾、祥三州及铁骊、兀惹皆叛入女直。

脱脱等：《辽史》卷二十七《天祚皇帝本纪一》，北京：中华书局，2016
年，第 367 页。

进军宁江州，诸军填堑攻城。宁江人自东门出，温迪痕、阿徒罕邀击，尽
殪之。十月朔，克其城，获防御使大药师奴，阴纵之，使招谕辽人。铁骊部来
送款。次来流城，以俘获赐将士。召渤海梁福、斡荅剌使之伪亡去，招谕其乡
人曰："女直、渤海本同一家，我兴师伐罪，不滥及无辜也。"使完颜娄室招谕
系辽籍女直。

脱脱等：《金史》卷二《太祖本纪》，北京：中华书局，1975 年，第 25 页。

辽天祚帝天庆五年（1115 年）

（九月）乙巳，耶律章奴反，奔上京，谋迎立魏国王淳。上遣驸马萧昱领
兵诣广平淀护后妃，行宫小底乙信持书驰报魏国王。时章奴先遣王妃亲弟萧谛
里以所谋说魏国王。王曰："此非细事，主上自有诸王当立，北、南面大臣不
来，而汝言及此，何也？"密令左右拘之。有顷，乙信等赍御札至，备言章奴
等欲废立事。魏国王立斩萧谛里等首以献，单骑间道诣广平淀待罪。上遇之如
初。章奴知魏国王不听，率麾下掠庆、饶、怀、祖等州，结渤海群盗，众至数
万，趋广平淀犯行宫。顺国女直阿鹘产以三百骑一战而胜，擒其贵族二百余
人，并斩首以徇。其妻子配役绣院，或散诸近侍为婢，余得脱者皆奔女直。章
奴诈为使者，欲奔女直，为逻者所获，缚送行在，腰斩于市，剖其心以献祖
庙，支解以徇五路

脱脱等：《辽史》卷二十八《天祚皇帝本纪二》，北京：中华书局，2016
年，第 373 页。

金太祖收国元年（1115 年）

杲本名斜也，世祖第五子，太祖母弟。收国元年，太宗为谙班勃极烈，杲
为国论昊勃极烈。天辅元年，杲以兵一万攻泰州，下金山县，女固、脾室四部

及渤海人皆来降，遂克泰州。城中积粟转致乌林野，赈先降诸部，因徙之内地。

脱脱等：《金史》卷七十六《杲传》，北京：中华书局，1975 年，第 1737 页。

初，太祖破辽兵于达鲁古城①，九百奚营来降。

脱脱等：《金史》卷六十七《奚回离保传》，北京：中华书局，1975 年，第 1588 页。

高丽睿宗十一年（1115 年）

（二月）癸酉，辽东京人高谞来投。

郑麟趾：《高丽史》卷十四《世家卷十四·睿宗三》，重庆：西南师范大学出版社；北京：人民出版社，2013 年，第 403 页。

（四月）戊寅，幸九梯宫。辽来远、抱州二城流民驱羊马数百来投。辽流民男女二十余人来投，献羊二百余口。

郑麟趾：《高丽史》卷十四《世家卷十四·睿宗三》，重庆：西南师范大学出版社；北京：人民出版社，2013 年，第 405 页。

是月（十二月），契丹三十三人、汉五十二人、奚一百五十五人、熟女真十五人、渤海四十四人来。

郑麟趾：《高丽史》卷十四《世家卷十四·睿宗三》，重庆：西南师范大学出版社；北京：人民出版社，2013 年，第 411 页。

辽天祚帝天庆六年（1116 年）

五月，清暑散水原。女直军攻下沈州，复陷东京，擒高永昌。东京州县族人痕孛、铎剌、吴十、挞不也、道剌、酬斡等十三人皆降女直。

脱脱等：《辽史》卷二十八《天祚皇帝本纪二》，北京：中华书局，2016 年，第 374 页。

秋七月，猎秋山。春州渤海二千余户叛，东北路统军使勒兵追及，尽俘以还。

脱脱等：《辽史》卷二十八《天祚皇帝本纪二》，北京：中华书局，2016

① 又称"斡鲁古城"。

年，第 375 页。

八月，乌古部叛，遣中丞耶律挞不也等招之。

脱脱等：《辽史》卷二十八《天祚皇帝本纪二》，北京：中华书局，2016
年，第 375 页。

冬十月丁卯，以张琳军败，夺官。庚辰，乌古部来降。

脱脱等：《辽史》卷二十八《天祚皇帝本纪二》，北京：中华书局，2016
年，第 375 页。

金太祖收国二年（1116 年）

使婆卢火征移懒路迪古乃兵，斡鲁古、阿鲁抚谕斡忽、急赛两路系辽籍女
直，实不迭往完睹路执辽障鹰官达鲁古部副使辞列、宁江州渤海大家奴。

脱脱等：《金史》卷二《太祖本纪》，北京：中华书局，1975 年，第 24 页。

收国二年，分鸭挞、阿懒所迁谋克二千户，以银术可为谋克，屯宁江州。

脱脱等：《金史》卷七十二《银术可传》，北京：中华书局，1975 年，第
1658 页。

高桢，辽阳渤海人。五世祖牟翰仕辽，官至太师，桢少好学，尝业进士。
斡鲁讨高永昌，已下沈州，永昌惧，伪送款以缓师，是时，桢母在沈州，遂来
降，告以永昌降款非诚，斡鲁乃进攻。既破永昌，遂以桢同知东京留守事，授
猛安。

脱脱等：《金史》卷八十四《高桢传》，北京：中华书局，1975 年，第
1889 页。

王政，辰州熊岳人也。其先仕渤海及辽，皆有显者。政当辽季乱，浮沈
州里。

脱脱等：《金史》卷一百二十八《王政传》，北京：中华书局，1975 年，
第 2760 页。

大臬本名挞不野，其先辽阳人，世仕辽有显者。太祖伐辽，辽人征兵辽
阳，时臬年二十余，在选中。辽兵败，臬脱身走宁江。宁江破，臬越城而逃，
为军士所获，太祖问其家世，因收养之。收国二年，为东京奚民谋克。是时，
初破高永昌，东京旁郡邑未尽服属，使臬伺察反侧。有闻必达，太祖以为忠
实，授猛安，兼同知东京留守事。

脱脱等：《金史》卷八十《大臬传》，北京：中华书局，1975 年，第 1807—1808 页。

高丽睿宗十二年（1116 年）

（正月）壬辰，渤海五十二人、奚八十九人、汉六人、契丹十八人、熟女真八人自辽来投。

郑麟趾：《高丽史》卷十四《世家卷十四·睿宗三》，重庆：西南师范大学出版社；北京：人民出版社，2013 年，第 411 页。

辽天祚帝天庆七年（1117 年）

九月，上自燕至阴凉河，置怨军八营：募自宜州者曰前宜、后宜，自锦州者曰前锦、后锦，自乾自显者曰乾曰显，又有乾显大营、岩州营，凡二万八千余人，屯卫州蒺藜山①。

脱脱等：《辽史》卷二十八《天祚皇帝本纪二》，北京：中华书局，2016 年，第 376 页。

辽天祚帝天庆八年（1118 年）

春正月，幸鸳鸯泺。丁亥，遣耶律奴哥等使金议和。庚寅，保安军节度使张崇以双州二百户降金。东路诸州盗贼蜂起，掠民自随以充食。

脱脱等：《辽史》卷二十八《天祚皇帝本纪二》，北京：中华书局，2016 年，第 376—377 页。

六月丁卯，遣奴哥等赍宋、夏、高丽书诏、表牒至金。霍六哥陷海北州，趣义州，军帅回离保等击败之。通、祺、双、辽四州之民八百余户降于金。

脱脱等：《辽史》卷二十八《天祚皇帝本纪二》，北京：中华书局，2016 年，第 377 页。

闰月丙寅，遣奴哥复使金，而萧宝、讹里等十五人各率户降于金。

脱脱等：《辽史》卷二十八《天祚皇帝本纪二》，北京：中华书局，2016 年，第 378 页。

---

① 即阜蒙县哈达户稍镇章古台山。

冬十月，奴哥、突迭持金书来。龙化州张应古等四人率众降金。

脱脱等：《辽史》卷二十八《天祚皇帝本纪二》，北京：中华书局，2016年，第378页。

十二月甲申，议定册礼，遣奴哥使金。宁昌军节度使刘宏以懿州户三千降金。

（元）脱脱等：《辽史》卷二十八《天祚皇帝本纪二》，北京：中华书局，2016年，第378页。

金太祖天辅二年（1118年）

（三月）庚子，以娄室言黄龙府地僻且远，宜重戍守，乃命合诸路谋克，以娄室为万户镇之。

脱脱等：《金史》卷二《太祖本纪二》，北京：中华书局，1975年，第31页。

七月癸未，诏曰："匹里水路完颜术里古、渤海大家奴等六谋克贫乏之民，昔尝给以官粮，置之鱼猎①之地。今历日已久，不知登耗，可具其数以闻。"胡突衮还自辽。耶律奴哥复以国书来。丙申，胡突衮如辽。辽户二百来归，处之泰州。诏遣阿里骨、李家奴、特里底招谕未降者，仍诏达鲁古部勃堇辞列："凡降附新民，善为存抚。来者各令从便安居，给以官粮，毋辄动扰。"

脱脱等：《金史》卷二《太祖本纪二》，北京：中华书局，1975年，第31页。

九月戊子，诏曰："国书诏令，宜选善属文者为之。其令所在访求博学雄才之士，敦遣赴阙。"

脱脱等：《金史》卷二《太祖本纪二》，北京：中华书局，1975年，第32页。

（十月）乙未，咸州都统司言，汉人李孝功、渤海二哥率众来降。命各以所部为千户。

脱脱等：《金史》卷二《太祖本纪二》，北京：中华书局，1975年，第32页。

---

① 即渔猎。

阇哥亦宗室子也，既代斡鲁古治咸州。初，迪古乃、娄室奏，攻显州新降附之民，可迁其富者于咸州路，其贫者徙内地。于是，诏使阇哥择其才可干事者而授之谋克，其豪右诚心归附者拟为猛安，录其姓名以闻，饥贫之民，官赈给之，而使阇母为其副统云。久之，辽通、祺、双、辽四州之民八百余家，诣咸州都统降。上曰："辽人赋敛无度，民不堪命，相率求生，不可使失望，分置诸部，择善地以处之。"

脱脱等：《金史》卷七十一《斡鲁古勃堇传》，北京：中华书局，1975 年，第 1637 页。

金太祖天辅五年（1121 年）

以境土既拓，而旧部多瘠卤，将移其民于泰州，乃遣皇弟昱及族子宗雄按视其地。昱等茛其土以进，言可种植，遂摘诸猛安谋克中民户万余，使宗人婆庐火统之，屯种于泰州。婆庐火旧居阿注浒水，至是迁焉。其居宁江州者，遣拾得、查端、阿里徒欢、奚达罕等四谋克，挈家属耕具，徙于泰州，仍赐婆庐火耕牛五十。

脱脱等：《金史》卷四十六《食货志一》，北京：中华书局，1975 年，第 1032 页。

天辅五年，摘取诸路猛安中万余家，屯田于泰州，婆卢火为都统，赐耕牛五十。

脱脱等：《金史》卷七十一《婆卢火传》，北京：中华书局，1975 年，第 1638 页。

余睹在军中屡乞侍妾及子，太祖疑之，诏咸州路都统司曰："余睹家属，善监护之。"复诏曰："余睹降时，其民多强率而来者，恐在边生变，宜徙之内地。"

脱脱等：《金史》卷一百三十三《耶律余睹传》，北京：中华书局，1975 年，第 2848 页。

辽天祚帝保大元年（1121 年）

保大元年春正月丁酉朔，改元，肆赦。初，金人兴兵，郡县所失几半。上有四子：长赵王，母赵昭容；次晋王，母文妃；次秦王、许王，皆元妃生。国人知晋王之贤，深所属望。元妃之兄枢密使萧奉先恐秦王不得立，潜图之。文妃姊妹三人：长适耶律挞曷里，次文妃，次适余睹。一日，其姊若妹俱会军前，奉先讽人诬驸马萧昱及余睹等谋立晋王。事觉，昱、挞曷里等伏诛，文妃亦赐死，独晋王未忍加罪。余睹在军中，闻之大惧，即率千余骑叛入金。

脱脱等：《辽史》卷二十九《天祚皇帝本纪三》，北京：中华书局，2016年，第383页。

辽天祚帝保大二年（1122 年）

秋七月丁巳朔，敌烈部皮室叛，乌古部节度使耶律棠古讨平之，加太子太保。乙丑，上京毛八十率二千户降金。辛未，夏国遣曹价来问起居。

脱脱等：《辽史》卷二十九《天祚皇帝本纪三》，北京：中华书局，2016年，第387页。

金太祖天辅六年（1122 年）

（九月）节度使耶律慎思领诸部入内地。

脱脱等：《金史》卷二《太祖本纪》，北京：中华书局，1975年，第38页。

天辅六年，既定山西诸州，以上京为内地，则移其民实之。又命耶律佛顶以兵护送诸降人于浑河路，以皇弟昂监之，命从便以居。七年，以山西诸部族近西北二边，且辽主未获，恐阴相结诱，复命皇弟昂与孛堇稍喝等以兵四千护送，处之岭东①，惟西京民安堵如故，且命昂镇守上京路。

脱脱等：《金史》卷四十六《食货志一》，北京：中华书局，1975年，第1032—1033页。

辽梁王雅里在纥里水自立，不知果在何处，至是始知之。于是，徙辽降人于泰州，时暑未可徙，习古乃请姑处之岭西。及习古乃筑新城于契丹周特城，诏置会平州。

脱脱等：《金史》卷七十二《习古乃传》，北京：中华书局，1975年，第1666页。

金人于天辅六年驱燕山士庶，多有归中京、辽水者。

宇文懋昭撰，崔文印校证：《大金国志校证》卷三《太宗文烈皇帝纪一》，

----

① 指金界壕以东地区。

北京：中华书局，1986 年，第 43—44 页。

金太祖天辅七年 （1123 年）

二月，尽徙六州氏族富强工技之民于内地。

脱脱等：《金史》卷四十六《食货志一》，北京：中华书局，1975 年，第
1033 页。

（四月）命习古乃、婆卢火监护长胜军，及燕京豪族工匠，由松亭关徙之
内地。

脱脱等：《金史》卷二《太祖本纪》，北京：中华书局，1975 年，第 41 页。

（五月）觉兵五万屯润州近郊，欲胁迁、来、润、隰四州。

脱脱等：《金史》卷一百三十三《张觉传》，北京：中华书局，1975 年，
第 2844 页。

金太宗天会元年 （1123 年）

（十一月）己巳，徙迁、润、来、隰四州之民于沈州。

脱脱等：《金史》卷三《太宗本纪》，北京：中华书局，1975 年，第 48 页。

太宗天会元年，以旧徙润、隰等四州之民于沈州之境，以新迁之户艰苦不
能自存，诏曰："比闻民乏食至鬻子者，听以丁力等者赎之。"

脱脱等：《金史》卷四十六《食货志一》，北京：中华书局，1975 年，第
1033 页。

辽天祚帝保大四年 （1124 年）

夏五月，金人既克燕，驱燕之大家东徙，以燕空城及涿、易、檀、顺、
景、蓟州与宋以塞盟。左企弓、康公弼、曹勇义、虞仲文皆东迁。燕民流离道
路，不胜其苦，入平州，言于留守张毂曰："宰相左企弓不谋守燕，使吾民流
离，无所安集。公今临巨镇，握强兵，尽忠于辽，必能使我复归乡土，人心亦
惟公是望。"毂遂召诸将领议。皆曰："闻天祚兵势复振，出没漠南。公若仗义
勤王，奉迎天祚，以图中兴，先责左企弓等叛降之罪而诛之，尽归燕民，使复
其业，而以平州归宋，则宋无不接纳，平州遂为藩镇矣。即后日金人加兵，内
用平山之军，外得宋为之援，又何惧焉！"毂曰："此大事也，不可草草。翰林

学士李石智而多谋，可召与议。"

脱脱等：《辽史》卷二十九《天祚皇帝本纪三》，北京：中华书局，2016年，第390页。

金太宗天会二年（1124 年）

二年，以耶懒地薄斥卤，迁其部于苏滨水，仍以术实勒之田益之。

脱脱等：《金史》卷七十《完颜忠传》，北京：中华书局，1975年，第1623页。

李石字子坚，辽阳人，贞懿皇后弟也。先世仕辽，为宰相。高祖仙寿，尝脱辽主之舅于难，辽帝赐仙寿辽阳及汤池地千顷，佗物称是，常以李舅目之。父雏讹只，桂州观察使，高永昌据东京，率众攻之，不胜而死。

石敦厚寡言，而器识过人。天会二年，授世袭谋克，为行军猛安。睿宗为右副元帅，引置军中，属之宗弼①。八年，除礼宾副使，转洛苑副使。天眷元年，置行台省于汴，石为汴京都巡检使，历大名少尹，汴京马军副都指挥使，累官景州刺史。海陵营建燕京宫室，石护役皇城端门。海陵迁都燕京，石随例入见。海陵指石曰："此非葛王之舅乎?"葛王，谓世宗也。未几，除于中少尹。

脱脱等：《金史》卷八十六《李石传》，北京：中华书局，1975年，第1911—1912页。

二、杂编

《契丹国志》卷十《天祚皇帝上》

秋，女真陷东京、黄龙府、咸、信、苏、复、辰、海、同、银、通、韩、乌、遂、春、泰、靖等五十余城。内并边二十余州，各有和籴仓，依祖宗法，每岁出陈易新，许民自愿假贷，收息二分，所有无虑三五十万硕，虽累岁举兵，未尝支用。至是女真悉取之，据辽东、长春两路。

叶隆礼：《契丹国志》卷十《天祚皇帝上》，北京：中华书局，2014年，第126页。

---

① 即金兀术。

《燕北录》

四时捺钵多于长春州东北三千里，就烁甸住坐。夏捺钵多于永安山住坐，秋捺钵多在靴甸住坐。所谓捺钵者，戎主所至处也。

王易：《燕北录》，（明）陶宗仪：《说郛》卷三十八，上海：上海古籍出版社，2012 年，第 647 页。

《辽史》卷三十一《营卫志上》

国阿辇斡鲁朵，太宗置。收国曰"国阿辇"，是为永兴宫。初名孤稳斡鲁朵。以太祖平渤海俘户，东京、怀州提辖司及云州怀仁县、泽州滦河县等户置。其斡鲁朵在游古河侧，陵寝在怀州南三十里。正户三千，蕃汉转户七千，出骑军五千。

脱脱等：《辽史》卷三十一《营卫志上》，北京：中华书局，2016 年，第411 页。

耶鲁盌斡鲁朵，世宗置。兴盛曰"耶鲁盌"。是为积庆宫。以文献皇帝卫从及太祖俘户，及云州提辖司，并高、宜等州户置。其斡鲁朵在土河东，陵寝在长宁宫北。正户五千，蕃汉转户八千，出骑军八千。

脱脱等：《辽史》卷三十一《营卫志上》，北京：中华书局，2016 年，第412 页。

蒲速盌斡鲁朵，应天皇太后置。兴隆曰"蒲速盌"。是为长宁宫。以辽州及海滨县等户置。其斡鲁朵在高州，陵寝在龙化州东一百里。世宗分属让国皇帝宫院。正户七千，蕃汉转户六千，出骑军五千。

脱脱等：《辽史》卷三十一《营卫志上》，北京：中华书局，2016 年，第413 页。

夺里本斡鲁朵，穆宗置。是为延昌宫。讨平曰"夺里本"。以国阿辇斡鲁朵户及阻卜俘户，中京提辖司、南京制置司，咸、信、韩等州户置。其斡鲁朵在纥雅里山南，陵寝在京南。正户一千，蕃汉转户三千，出骑军二千。

脱脱等：《辽史》卷三十一《营卫志上》，北京：中华书局，2016 年，第413—414 页。

监母斡鲁朵，景宗置。是为彰愍宫。遗留曰"监母"。以章肃皇帝侍卫及武安州户置。其斡鲁朵在合鲁河，陵寝在祖州南。正户八千，蕃汉转户一万，出骑军一万。

脱脱等：《辽史》卷三十一《营卫志上》，北京：中华书局，2016 年，第 414 页。

孤稳斡鲁朵，承天太后置。是为崇德宫。玉曰"孤稳"。以乾、显、双三州户置。其斡鲁朵在土河东，陵祔景宗皇帝。正户六千，蕃汉转户一万，出骑军一万。

脱脱等：《辽史》卷三十一《营卫志上》，北京：中华书局，2016 年，第 415 页。

女古斡鲁朵，圣宗置。是为兴圣宫。金曰"女古"。以国阿辇、耶鲁盌、蒲速盌三斡鲁朵户置。其斡鲁朵在女混活直，陵寝在庆州南安。正户一万，蕃汉转户二万，出骑军五千。

脱脱等：《辽史》卷三十一《营卫志上》，北京：中华书局，2016 年，第 416 页。

窝笃盌斡鲁朵，兴宗置。是为延庆宫。孳息曰"窝笃盌"。以诸斡鲁朵及饶州户置。其斡鲁朵在高州西，陵寝在上京庆州。正户七千，蕃汉转户一万，出骑军一万。

脱脱等：《辽史》卷三十一《营卫志上》，北京：中华书局，2016 年，第 416 页。

阿思斡鲁朵，道宗置。是为太和宫。宽大曰"阿思"。以诸斡鲁朵御前承应人及兴中府户置。其斡鲁朵在好水泺，陵寝在上京庆州。正户一万，蕃汉转户二万，出骑军一万五千。

脱脱等：《辽史》卷三十一《营卫志上》，北京：中华书局，2016 年，第 417 页。

阿鲁盌斡鲁朵，天祚皇帝置。是为永昌宫。辅祐曰"阿鲁盌"。以诸斡鲁朵御前承应人，春①、宣州户置。正户八千，蕃汉转户一万，出骑军一万。

脱脱等：《辽史》卷三十一《营卫志上》，北京：中华书局，2016 年，第 417 页。

---

① 即长春州。

孝文皇太弟敦睦宫，谓之赤实得本斡鲁朵。孝曰"赤实得本"。文献皇帝承应人及渤海俘，建、沈、岩三州户置。

脱脱等：《辽史》卷三十一《营卫志上》，北京：中华书局，2016年，第418页。

《辽史》卷三十三《营卫志下》

太祖二十部，二国舅升帐分，止十八部。

五院部。其先曰益古，凡六营。阻午可汗时，与弟撒里本领之，曰迭剌部。传至太祖，以夷离堇即位。天赞元年，以强大难制，析五石烈为五院，六爪为六院，各置夷离堇。会同元年，更夷离堇为大王。部隶北府，以镇南境。大王及都监春夏居五院部之侧，秋冬居羊门甸。石烈四：

大蔑孤石烈。

小蔑孤石烈。

瓯昆石烈。太宗会同二年，以乌古之地水草丰美，命居之。三年，益以海勒水之地为农田。

乙习本石烈。会同二年，命以乌古之地。

六院部。隶北府，以镇南境。其大王及都监春夏居泰德泉之北，秋冬居独卢金。石烈四：

辖懒石烈。

阿速石烈。

斡纳拨石烈。

斡纳阿剌石烈。会同二年，命居乌古。三年，益以海勒水地。

乙室部。其先曰撒里本，阻午可汗之世，与其兄益古分营而领之，曰乙室部。会同二年，更夷离堇为大王。隶南府，其大王及都监镇驻西南之境，司徒居鸳鸯泊①，闸撒狨居车轴山。石烈二：

阿里荅石烈。

欲主石烈。

脱脱等：《辽史》卷三十三《营卫志下》，北京：中华书局，2016年，第

---

① 即鸳鸯泺。

436—437 页。

奚王府六部五帐分。其先曰时瑟，事东遥里十帐部主哲里。后逐哲里，自立为奚王。卒，弟吐勒斯立。遥辇鲜质可汗讨之，俘其拒敌者七百户，撫其降者。以时瑟邻睦之故，止俘部曲之半，余悉留焉。奚势由是衰矣。初为五部：曰遥里，曰伯德，曰奥里，曰梅只，曰楚里。太祖尽降之，号五部奚。天赞二年，有东扒里厮胡损者，恃险坚壁于箭笴山以拒命，揶揄曰："大军何能为，我当饮堕瑰门下矣！"太祖灭之，以奚府给役户，并括诸部稳丁，收合流散，置堕瑰部。因"堕瑰门"之语为名，遂号六部奚。命勃鲁恩主之，仍号奚王。太宗即位，置宰相、常衮各二员。圣宗合奥里、梅只、堕瑰三部为一，特置二克部以足六部之数。奚王和朔奴讨兀惹，败绩，籍六部隶北府。

脱脱等：《辽史》卷三十三《营卫志下》，北京：中华书局，2016 年，第439 页。

涅剌拏古部。与突吕不室韦部同。节度使戍泰州东。

迭剌迭达部。本鲜质可汗所俘奚七百户，太祖即位，以为十四石烈，置为部。隶南府，节度使属西南路招讨司，戍黑山北，部民居庆州南。

乙室奥隗部。神册六年，太祖以所俘奚户置。隶南府，节度使属东北路兵马司。

楮特奥隗部。太祖以奚户置。隶南府，节度使属东京都部署司。

品达鲁虢部。太祖以所俘达鲁虢部置。隶南府，节度使属西南路招讨司，戍黑山北。

脱脱等：《辽史》卷三十三《营卫志下》，北京：中华书局，2016 年，第440 页。

圣宗三十四部：

撒里葛部。奚有三营：曰撒里葛，曰窈爪，曰耨盌爪。太祖伐奚，乞降，愿为著帐子弟，籍于宫分，皆设夷离堇。圣宗各置为部，改设节度使，皆隶南府，以备畋猎之役。居泽州东。

窈爪部。与撒里葛部同。居潭州南。

耨盌爪部。节度使属东京都部署司。

讹仆括部。与撒里葛三部同。居望云县东。

特里特勉部。初于八部各析二十户以戍奚，侦候落马河及速鲁河侧，置二十详稳。圣宗以户口蕃息，置为部，设节度使。隶南府，戍倒塌岭，居橐驼冈。

稍瓦部。初，取诸宫及横帐大族奴隶置稍瓦石烈。"稍瓦"，鹰坊也。居辽水东，掌罗捕飞鸟。圣宗以户口蕃息置部。节度使属东京都部署司。

曷术部。初，取诸宫及横帐大族奴隶置曷术石烈。"曷术"，铁也。以冶于海滨柳湿河、三黜古斯、手山。圣宗以户口蕃息置部。属东京都部署司。

隗衍突厥部。圣宗析四辟沙、四颇愈户置，以镇东北女直之境。开泰九年，节度使奏请置石烈。隶北府，属黄龙府都部署司。

奥衍突厥部。与隗衍突厥同。

涅剌越兀部。以涅剌室韦户置。隶北府，节度使属西南面招讨司，戍黑山北。

奥衍女直部。圣宗以女直户置。隶北府，节度使属西北招讨司，戍镇州境。自北至河西部，皆俘获诸国之民。初隶诸宫，户口蕃息置部。讫于五国，皆有节度使。

乙典女直部。圣宗以女直户置。隶南府，居高州北。

斡突盌乌古部。圣宗以乌古户置。隶南府，节度使属西南面招讨司，戍黑北山。

迭鲁敌烈部。圣宗以敌烈户置。隶北府，节度使属乌古敌烈统军司。

室韦部。圣宗以室韦户置。节度使属西北路招讨司。

术哲达鲁虢部。圣宗以达鲁虢户置。隶北府，节度使属东北路统军司，戍境内，居境外。

梅古悉部。圣宗以唐古户置。隶北府，节度使属西南面招讨司。

颉的部。圣宗以唐古户置。隶北府，节度使属西南面招讨司。

北敌烈部。圣宗以敌烈户置。戍隗乌古部。

匿讫唐古部。圣宗置。隶北府，节度使属西南面招讨司。

北唐古部。圣宗以唐古户置。隶北府，节度使属黄龙府都部署司，戍府南。

南唐古部。圣宗置。隶北府。

鹤剌唐古部。与南唐古同。节度使属西南面招讨司。

河西部。圣宗置。隶北府，节度使属东北路统军司。

薛特部。开泰四年，以回鹘户置。隶北府，居慈仁县北。

伯斯鼻骨德部。本鼻骨德户。初隶诸宫，圣宗以户口蕃息置部。隶北府，节度使属东北路统军司，戍境内，居境外。

达马鼻骨德部。圣宗以鼻骨德户置。隶南府，节度使属东北路统军司。

五国部。剖阿里国、盆奴里国、奥里米国、越里笃国、越里吉国，圣宗时来附，命居本土，以镇东北境，属黄龙府都部署司。重熙六年，以越里吉国人尚海等诉酋帅浑敞贪污，罢五国酋帅，设节度使以领之。

已上圣宗以旧部族置者十六，增置十八。

脱脱等：《辽史》卷三十三《营卫志下》，北京：中华书局，2016 年，第440—444 页。

《辽史》卷三十七《地理志一》

泰州，德昌军，节度。本契丹二十部族放牧之地。因黑鼠族累犯通化州，民不能御，遂移东南六百里来，建城居之，以近本族。黑鼠穴居，肤黑，吻锐，类鼠，故以名。州隶延庆宫，兵事属东北统军司。统县二：

乐康县。倚郭。

兴国县。本山前之民因罪配递至此，兴宗置县。户七百。

长春州，韶阳军，下，节度。本鸭子河①春猎之地。兴宗重熙八年置。隶延庆宫，兵事隶东北统军司。统县一：

长春县。本混同江地。燕、蓟犯罪者流配于此。户二千。

脱脱等：《辽史》卷三十七《地理志一》，北京：中华书局，2016 年，第503 页。

乌州，静安军，刺史。本乌丸之地，东胡之种也。辽北大王拨剌占为牧，建城，后官收。隶兴圣宫。有辽河、夜河、乌丸川、乌丸山。统县一：

爱民县。拨剌王从军南征，俘汉民置于此。户一千。

脱脱等：《辽史》卷三十七《地理志一》，北京：中华书局，2016 年，第503 页。

永州，永昌军，观察。承天皇太后所建。太祖于此置南楼。乾亨三年，置州于皇子韩八墓侧。东潢河，南土河，二水合流，故号永州。冬月牙帐多驻此，谓之冬捺钵。有木叶山，上建契丹始祖庙。

隶彰愍宫。统县三：

---

① 指农安以东、扶余和前郭两县以南的一段松花江流程。

长宁县。本显德府县名。太祖平渤海，迁其民于此。户四千五百。

义丰县。本铁利府义州。辽兵破之，迁其民于南楼之西北，仍名义州。重熙元年，废州，改今县。在州西北一百里。又尝改富义县，属泰州。始末不可具考，今两存之。户一千五百。

慈仁县。太宗以皇子只撒古亡，置慈州坟西。重熙元年，州废，改今县。户四百。

脱脱等：《辽史》卷三十七《地理志一》，北京：中华书局，2016年，第504页。

头下军州，皆诸王、外戚、大臣及诸部从征俘掠，或置生口，各团集建州县以居之。横帐诸王、国舅、公主许创立州城，自余不得建城郭。朝廷赐州县额。其节度使朝廷命之，刺史以下皆以本主部曲充焉。官位九品之下及井邑商贾之家，征税各归头下，唯酒税课纳上京盐铁司。

徽州，宣德军，节度。景宗女秦晋大长公主所建。媵臣万户，在宜州之北二百里，因建州城。北至上京七百里。节度使以下，皆公主府署。户一万。

成州，长庆军，节度。圣宗女晋国长公主以上赐媵臣户置。在宜州北一百六十里，因建州城。北至上京七百四十里。户四千。

懿州，广顺军，节度。圣宗女燕国长公主以上赐媵臣户置。在显州东北二百里，因建州城。西北至上京八百里。户四千。

渭州，高阳军，节度。驸马都尉萧昌裔建。尚秦国王隆庆女韩国长公主，以所赐媵臣建州城。显州东北二百五十里。辽制，皇子嫡生者，其女与帝女同。户一千。

壕州。国舅宰相南征，俘掠汉民，居辽东西安平县故地。在显州东北二百二十里，西北至上京七百二十里。户六千。

原州。本辽东北安平县地。显州东北三百里。国舅金德俘掠汉民建城。西北至上京八百里。户五百。

福州。国舅萧宁建。南征俘掠汉民，居北安平县故地。在原州北二十里，西北至上京七百八十里。户三百。

横州。国舅萧克忠建。部下牧人居汉故辽阳县地，因置州城。在辽州西北九十里，西北至上京七百二十里。有横山。户二百。

凤州。槁离国故地，渤海之安宁郡境，南王府五帐分地。在韩州北二百里，西北至上京九百里。户四千。

遂州。本高州地，南王府五帐放牧于此。在檀州西二百里，西北至上京一千里。户五百。

丰州。本辽泽大部落，遥辇氏僧隐牧地。北至上京三百五十里。户五百。

顺州。本辽队县地。横帐南王府俘掠燕、蓟、顺州之民，建城居之。在显州东北一百二十里，西北至上京九百里。户一千。

闾州。罗古王牧地，近医巫闾山。在辽州西一百三十里，西北至上京九百五十里。户一千。

松山州。本辽泽大部落，横帐普古王牧地。有松山。北至上京一百七十里。户五百。

豫州。横帐陈王牧地。南至上京三百里。户五百。

宁州。本大贺氏勒得山，横帐管宁王放牧地。在豫州东八十里，西南至上京三百五十里。户三百。

脱脱等：《辽史》卷三十七《地理志一》，北京：中华书局，2016年，第506—509页。

镇州，建安军，节度。本古可敦城。统和二十二年皇太妃奏置。选诸部族二万余骑充屯军，专捍御室韦、羽厥等国，凡有征讨，不得抽移。渤海、女直、汉人配流之家七百余户，分居镇、防、维三州。东南至上京三千余里。

维州，刺史。

防州，刺史。

河董城。本回鹘可敦城，语讹为河董城。久废，辽人完之以防边患。高州界女直常为盗，劫掠行旅，迁其族于此。东南至上京一千七百里。

静边城。本契丹二十部族水草地。北邻羽厥，每入为盗，建城，置兵千余骑防之。东南至上京一千五百里。

皮被河城。地控北边，置兵五百于此防托。皮被河出回纥北，东南经羽厥，入胪朐河，沿河董城北，东流合沱漉河，入于海。南至上京一千五百里。

招州，绥远军，刺史。开泰三年以女直户置。隶西北路招讨司。

塔懒主城。大康九年置。在胪朐河①。

---

① 指克鲁伦河。

脱脱等：《辽史》卷三十七《地理志一》，北京：中华书局，2016 年，第509—510 页。

《辽史》卷四十《地理志四》

景州，清安军，下，刺史。本蓟州遵化县，重熙中置。户三千。遵化县，本唐平州买马监，为县来属。

脱脱等：《辽史》卷四十《地理志四》，北京：中华书局，2016 年，第568 页。

《辽史》卷四十一《地理志五》

西京大同府。

大同县。本大同川地。重熙十七年西夏犯边，析云中县置。户一万。

云中县。赵置。沿革与京府同。户一万。

天成县。本极塞之地。魏道武帝置广牧县，唐武德五年置定襄县，辽析云中置。在京北一百八十里。户五千。

奉义县。本汉陶林县地。后唐武皇与太祖会此。辽析云中置。户三千。

怀安县。本汉夷舆县地。历魏至隋，为突厥所据。唐克颉利，县遂废为怀荒镇。高勋镇燕，奏分归化州文德县置。初隶奉圣州，后来属。在州西北二百八十里。户三千。

脱脱等：《辽史》卷四十一《地理志五》，北京：中华书局，2016 年，第577—579 页。

弘州，博宁军，下，刺史。东魏静帝置北灵丘县。唐初地陷突厥，开元中置横野军安边县，天宝乱废，后为襄阴村。统和中，以寰州近边，为宋将潘美所破，废之，乃于此置弘州，初军曰永宁。有桑乾河、白道泉、白登山，亦曰火烧山，有火井。

脱脱等：《辽史》卷四十一《地理志五》，北京：中华书局，2016 年，第579 页。

武州，宣威军，下，刺史。赵惠王置武川塞。魏置神武县。唐末置武州。唐改毅州。重熙九年复武州，号宣威军。统县一：

神武县。魏置。晋改新城。后唐太祖生神武川之新城，即此。初隶朔州，后置州，并宁远为一县来属。户五千。

脱脱等：《辽史》卷四十一《地理志五》，北京：中华书局，2016 年，第586 页。

东胜州，武兴军，下，刺史。隋开皇七年置胜州。大业五年改榆林郡。唐贞观五年于南河地置决胜州，故谓此为东胜州。天宝七年又为榆林郡。乾元元年复为胜州。太祖神册元年破振武军，胜州之民皆趋河东，州废。晋割代北来献，复置。兵事属西南面招讨司。

脱脱等：《辽史》卷四十一《地理志五》，北京：中华书局，2016 年，第586 页。

金肃州。重熙十二年伐西夏置。割燕民三百户，防秋军一千实之。属西南面招讨司。

河清军。西夏归辽，开直路以趋上京。重熙十二年建城，号河清军。徙民五百户，防秋兵一千人实之。属西南面招讨司。

脱脱等：《辽史》卷四十一《地理志五》，北京：中华书局，2016 年，第587 页。

《辽史》卷四十九《礼志一》

爇节仪：皇帝即位，凡征伐叛国俘掠人民，或臣下进献人口，或犯罪没官户，皇帝亲览闲田，建州县以居之，设官治其事。及帝崩，所置人户、府库、钱粟，穹庐中置小毡殿，帝及后妃皆铸金像纳焉。节辰、忌日、朔望，皆致祭于穹庐之前。又筑土为台，高丈余，置大盘于上，祭酒食撒于其中，焚之，国俗谓之"爇节"。

脱脱等：《辽史》卷四十九《礼志一》，北京：中华书局，2016 年，第932 页。

《辽史》卷五十一《礼志三》

皇帝亲征仪：常以秋冬，应敌制变或无时。将出师，必先告庙。乃立三神主祭之：曰先帝，曰道路，曰军旅。刑青牛白马以祭天地。其祭，常依独树；无独树，即所舍而行之。或皇帝服介胄，祭诸先帝宫庙，乃阅兵。将行，牝牡麂各一为禓祭。将临敌，结马尾，祈拜天地而后入。下城克敌，祭天地，牲以白黑羊。班师，以所获牡马、牛各一祭天地。出师以死因，还师以一谍者，植柱缚其上，于所向之方乱射之，矢集如猬，谓之"射鬼箭"。

脱脱等：《辽史》卷五十一《礼志三》，北京：中华书局，2016 年，第941 页。

《辽史》卷五十九《食货志上》

初，皇祖匀德实为大迭烈府夷离堇，喜稼穑，善畜牧，相地利以教民耕。仲父述澜为于越，饬国人树桑麻，习组织。太祖平诸弟之乱，弭兵轻赋，专意于农。尝以户口滋繁，纠辖疏远，分北大浓兀为二部，程以树艺，诸部效之。

太宗会同初，将东猎，三克奏减辎重，疾趋北山取物，以备国用，无害农务。寻诏有司劝农桑，教纺绩。以乌古之地水草丰美，命瓯昆石烈居之，益以海勒水之善地为农田。三年，诏以谐里河、胪朐河近地，赐南院欧堇突吕、乙斯勃，北院温纳河剌三石烈人，以事耕种。八年，驻跸赤山，宴从臣，问军国要务。左右对曰："军国之务，爱民为本。民富则兵足，兵足则国强。"上深然之。是年，诏征诸道兵，仍戒敢有伤禾稼者以军法论。

脱脱等：《辽史》卷五十九《食货志上》，北京：中华书局，2016 年，第1026 页。

《辽史》卷六十《食货志下》

盐策之法，则自太祖以所得汉民数多，即八部中分古汉城别为一部治之。城在炭山南，有盐池之利，即后魏滑盐县也，八部皆取食之。及征幽、蓟还，次于鹤剌泺，命取盐给军。自后泺中盐益多，上下足用。

坑冶，则自太祖始并室韦，其地产铜、铁、金、银，其人善作铜、铁器。又有曷术部者多铁；"曷术"，国语铁也。部置三冶：曰柳湿河，曰三黜古斯，曰手山。神册初，平渤海，得广州，本渤海铁利府，改曰铁利州，地亦多铁。东平县本汉襄平县故地，产铁卝①，置采炼者三百户，随赋供纳。以诸坑冶多在国东，故东京置户部司，长春州置钱帛司。

脱脱等：《辽史》卷六十《食货志下》，北京：中华书局，2016 年，第1032 页。

---

① 即铁矿。

《辽史》卷六十一《刑法志上》

流刑量罪轻重，置之边城部族之地，远则投诸境外，又远则罚使绝域。徒刑一曰终身，二曰五年，三曰一年半；终身者决五百，其次递减百。

籍没之法，始自太祖为挞马狘沙里时，奉痕德堇可汗命，案于越释鲁遇害事，以其首恶家属没入瓦里。及淳钦皇后时析出，以为著帐郎君，至世宗诏免之。其后内外戚属及世官之家，犯反逆等罪，复没入焉；余人则没为著帐户；其没入宫分、分赐臣下者亦有之。

至太宗时，治渤海人一依汉法，余无改焉。会同四年，皇族舍利郎君谋毒通事解里等，已中者二人，命重杖之，及其妻流于厥拔离弽河，族造药者。

脱脱等：《辽史》卷六十一《刑法志上》，北京：中华书局，2016 年，第1038—1039 页。

《辽史》卷六十二《刑法志下》

天祚乾统元年，凡大康三年预乙辛所害者悉复官爵，籍没者出之，流放者还乡里。至二年，始发乙辛等墓，剖棺戮尸，诛其子孙，余党子孙减死，徙边，其家属奴婢皆分赐被害之家。如耶律挞不也、萧达鲁古等，党人之尤凶狡者，皆以赂免。至于覆军失城者，第免官而已。行军将军耶律涅里三人有禁地射鹿之罪，皆弃市。其职官诸局人有过者，镴降决断之外，悉从军。赏罚无章，怨讟日起；剧盗相挺，叛亡接踵。

脱脱等：《辽史》卷六十二《刑法志下》，北京：中华书局，2016 年，第1048 页。

《辽史》卷六十九《部族表》

兴宗重熙十年二月，曷苏馆人户没入蒲卢毛朵部者，索还复业。

脱脱等：《辽史》卷六十九《部族表》，北京：中华书局，2016 年，第1215 页。

（重熙）十三年四月，耶律欧里斯将兵攻蒲卢毛朵部。西南面招讨都监罗汉奴、详稳斡鲁母等奏，山西部族节度使屈烈以五部叛入西夏，仍乞南北府兵援送实威塞州人户。诏选富者发之，余令屯田于天德军。五月，罗汉奴奏所发部兵与党项战不利。十月，元昊率党项三部酋长来降。

脱脱等：《辽史》卷六十九《部族表》，北京：中华书局，2016 年，第 1216—1218 页。

（重熙）十五年二月，蒲卢毛朵界曷懒河人户来附。四月，蒲卢毛朵曷懒河一百八十户来附。七月，女直部长遮母率众来附。

脱脱等：《辽史》卷六十九《部族表》，北京：中华书局，2016 年，第 1218 页。

（重熙）十七年二月，振济瑶稳、嘲稳部。四月，蒲卢毛朵部大王蒲辇进舡工①。六月，长白山太师柴葛、回跋太师撒刺都来贡方物。七月，婆离八部夷离堇虎黏等内附。

脱脱等：《辽史》卷六十九《部族表》，北京：中华书局，2016 年，第 1218 页。

（重熙）十八年正月，耶律义先奏蒲奴里之捷。二月，耶律义先等执陶得里以献。三月，乌古遣使送款。五月，五国酋长各率其部来附。回跋部长兀迭、台札等来朝。五国节度使耶律仙童以降乌古叛人，授左监门卫上将军。

脱脱等：《辽史》卷六十九《部族表》，北京：中华书局，2016 年，第 1218—1220 页。

道宗清宁二年正月，诏二女古部与世预宰相、节度使之选者，免皮室军役。

脱脱：《辽史》卷六十九《部族表》，北京：中华书局，2016 年，第 1221 页。

咸雍五年十一月，五国剖阿里部叛命，左夷离毕萧素飒讨之。

脱脱等：《辽史》卷六十九《部族表》，北京：中华书局，2016 年，第 1222 页。

大康元年十月，西北路叛命酋长遐搭、雏搭、双古等来降。

脱脱等：《辽史》卷六十九《部族表》，北京：中华书局，2016 年，第 1223—1224 页。

（大安）八年十月，阻卜酋长磨古斯杀金吾吐古斯以叛，遣奚六部吐里耶律郭三发诸蕃部兵讨之。

脱脱等：《辽史》卷六十九《部族表》，北京：中华书局，2016 年，第

① 指船夫。

1225—1226 页。

（大安）九年十月，诏以战马三千给乌古部。乌古敌烈统军使萧朽哥奏讨阻卜之捷。

脱脱等：《辽史》卷六十九《部族表》，北京：中华书局，2016 年，第1226—1227 页。

（大安）十年十二月，是岁，惕德酋长萌得斯领所部来降，诏复旧地。颇里八部来寇，击败之。

脱脱等：《辽史》卷六十九《部族表》，北京：中华书局，2016 年，第1227 页。

寿隆元年正月，敌烈入寇，掠群牧马，戍兵袭之，尽得所掠。四月，斡特剌奏耶睹刮之捷。七月，颇里八部酋长来附，且进方物。

脱脱等：《辽史》卷六十九《部族表》，北京：中华书局，2016 年，第1228—1229 页。

（寿隆）三年正月，乌古部节度使耶律陈家奴讨有功。八月，蒲卢毛朵部长率其部民来归。

脱脱等：《辽史》卷六十九《部族表》，北京：中华书局，2016 年，第1229—1230 页。

（寿隆）五年十月，斡特剌奏讨耶睹刮之捷。

脱脱等：《辽史》卷六十九《部族表》，北京：中华书局，2016 年，第1230 页。

（寿隆）六年正月，斡特剌获叛命磨古斯来献。五月，乌古部讨茶扎剌，破之。七月，耶睹刮诸部寇西北路。

脱脱等：《辽史》卷六十九《部族表》，北京：中华书局，2016 年，第1230 页。

天祚帝乾统二年五月，斡特剌献耶睹刮等部之捷。

脱脱等：《辽史》卷六十九《部族表》，北京：中华书局，2016 年，第1230—1231 页。

天庆五年二月，饶州渤海古欲等反，自称大王，以萧谢佛留等讨之。

脱脱等：《辽史》卷六十九《部族表》，北京：中华书局，2016 年，第1232 页。

（天庆）六年八月，乌古部叛，遣中丞耶律挞不也等招之。十月，乌古部降。十一月，东面行军副统马哥、余睹等攻曷苏馆，败绩。

脱脱等：《辽史》卷六十九《部族表》，北京：中华书局，2016 年，第 1232—1233 页。

保大三年五月，军将耶律敌烈等劫梁王雅里①奔西北部。九月，耶律大石自金朝亡归。复渡河东还，居突吕不部。

脱脱等：《辽史》卷六十九《部族表》，北京：中华书局，2016 年，第 1233—1234 页。

《辽史》卷八十六《耶律褭履传》

耶律褭履，字海邻，六院夷离堇蒲古只之后。风神爽秀，工于画。

重熙间，累迁同知点检司事。驸马都尉萧胡睹为夏人所执，奉诏索之，三返以归，转永兴宫使、右祗候郎君班详稳。褭履将娶秦晋长公主孙，其母与公主婢有隙，谓褭履曰："能去婢，乃许尔婚。"褭履以计杀之，婚成。事觉，有司以大辟论。褭履善画，写圣宗真以献，得减，坐长流边戍。复以写真，召拜同知南院宣徽事。使宋贺正，写宋主容以归。清宁间，复使宋。宋主赐宴，瓶花隔面，未得其真。陛辞，仅一视，及境，以像示饯者，骇其神妙。

脱脱等：《辽史》卷八十六《耶律褭履传》，北京：中华书局，2016 年，第 1458 页。

《辽史》卷八十九《杨佶传》

开泰六年，转仪曹郎，典掌书命，加谏议大夫。出知易州，治尚清简，征发期会必信。入为大理少卿。累迁翰林学士，文章号得体。八年，燕地饥疫，民多流殍，以佶同知南京留守事，发仓廪，振乏绝，贫民鬻子者计佣而出之。宋遣梅询贺千龄节，诏佶迎送，多唱酬，询每见称赏。复为翰林学士。

脱脱等：《辽史》卷八十九《杨佶传》，北京：中华书局，2016 年，第 1488—1489 页。

---

① 天祚帝的皇位继承人。

《辽史》卷九十《耶律义先传》

（重熙）十六年，为殿前都点检。讨蒲奴里，多所招降，获其酋长陶得里以归，手诏褒奖，以功改南京统军使，封武昌郡王。奏请统军司钱营息，以赡贫民。未期，军器完整，民得休息。二十一年，拜惕隐，进王富春。

脱脱等：《辽史》卷九十《耶律义先传》，北京：中华书局，2016 年，第1494—1495 页。

《辽史》卷九十《耶律敌禄传》

察割作乱，敌禄闻之，入见寿安王，慷慨言曰："愿得精兵数百，破贼党。"王嘉其忠。穆宗即位，为北院宣徽使。上以飞狐道狭，诏敌禄广之。

明年，将兵援河东，至太原，与汉王会于高平，击周军，败之，仍降其众。忻、代二州叛，将兵讨之。会耶律挞烈至，败周师于忻口。师还，卒。

脱脱等：《辽史》卷九十《耶律敌禄传》，北京：中华书局，2016 年，第1497 页。

《辽史》卷九十一《耶律仆里笃传》

开泰间，为本班郎君。有捕盗功，枢密使萧朴荐之，迁率府率。太平中，同知南院宣徽事，累迁彰圣军节度使。重熙十六年，知兴中府，以狱空闻。十八年，伐夏，摄西南面招讨使。十九年，夏人①侵金肃军，败之，斩首万余级，加右武卫上将军。时近边群牧数被寇掠，迁倒塌岭都监以治之，桴鼓不鸣。二十年，知金肃军事。宰相赵惟节总领边城桥道刍粟，请贰，帝命仆里笃副之，以称职闻。

脱脱等：《辽史》卷九十一《耶律仆里笃传》，北京：中华书局，2016 年，第 1503 页。

《辽史》卷九十二《萧夺剌传》

萧夺剌，字揳懒，遥辇洼可汗宫人。祖涅鲁古，北院枢密副使。父撒抹，字胡独堇，重熙初补祗候郎君，累迁北面林牙。十九年，从耶律宜新、萧蒲奴

---

① 指西夏。

伐夏，至萧惠败绩之地，获侦候者，知人烟聚落，多国人陷没而不能还者，尽俘以归。拜大父敌稳，知山北道边境事。

脱脱等：《辽史》卷九十二《萧夺剌传》，北京：中华书局，2016 年，第1505 页。

《辽史》卷九十二《萧普达传》

萧普达，字弹隐。统和初，为南院承旨。开泰六年，出为乌古部节度使。七年，敌烈部叛，讨平之。徙乌古敌烈部都监。遣敌烈骑卒取北阻卜名马以献，赐诏褒奖。重熙初，改乌古敌烈部都详稳，讨诸蕃有功。

普达深练边事，能以悦使人。有所俘获，悉散麾下，由是大得众心。历西南面招讨使。党项叛入西夏，普达讨之，中流矢，殁于阵。

脱脱等：《辽史》卷九十二《萧普达传》，北京：中华书局，2016 年，第1506 页。

《辽史》卷九十二《耶律侯哂传》

侯哂初为西南巡边官，以廉洁称，累迁南京统军使，寻为北院大王。重熙十一年，党项部人多叛入西夏，侯哂受诏，巡西边沿河要地，多建城堡以镇之，徙东京留守。十三年，与知府萧欧里斯讨蒲卢毛朵部有功，加兼侍中。

脱脱等：《辽史》卷九十二《耶律侯哂传》，北京：中华书局，2016 年，第1507 页。

《辽史》卷九十二《耶律古昱传》

开泰间，为乌古敌烈部都监。会部人叛，从枢密使耶律世良讨平之，以功诏镇抚西北部。教以种树、畜牧，不数年，民多富实。中京盗起，命古昱为巡逻使，悉擒之。上亲征渤海，将黄皮室军，有破敌功，累迁御史中丞，寻授开远军节度使，徙镇归德。

脱脱等：《辽史》卷九十二《耶律古昱传》，北京：中华书局，2016 年，第1507 页。

《辽史》卷九十二《萧乌野传》

萧乌野，字草隐，其先出兴圣宫分，观察使塔里直之孙也。性孝悌，尚礼法，雅为乡党所称。重熙中，补护卫，兴宗见其勤恪，迁护卫太保。佐耶律仁先平重元乱，以功加团练使。时敌烈部数为邻部侵扰，民多困弊，命乌野为敌烈部节度使，恤困穷，省徭役，不数月，部人以安。寻以母老，归养于家。母亡，尤极哀毁。服阕，历官兴圣、延庆二宫使，卒。

脱脱等：《辽史》卷九十二《萧乌野传》，北京：中华书局，2016 年，第 1509 页。

《辽史》卷九十三《萧迂鲁传》

萧迂鲁，字胡突堇，五院部人。父约质，历官节度使。

迂鲁重熙间为牌印郎君。清宁九年，国家既平重元之乱，其党郭九等亡，诏迂鲁追捕，获之，迁护卫太保。咸雍元年，使宋议边事，称旨，知殿前副点检事。五年，阻卜叛，为行军都监，击败之，俘获甚众。初军出，止给五月粮，过期粮乏，士卒往往叛归。迂鲁坐失计，免官，降戍西北部。未行，会北部兵起，迂鲁将乌古敌烈兵击败之，每战以身先，繇是释前罪，命总知乌古敌烈部。

九年，敌烈叛，都监耶律独迭以兵少不战，屯胪朐河。敌烈合边人掠居民，迂鲁率精骑四百力战，败之，尽获其辎重。继闻酋长合术三千余骑掠附近部落，纵兵蹑其后，连战二日，斩数千级，尽得被掠人畜而还。值敌烈党五百余骑劫捕鹰户，逆击走之，俘斩甚众，自是敌烈势沮。时敌烈方为边患，而阻卜相继寇掠，边人以故疲弊。朝廷以地远，不能时益援军，而使疆圉帖然者，皆迂鲁力也。帝嘉其功，拜左皮室详稳。会宋求天池之地，诏迂鲁兼统两皮室军屯太牢古山以备之。

脱脱等：《辽史》卷九十三《萧迂鲁传》，北京：中华书局，2016 年，第 1514—1515 页。

《辽史》卷九十三《萧图玉传》

统和初，皇太后称制，以戚属入侍。寻为乌古部都监。讨速母缕等部有功，迁乌古部节度使。十九年，总领西北路军事。后以本路兵伐甘州，降其酋长牙懒。既而牙懒复叛，命讨之，克肃州，尽迁其民于土隗口故城。师还，诏尚金乡公主，拜驸马都尉，加同政事令门下平章事。上言曰："阻卜今已服化，宜各分部，治以节度使。"上从之。自后，节度使往往非材，部民怨而思叛。开泰元年七月，石烈太师阿里底杀其节度使，西奔窝鲁朵城，盖古所谓"龙庭单于城"也。已而，阻卜复叛，围图玉于可敦城，势甚张。图玉使诸军齐射却之，屯于窝鲁朵城。明年，北院枢密使耶律化哥引兵来救，图玉遣人诱诸部皆降。帝以图玉始虽失计，后得人心，释之，仍领诸部。请益军，诏让之曰："叛者既服，兵安用益？且前日之役，死伤甚众，若从汝谋，边事何时而息。"遂止。

脱脱等：《辽史》卷九十三《萧图玉传》，北京：中华书局，2016 年，第1516 页。

《辽史》卷九十四《萧阿鲁带传》

大安七年，迁山北副部署。九年，达理得、拔思母二部来侵，率兵击却之。达理得复劫牛羊去，阿鲁带引兵追及，尽获所掠，斩渠帅数人。是冬，达理得等以三百余人梗边，复战却之，斩首二百余级，加金吾卫上将军，封兰陵县公。寿隆元年，第功，加同中书门下平章事，进爵郡公，改西北路招讨使。

脱脱等：《辽史》卷九十四《萧阿鲁带传》，北京：中华书局，2016 年，第 1521—1522 页。

《辽史》卷九十四《耶律何鲁扫古传》

大安八年，知西北路招讨使事。时边部耶都刮等来侵，何鲁扫古诱北阻卜酋豪磨古斯攻之，俘获甚众，以功加左仆射。复讨耶睹刮等，误击磨古斯，北阻卜由是叛命。遣都监张九讨之，不克，二室韦与六院部、特满群牧、宫分等军俱陷于敌。何鲁扫古不以实闻，坐是削官，决以大杖。

脱脱等：《辽史》卷九十四《耶律何鲁扫古传》，北京：中华书局，2016 年，第 1523 页。

《辽史》卷九十六《耶律敌烈传》

清宁元年，稍迁同知永州事，禁盗有功，改北面林牙承旨。九年，重元[①]作乱。敌烈赴援，力战平之，遥授临海军节度使。十年，徙武安州观察使。咸雍五年，累迁长宁宫使。捡括户部司乾州钱帛通负，立出纳经画法，公私便

---

① 指耶律重元。

之。大康四年，为南院大王。秩满，部民请留，同知南京留守事。有疾，上命乘传赴阙，遣太医视之。迁上京留守。

脱脱等：《辽史》卷九十六《耶律敌烈传》，北京：中华书局，2016 年，第 1542—1543 页。

《辽史》卷九十六《姚景行传》

姚景行，始名景禧。祖汉英，本周将，应历初来聘，用敌国礼，帝怒，留之，隶汉人宫分。及景行既贵，始出籍，贯兴中县。景行博学。重熙五年，擢进士乙科，为将作监，改燕赵国王教授。不数年，至翰林学士，枢密副使，参知政事。性敦厚廉直，人望归之。

脱脱等：《辽史》卷九十六《姚景行传》，北京：中华书局，2016 年，第 1543 页。

《辽史》卷九十七《耶律斡特剌传》

先是，北、南府有讼，各州府得就按之；比岁，非奉枢密檄，不得鞠问，以故讼者稽留。斡特剌奏请如旧，从之。寿隆五年，复为西北路招讨使，讨耶睹刮部，俘斩甚众，获马、驼、牛、羊各数万。明年，擒磨古斯，加守太保，赐奉国匡化功臣。

脱脱等：《辽史》卷九十七《耶律斡特剌传》，北京：中华书局，2016 年，第 1548 页。

《辽史》卷九十七《耶律引吉传》

引吉寅畏好义。以荫补官，累迁东京副留守、北枢密院侍御。时萧革、萧图古辞等以佞见任，鬻爵纳贿；引吉以直道处其间，无所阿唯。改客省使。时朝廷遣使括三京隐户不得，以引吉代之，得数千余户。

时昭怀太子知北南院事，选引吉为辅导。枢密使乙辛将倾太子，恶引吉在侧，奏出之，为群牧林牙。大康元年，乙辛请赐牧地，引吉奏曰："今牧地褊狭，畜不蕃息，岂可分赐臣下。"帝乃止。乙辛由是益嫉之，除怀德军节度使，徙漠北猎水马群太保，卒。

脱脱等：《辽史》卷九十七《耶律引吉传》，北京：中华书局，2016 年，第 1549—1550 页。

《辽史》卷九十九《萧岩寿传》

道宗即位，皇太后屡称其贤，由是进用。上出猎较，岩寿典其事，未尝高下于心，帝益重之。历文班太保、同知枢密院事。咸雍四年，从耶律仁先伐阻卜，破之，有诏留屯，亡归者众，由是镌两官。十年，讨敌烈部有功，为其部节度使。

脱脱等：《辽史》卷九十九《萧岩寿传》，北京：中华书局，2016 年，第1563 页。

《辽史》卷九十九《萧速撒传》

重熙间，累迁右护卫太保。蒲奴里叛，从耶律义先往讨，执首乱陶得里以归。清宁中，历北面林牙、彰国军节度使，入为北院枢密副使。咸雍十年，经略西南边，撤宋堡障，戍以皮室军，上嘉之。

脱脱等：《辽史》卷九十九《萧速撒传》，北京：中华书局，2016 年，第1565 页。

《辽史》卷九十九《萧忽古传》

萧忽古，字阿斯怜。性忠直，趫捷有力。甫冠，补禁军。咸雍初，从招讨使耶律赵三讨番部之违命者。及请降，来介有能跃驼峰而上者，以儇捷相诧。赵三问左右谁能此，忽古被重铠而出，手不及峰，一跃而上，使者大骇。赵三以女妻之。帝闻，召为护卫。时北院枢密使耶律乙辛以狡佞得幸，肆行凶暴。忽古伏于桥下，伺其过，欲杀之。俄以暴雨坏桥，不果。后又欲杀于猎所，为亲友所沮。大康三年，复欲杀乙辛及萧得里特等，乙辛知而械击之，考劾不服，流于边。及太子废徙于上京，召忽古至，杀之。

脱脱等：《辽史》卷九十九《萧忽古传》，北京：中华书局，2016 年，第1567 页。

《辽史》卷九十九《耶律石柳传》

大康初，为夷离毕郎君。时枢密使耶律乙辛诬杀皇后，谋废太子，斥忠贤，进奸党，石柳恶其所为，乙辛觉之。太子即废，以石柳附太子，流镇州。

脱脱等：《辽史》卷九十九《耶律石柳传》，北京：中华书局，2016 年，第 1567 页。

《辽史》卷一百 《耶律棠古传》

耶律棠古，字蒲速苑，六院郎君葛刺之后。大康中，补本班郎君，累迁至大将军。性坦率，好别白黑，人有不善，必尽言无隐，时号"强棠古"。在朝数论宰相得失，由是久不得调，后出为西北戍长。

脱脱等：《辽史》卷一百《耶律棠古传》，北京：中华书局，2016 年，第 1571 页。

《辽史》卷一百 《萧得里底传》

得里底短而偻，外谨内倨。大康中，补祗候郎君，稍迁兴圣宫副使，兼同知中丞司事。大安中，燕王妃生子，得里底以妃叔故，历宁远军节度使、长宁宫使。寿隆二年，监讨达里得、拔思母二部，多俘而还，改同知南京留守事。

脱脱等：《辽史》卷一百《萧得里底传》，北京：中华书局，2016 年，第 1572 页。

《辽史》卷一百 《萧酬斡传》

时帝欲立皇孙为嗣，恐无以解天下疑，出酬斡为国舅详稳，降皇后为惠妃，迁于乾州。初，酬斡母入朝，擅取驿马，至是觉，夺其封号；复与妹鲁姐为巫蛊，伏诛。诏酬斡与公主离婚，籍兴圣宫，流乌古敌烈部。

脱脱等：《辽史》卷一百《萧酬斡传》，北京：中华书局，2016 年，第 1574 页。

《辽史》卷一百 《耶律章奴传》

及天祚亲征女直，萧胡笃为先锋都统，章奴为都监。大军渡鸭子河，章奴与魏国王淳妻兄萧敌里及其甥萧延留等谋立淳，诱将卒三百余人亡归。既而天祚为女直所败，章奴乃遣敌里、延留以废立事驰报淳。淳犹豫未决。会行宫使者乙信持天祚御札至，备言章奴叛命，淳对使者号哭，即斩敌里、延留首以献天祚。

脱脱等：《辽史》卷一百《耶律章奴传》，北京：中华书局，2016 年，第 1574—1575 页。

《辽史》卷一百一《萧乙薛传》

保大二年，金兵大至，乙薛军溃，左迁西南面招讨使。以部民流散，不赴。及天祚播迁，给侍从不阙，拜殿前都点检。凡金兵所过，诸营败卒复聚上京，遣乙薛为上京留守以安抚之。

脱脱等：《辽史》卷一百一《萧乙薛传》，北京：中华书局，2016 年，第 1582 页。

《辽史》卷一百二《萧奉先传》

（天庆）四年，阿骨打起兵犯宁江州，东北路统军使萧挞不也战失利。上命奉先弟嗣先为都统，将番、汉兵往讨，屯出河店。女直乃潜渡混同江，乘我师未备击之。嗣先败绩，军将往往遁去。奉先惧弟被诛，乃奏"东征溃军逃罪，所至劫掠，若不肆赦，将啸聚为患"，从之。嗣先诣阙待罪，止免官而已。由是士无斗志，遇敌辄溃，郡县所失日多。

脱脱等：《辽史》卷一百二《萧奉先传》，北京：中华书局，2016 年，第 1585—1586 页。

《辽史》卷一百三《萧韩家奴传》

重熙初，同知三司使事。四年，迁天成军节度使，徙彰愍宫使。帝与语，才之①，命为诗友。尝从容问曰："卿居外有异闻乎？"韩家奴对曰："臣惟知炒栗：小者熟，则大者必生；大者熟，则小者必焦。使大小均熟，始为尽美。不知其他。"盖尝掌栗园，故托栗以讽谏。帝大笑。诏作《四时逸乐赋》，帝称善。

脱脱等：《辽史》卷一百三《萧韩家奴传》，北京：中华书局，2016 年，第 1594 页。

---

① 认可他的才能。

《辽史》卷一百三 《李澣传》

李澣，初仕晋，为中书舍人。晋亡归辽，当太宗崩、世宗立，恟恟不定，澣与高勋等十余人羁留南京。久之，从归上京，授翰林学士。

脱脱等：《辽史》卷一百三《李澣传》，北京：中华书局，2016 年，第1598 页。

《辽史》卷一百四 《王鼎传》

王鼎，字虚中，涿州人。幼好学，居太宁山数年，博通经史。时马唐俊有文名燕、蓟间，适上巳，与同志被禊水滨，酌酒赋诗。鼎偶造席，唐俊见鼎朴野，置下坐。欲以诗困之，先出所作索赋，鼎援笔立成。唐俊惊其敏妙，因与定交。

清宁五年，擢进士第。调易州观察判官，改涞水县令，累迁翰林学士。当代典章多出其手。上书言治道十事，帝以鼎达政体，事多咨访。鼎正直不阿，人有过，必面诋之。

寿隆初，升观书殿学士。一日宴主第，醉与客忤，怨上不知己，坐是下吏。状闻，上大怒，杖黥夺官，流镇州。居数岁，有赦，鼎独不免。会守臣召鼎为贺表，因以诗贻使者，有"谁知天雨露，独不到孤寒"之句。上闻而怜之，即召还，复其职。

脱脱等：《辽史》卷一百四《王鼎传》，北京：中华书局，2016 年，第1601—1602 页。

《辽史》 卷一百四 《耶律昭传》

统和中，坐兄国留事，流西北部。会萧挞凛为西北路招讨使，爱之，奏免其役，礼致门下。欲召用，以疾辞。挞凛问曰："今军旅甫罢，三边宴然，惟阻卜伺隙而动。讨之，则路远难至；纵之，则边民被掠；增戍兵，则馈饷不给；欲苟一时之安，不能终保无变。计将安出？"

脱脱等：《辽史》卷一百四《耶律昭传》，北京：中华书局，2016 年，第1602 页。

《辽史》 卷一百四 《刘辉传》

大安末，为太子洗马，上书言："西边诸番为患，士卒远戍，中国之民疲于飞挽，非长久之策。为今之务，莫若城于盐泺，实以汉户，使耕田聚粮，以为西北之费。"言虽不行，识者韪之。

脱脱等：《辽史》卷一百四《刘辉传》，北京：中华书局，2016 年，第 1603—1604 页。

《辽史》卷一百四《耶律孟简传》

大康初，枢密使耶律乙辛以奸憸窃柄，出为中京留守，孟简与耶律庶箴表贺。未几，乙辛复旧职，衔之，谪巡磁窑关。时虽以谗见逐，不形辞色。遇林泉胜地，终日忘归。明年，流保州①。及闻皇太子被害，不胜哀痛，以诗伤之，作《放怀诗》二十首。自序云："禽兽有哀乐之声，蝼蚁有动静之形。在物犹然，况于人乎？然贤达哀乐，不在穷通、祸福之间。《易》曰：'乐天知命，故不忧。'是以颜渊箪瓢自得，此知命而乐者也。予虽流放，以道自安，又何疑耶？"

大康中，始得归乡里。诣阙上表曰："本朝之兴，几二百年，宜有国史以垂后世。"乃编耶律曷鲁、屋质、休哥三人行事以进。上命置局编修。孟简谓余官曰："史笔天下之大信，一言当否，百世从之。苟无明识，好恶徇情，则祸不测。故左氏、司马迁、班固、范晔俱罹殃祸，可不慎欤！"

脱脱等：《辽史》卷一百四《耶律孟简传》，北京：中华书局，2016 年，第 1604—1605 页。

《辽史》卷一百五《大公鼎传》

大公鼎，渤海人，先世籍辽阳率宾县。统和间，徙辽东豪右以实中京，因家于大定。曾祖忠，礼宾使。父信，兴中主簿。

公鼎幼庄愿，长而好学。咸雍十年，登进士第，调沈州观察判官。时辽东雨水伤稼，北枢密院大发濒河丁壮以完堤防。有司承令峻急，公鼎独曰："边障甫宁，大兴役事，非利国便农之道。"乃疏奏其事。朝廷从之，罢役，水亦不为灾。濒河千里，人莫不悦。改良乡令，省徭役，务农桑，建孔子庙学，部民服化。累迁兴国军节度副使。

---

① 指河北地区的保州，不是鸭绿江东岸的保州。

脱脱等：《辽史》卷一百五《大公鼎传》，北京：中华书局，2016 年，第1608—1609 页。

《辽史》卷一百五《马人望传》

马人望，字俨叔。高祖胤卿，为石晋青州刺史，太宗兵至，坚守不降。城破被执，太祖义而释之，徙其族于医巫闾山，因家焉。曾祖廷煦，南京留守。祖渊，中京副留守。父诠，中京文思使。

人望颖悟。幼孤，长以才学称。咸雍中，第进士，为松山县令。岁运泽州官炭，独役松山，人望请于中京留守萧吐浑均役他邑。吐浑怒，下吏，系几百日；复引诘之，人望不屈。萧喜曰："君为民如此，后必大用。"以事闻于朝，悉从所请。

徙知涿州新城县。县与宋接境，驿道所从出。人望治不扰，吏民畏爱。近臣有聘宋还者，帝问以外事，多荐之，擢中京度支司盐铁判官。转南京三司度支判官，公私兼裕。迁警巡使。京城狱讼填委，人望处决，无一冤者。会检括户口，未两旬而毕。同知留守萧保先怪而问之，人望曰："民产若括之无遗，他日必长厚敛之弊，大率十得六七足矣。"保先谢曰："公虑远，吾不及也。"

脱脱等：《辽史》卷一百五《马人望传》，北京：中华书局，2016 年，第1610 页。

《辽史》卷一百七《列女传》

耶律奴妻萧氏，小字意辛，国舅驸马都尉陶苏斡之女。母胡独公主。

意辛美姿容，年二十，始适奴。事亲睦族，以孝谨闻。尝与娣姒会，争言厌魅以取夫宠。意辛曰："厌魅不若礼法。"众问其故，意辛曰："修己以洁，奉长以敬，事夫以柔，抚下以宽，毋使君子见其轻易，此之为礼法，自然取重于夫。以厌魅获宠，独不愧于心乎！"闻者大惭。

初，奴与枢密使乙辛有隙。及皇太子废，被诬夺爵，没入兴圣宫，流乌古部。上以意辛公主之女，欲使绝昏。意辛辞曰："陛下以妾葭莩之亲，使免流窜，实天地之恩。然夫妇之义，生死以之。妾笄年从奴，一旦临难，顿尔乖离，背纲常之道，于禽兽何异？幸陛下哀怜，与奴俱行，妾即死无恨！"帝感其言，从之。意辛久在贬所，亲执役事，虽劳无难色。事夫礼敬，有加于旧。

寿隆中，上书乞子孙为著帐郎君。帝嘉其节，召举家还。

脱脱等：《辽史》卷一百七《列女传》，北京：中华书局，2016年，第1621—1622页。

《辽史》卷一百八《直鲁古传》

直鲁古，吐谷浑人。初，太祖破吐谷浑，一骑士弃囊，反射不中而去。及追兵开囊视之，中得一婴儿，即直鲁古也。因所俘者问其故，乃知射囊者，婴之父也。世善医，虽马上视疾，亦知标本。意不欲子为人所得，欲杀之耳。由是进于太祖，淳钦皇后收养之。长亦能医，专事针灸。

脱脱等：《辽史》卷一百八《直鲁古传》，北京：中华书局，2016年，第1625—1626页。

《辽史》卷一百八《王白传》

王白，冀州人。明天文，善卜筮，晋司天少监。太宗入汴①得之。

应历十九年，王子只没以事下狱，其母求卜，白曰："此人当王，未能杀也，毋过忧！"景宗即位，释其罪，封宁王，竟如其言。凡决祸福多此类。保宁中，历彰武、兴国二军节度使。撰《百中歌》行于世。

脱脱等：《辽史》卷一百八《王白传》，北京：中华书局，2016年，第1626页。

《辽史》卷一百八《魏璘传》

魏璘，不知何郡人。以卜名世，太宗得于汴。

天禄元年，上命驰马较迟疾，以为胜负。问王白及璘孰胜。白奏曰："赤者胜。"璘曰："臣所见，骢马当胜。"既驰，竟如璘言。上异而问之，白曰："今日火王，故知赤者胜。"璘曰："不然，火虽王，而上有烟。以烟察之，青者必胜。"上嘉之。五年，察割谋逆，私卜于璘。璘始卜，谓曰："大王之数，得一日矣，宜慎之！"及乱，果败。应历中，周兵犯燕，上以胜败问璘。璘曰："周姓柴也，燕分火也。柴入火，必焚。"其言果验。

----

① 指河南。

璘尝为太平王翟撒葛卜僭立事，上闻之，免死，流乌古部。一日，节度使召璘，适有献双鲤者，戏曰："君卜此鱼何时得食?"璘良久答曰："公与仆不出今日，有不测祸，奚暇食鱼?"亟命烹之。未及食，寇至，俱遇害。

脱脱等：《辽史》卷一百八《魏璘传》，北京：中华书局，2016 年，第1626—1627 页。

《辽史》卷一百九《罗衣轻传》

罗衣轻，不知其乡里。滑稽通变，一时谐谑，多所规讽。

兴宗败于李元昊也，单骑突出，几不得脱。先是，元昊获辽人，辄劓其鼻，有奔北者，惟恐追及。故罗衣轻止之曰："且观鼻在否?"上怒，以毳索击帐后，将杀之。太子笑曰："打诨底不是黄幡绰!"罗衣轻应声曰："行兵底亦不是唐太宗!"上闻而释之。

上尝与太弟重元狎昵，宴酣，许以千秋万岁后传位。重元喜甚，骄纵不法。又因双陆赌以居民城邑，帝屡不竞，前后已偿数城。重元既恃梁孝王之宠，又多郑叔段之过，朝臣无敢言者，道路以目。一日复博，罗衣轻指其局曰："双陆休痴，和你都输去也!"帝始悟，不复戏。清宁间，以疾卒。

脱脱等：《辽史》卷一百九《罗衣轻传》，北京：中华书局，2016 年，第1629—1630 页。

《辽史》卷一百九《王继恩传》

王继恩，棣州人。睿智皇后南征，继恩被俘。初，皇后以公私所获十岁已下儿容貌可观者近百人载赴凉陉，并使阉为竖，继恩在焉。聪慧，通书及辽语。擢内谒者、内侍左厢押班。圣宗亲政，累迁尚衣库使、左承宣、监门卫大将军、灵州观察使、内库都提点。

继恩好清谈，不喜权利，每得赐赉，市书至万卷，载以自随，诵读不倦。每宋使来聘，继恩多充宣赐使。后不知所终。

脱脱等：《辽史》卷一百九《王继恩传》，北京：中华书局，2016 年，第1630—1631 页。

《辽史》卷一百十一《萧得里特传》

萧得里特，遥辇洼可汗宫分人。善阿意顺色。清宁初，乙辛用事，甚见引用，累迁北面林牙、同知北院宣徽使事。

及皇太子废，遣得里特监送上京。得里特促其行，不令下车，起居饮食数加陵侮，至则筑圜堵囚之。大康中，迁西南招讨使，历顺义军节度使，转国舅详稳。

寿隆五年，坐怨望，以老免死，阖门籍兴圣宫，贬西北统军司，卒。二子：得末、讹里，乾统间以父与乙辛谋，伏诛。

脱脱等：《辽史》卷一百十一《萧得里特传》，北京：中华书局，2016 年，第 1642—1643 页。

《辽史》卷一百十二《耶律辖底传》

辖底，字涅烈衮，肃祖孙夷离堇帖剌之子。

太祖谓曰："叔父罪当死，朕不敢赦。事有便国者，宜悉言之。"辖底曰："迭剌部人众势强，故多为乱，宜分为二，以弱其势。"

察割以诸族属杂处，不克以逞，渐徙庐帐迫于行宫。

脱脱等：《辽史》卷一百十二《耶律辖底传》，北京：中华书局，2016 年，第 1648—1650 页。

《辽史》卷一百十四《奚回离保传》

时奚人巴辄、韩家奴等引兵击附近契丹部落，劫掠人畜，群情大骇。会回离保为郭药师所败，一军离心，其党耶律阿古哲与其甥乙室八斤等杀之，伪立凡八月。

脱脱等：《辽史》卷一百十四《奚回离保传》，北京：中华书局，2016 年，第 1667 页。

《辽史》卷一百十五《高丽传》

圣宗统和三年秋七月，诏诸道各完戎器，以备东征高丽。八月，以辽泽沮洳，罢师。十年，以东京留守萧恒德伐高丽。十一年，王治遣朴良柔奉表请罪，诏取女直国鸭渌江东数百里地赐之。十二年，入贡。三月，王治遣使请所俘生口，诏赎还之，仍遣使抚谕。十二月，王治进妓乐，诏却之。

五月，高丽西京留守康肇弑其主诵，擅立诵从兄询。八月，圣宗自将伐高丽，报宋，遣引进使韩杞宣问询。询奉表乞罢师，不许。十一月，大军渡鸭渌江，康肇拒战于铜州，败之。肇复出，右皮室详稳耶律敌鲁擒肇等，追奔数十里，获所弃粮饷、铠仗，铜、霍、贵、宁等州皆降。询上表请朝，许之。禁军士俘掠。以政事舍人马保祐为开京留守，安州围练使王八为副留守。太子太师乙凛将骑兵一千，送保祐等赴京。守将卓思正杀我使者韩喜孙等十人，领兵出拒，保祐等复还。乙凛领兵击之，思正遂奔西京。围之五日，不克，驻跸于城西佛寺。高丽礼部郎中渤海陀失来降。遣排押、盆奴攻开京，遇敌于京西，败之。询弃城遁走，遂焚开京，至清江而还。

二十九年正月，班师，所降诸城复叛。至贵州①南岭谷，大雨连日，霁乃得渡，马驼皆疲乏，甲仗多遗弃，次鸭渌江。以所俘人分置诸陵庙，余赐内戚、大臣。

脱脱等：《辽史》卷一百十五《高丽传》，北京：中华书局，2016 年，第1671—1673 页。

《辽史》卷一百十五《西夏传》

（统和四年）十月，继迁以宋所授敕命，遣使来上。是月，定难军节度使李继捧来附，授开府仪同三司、检校太师，兼侍中，封西平王，仍赐推忠效顺启圣定难功臣。十二月，继迁潜附于宋，遣韩德威持诏谕之。十年二月，韩德威还，奏继迁托故不出，至灵州俘掠以还。西夏遣使来奏德威俘掠，赐诏抚谕。十月，来贡。十二年，入贡。十三年，败宋师，遣使来告。十四年，又来贡。十五年三月，以破宋兵来告，封继迁为西平王。六月，遣使来谢封册。十六年，来贡。十八年，授继迁子德明朔方军节度使。十九年，遣李文冀来贡。六月，奏下宋恒、环、庆三州，赐昭褒美。二十年，遣使来进马、驼。六月，遣刘仁勖来告下灵州。

兴宗即位，以兴平公主下嫁李元昊，以元昊为驸马都尉。重熙元年，夏国遣使来贺。李德昭薨，册其子夏国公元昊为王。二年，来贡。十二月，禁夏国使沿路私市金、铁。七年，来贡。李元昊与兴平公主不谐，公主薨，遣北院承旨耶律庶成持诏问之。九年，宋遣郭祯以伐夏来报。十年，夏国献所俘宋将及生口。十一年，遣使问宋兴师伐夏之由。十二月，禁吐浑鬻马于夏，沿边筑障

---

① 是高丽境内的州城。

塞以防之。十二年正月，遣枢密都承旨王惟吉谕夏国与宋和。二月，元昊以加上尊号，遣使来贺。耶律敌烈等使夏国还，奏元昊罢兵，遣使报宋。四月，夏国遣使进马、驼。七月，元昊上表请伐宋，不从。十月，夏人侵党项，遣延昌宫使高家奴让之。十三年四月，党项及山西部族节度使屈烈以五部叛入西夏，诏征诸道兵讨之。六月，阻卜酋长乌八遣其子执元昊所遣求援使窊邑改来。八月，夏使对不以情，羁之。使复来，询事宜不实对，笞之。十月，元昊上表谢罪，欲收集叛党以献，从之；进方物，命北院枢密副使萧革迓之。元昊亲率党项三部来降，诘其纳叛背盟，元昊伏罪。初，夏人执萧胡睹，至是，请以被执者来归。诏所留夏使亦还其国。十二月，胡睹来归，又遣使来贡。

脱脱等：《辽史》卷一百十五《西夏传》，北京：中华书局，2016 年，第 1677—1679 页。

《辽史》卷一百十六《国语解》

《地理志》：

属珊应天皇后从太祖征讨，所俘人户有技艺者隶之帐下，名属珊，盖比珊瑚之宝。

脱脱等：《辽史》卷一百十六《国语解》，北京：中华书局，2016 年，第 1701—1702 页。

《辽史拾遗》

天祚立，琳两为户部使，负东京人望。女真日炽，高永昌继叛于渤海，时天庆六年也。永昌叛，辽东五十余州尽没，独沈州未下，琳痛念乡枌，欲自讨之。契丹屡败，精兵锐卒，十无一存。琳讨永昌，搏手无策，始招所谓转户军。盖辽东、渤海乃夙所仇；若其转户，则使役良家，庶几捐躯奋命。命下，得兵三万余。琳自显州进兵，止备辽河三叉口。琳遣羸卒数千，阳为来攻，间道以精骑度河，直趋沈州，渤海始觉。经三十余战，渤海乃走保东京。后女真援至，师自惊恐，望风而溃，失亡不可胜计。琳遁入辽州，谪授辽兴军节度使，乃平州也。

厉鹗：《辽史拾遗》，上海：商务印书馆，1936 年，第 396 页。

《宋史》卷二百六十二《李澣传》

周广顺二年，澣因定州孙方谏密表言契丹衰微之势，周祖嘉焉，遣谍者田重霸赍诏慰抚，仍命澣通信。澣复表述契丹主幼弱多宠，好击鞠，大臣离贰，若出师讨伐，因与通好，乃其时也，请速行之。属中原多事，不能用其言。澣在契丹尝逃归，为其所获，防御弥谨。契丹应历十二年六月卒。

脱脱等：《宋史》卷二百六十二《李澣传》，北京：中华书局，1977 年，第 9063 页。

《辽史拾遗补》

苏易简《续韩林志》曰：澣以词藻特丽，俊秀不群，后以石晋不造，陷于北廷，亦神锋太峻之过也。

王明清《挥尘后录》曰：五代李涛与澣，俱负才望，澣仕石晋为内相，耶律德光犯京师，俘之以归，后仕契丹通显，有小集十卷。

王鼎《焚椒录叙》曰：鼎于咸、太之际方侍禁近，会有懿德皇后之变，一时南北面官，悉以异说赴权，互为证足，遂使懿德蒙被淫丑，不可湔浣嗟嗟，大墨蔽天，白日不照，其能户说以相白乎？鼎妇乳媪之女蒙哥，为耶律乙辛宠婢，知其奸构最详，而萧司徒复为鼎道其始末，更有加于妪者，因相与执手叹其冤诬，至为涕淫淫下也。观变以来数载，顷以待罪可敦城，去乡数千里，视日如岁，触景兴怀，旧感来集，乃直书其事用俟，后之良史。若夫少海翻波，变为险陆，则有司徒公之实录在。大安五年春三月，前观书殿学士臣王鼎谨序。

杨复吉：《辽史拾遗补》，上海：商务印书馆，1936 年，第 123 页。

《金史》卷六十四《贞懿皇后传》

贞懿皇后，李氏，世宗母，辽阳人。父雏讹只，仕辽，官至桂州观察使。天辅间，选东京士族女子有姿德者赴上京，后入睿宗邸。七年，世宗生。天会十三年，睿宗薨，世宗时年十三。

脱脱等：《金史》卷六十四《贞懿皇后传》，北京：中华书局，1975 年，第 1518 页。

《金史》卷六十六《阿喜传》

阿喜，宗室子，好学问。袭父北京路笤柏山猛安，听讼明决，人信而爱之。察廉能，除彰国军节度副使，改上京留守判官。提刑司奏彰国军治状，迁同知速频路节度事，改归德军，历海、邳二州刺史，皆兼总押军马。

脱脱等：《金史》卷六十六《阿喜传》，北京：中华书局，1975年，第1569页。

《金史》卷六十七《温敦蒲剌传》

温敦蒲剌始居长白山阿不辛河①，徙隆州移里闵河。

脱脱等：《金史》卷六十七《温敦蒲剌传》，北京：中华书局，1975年，第1580页。

《金史》卷七十一《斡鲁传》

其破宁江州，渤海乙塞补叛去，仆忽得追复之。

脱脱等：《金史》卷七十一《斡鲁传》，北京：中华书局，1975年，第1633页。

《金史》卷七十六《宗幹传》

宗幹得降人，言春、泰州无守备，可取。于是斜也取春、泰州，宗雄、宗幹等下金山县。宗雄即以兵三千属宗幹，招集未降诸部。宗幹择土人之材干者，以诏书谕之。于是女固、脾室四部及渤海人皆降。

脱脱等：《金史》卷七十六《宗幹传》，北京：中华书局，1975年，第1742页。

《金史》卷八十一《夹谷谢奴传》

夹谷谢奴，隆州纳鲁悔河人也。国初，祖阿海率所部来归，献器用甲仗。父不剌速，袭本部勃堇，从太祖伐辽，授世袭猛安，亲管谋克，为曷懒路②都统。

脱脱等：《金史》卷八十一《夹谷谢奴传》，北京：中华书局，1975年，第1817页。

---

① 又名"阿术火"。
② 又称"合懒路"。

《金史》卷八十一《阿勒根没都鲁传》

阿勒根没都鲁，上京纳邻河人也，后徙咸平路梅黑河。雄伟美须髯，勇毅善射。国初伐辽，没都鲁在军中，领谋克猛安，每遇敌，往来驰突，人莫敢当，故所战皆克。皇统元年，计功擢宣威将军。

脱脱等：《金史》卷八十一《阿勒根没都鲁传》，北京：中华书局，1975年，第1818页。

《金史》卷八十一《温迪罕蒲里特传》

温迪罕蒲里特，隆州移离闵阿胡勒出寨人也。魁梧美髯，有谋略，以智勇闻。都统杲取中京，蒲里特权猛安，领军五千，遇契丹贼万余，与战败之。出衮古里道，败敌八千余。至腊门华道，复以伏兵败敌万人。太祖定燕，自儒州至居庸关，执其喉舌人。有顷，贼三千余人复寇腊门华道，蒲里特整队先登，贼识其旗帜，望风而遁，遂奋击之，亲执贼帅。

脱脱等：《金史》卷八十一《温迪罕蒲里特传》，北京：中华书局，1975年，第1824—1825页。

《金史》卷八十一《高彪传》

高彪，本名召和失，辰州渤海人，祖安国，辽兴、辰、开三镇节度使。父六哥，左承制，官室刺史。彪始生，其父用术者言，为其时日不利于己，欲不举，其母为营护。居数岁，竟逐之，彪匿于外家。辽人调兵东京时，六哥已老，当从军，怅然谓所亲曰："吾儿若在，可胜兵矣。"所亲具以实告，因代其父行。战于出河店，辽兵败走，彪独力战，军帅见之曰："此勇士也。"令生致之。斡鲁攻东京，六哥率其乡人迎降，以为榆河州千户。久之告老，彪代领其众。

脱脱等：《金史》卷八十一《高彪传》，北京：中华书局，1975年，第1822—1823页。

《金史》卷八十二《郭企忠传》

天辅中，大军至云中，遣耶律坦招抚诸部。企忠来降。军帅命同勾当天德军节度使事，徙所部居于韩州。及见太祖，问知其家世，礼遇优厚，以白鹰赐之。

脱脱等：《金史》卷八十二《郭企忠传》，北京：中华书局，1975年，第1841页。

《金史》卷八十二《颜盏门都传》

颜盏门都，隆州帕里干山人也。身长，美须髯。天会间，从其兄羊艾在军中。方取汴京，其兄战殁，遂擐甲代其兄充军。睿宗定陕右，以门都为蒲莘，隶监军杲亲管万户，攻饶风关。至坊州，杲欲与总管蒲鲁虎会于凤翔，遣门都领六十骑先往期会。及还，备得地形险厄，赏银五十两。其后梁王宗弼驻军山东，遣人诣陕西，特召门都至。令赍废齐及安抚百姓诏书，往谕监军宗室杲。门都既还，宗弼赏以良马银绢。事毕，复遣从杲。

脱脱等：《金史》卷八十二《颜盏门都传》，北京：中华书局，1975 年，第 1843 页。

《金史》卷八十四《耨盌温敦思忠传》

谦本名乙迭，累官御史中丞。世宗谓之曰："省部官受请托，有以室家传达者。官刑不肃，士风颓弊如此，其纠正之。"久之，袭父思忠济州①猛安、利涉军节度副使。

脱脱等：《金史》卷八十四《耨盌温敦思忠传》，北京：中华书局，1975 年，第 1883—1884 页。

《金史》卷八十六《夹古查剌传》

夹谷查剌，隆州失撒古河人也。祖不剌速，国初授世袭曷懒兀主猛安、曷懒路总管。父谢奴，官至工部尚书。

脱脱等：《金史》卷八十六《夹古查剌传》，北京：中华书局，1975 年，第 1925 页。

《元史》卷一百七十四《张孔孙传》

张孔孙，字梦符。其先出辽之乌若部，为金人所并，遂迁隆安。

宋濂：《元史》卷一百七十四《张孔孙传》，北京：中华书局，1976 年，第 4066 页。

---

① 此"济州"指黄龙府改名而来之州，因与山东济州重名，金世宗大定二十九年（1189 年）更名为隆州。

三、石刻

《圣宗淑仪赠寂善大师墓志》（清宁九年　1063 年）

故圣宗皇帝淑仪赠寂善大师墓志铭并引。

中散大夫、右谏议大夫、知制诰、充史馆修撰、上轻车都尉、太原县开国伯、食邑七伯户、赐紫金鱼袋王观奉敕撰。

大师法讳圆渍，俗姓耿氏，其先巨鹿人也。尔后家于上国，世为右族，源流疫远，谱牒具存，此不复书，从其简也。曾祖讳邑，仕后唐庄宗，以宿德大勋，累受节钺，加至同三事。祖讳崇美，推忠佐命平乱翊圣功臣、武定军节度使、奉圣、归化、儒、可汗等州观察处置等使、特进、检校太师、同政事门下平章事。烈考讳绍忠，推诚奉国功臣、镇安军节度使、金紫崇禄大夫、检校太尉。母陈国太夫人耶律氏，北王之息女也。勋庸弈叶，贵盛传门，积善垂休，钟此邦媛。大师生而端丽，合于法相。当孝宣帝临朝，以良家子入选，时年二十一。进御于寝，率推如舜之颜；载弄之璋，预兆征兰之梦。盛年得幸，弥月生男。协长乐之翼谋，昌大宗之懿胤。贵因子致，靡循诸妇之班；宠自君隆，聿正九嫔之号。寻为淑仪，旋属仙游奄促，窀阙告成，自誓守陵，以期没世，而能未亡兴叹，如在申处。迨及暮年，渐婴末疾。嗟人生之不永，观世事以何常。顿励精诚，恳求圣谛。挂裳罢饰，异姜后之脱簪；畦垄为衣，恭梁妃之落发。胜缘甫集，景命俄倾，越清宁九年九月二十八日终于上京留守之公署，享年八十。有子一，忠亮佐国功臣、泰宁军节度、兖沂密等州观察处置等使、开府仪同三司、检校太师、守司空、兼侍中、使持节兖州诸军事、行兖州刺史、判上京留守、临潢尹事、上柱国、饶乐郡王、食邑陆仟伍伯户、食实封陆伯伍拾户宗愿。位高岩石，望峻维城。早疏同姓之封，已列诸王之爵。有孙男一，名弘辩，荫授右千牛卫大将军。有孙女一，小字挞不也，并金贞挺质，玉润腾英。螽斯羽以有宜麟之趾兮。为应其子，适在留关之寄，遽缠陟岵之悲。过恒制以尽哀，先远期而申讣，其于襄事，悉下有司。以其年十二月二十七日，遣使上京留守判官、朝散大夫、尚书吏部郎中、骁骑尉、借紫孙瑛，礼葬于誉州东、赤崖之北，从吉兆也。又以始则承恩椒屋，曾备职于掖庭；终乃掩化莲宫，宜正名于释氏。仍命追赠寂善大师，赐紫，礼也。诚以大师蕙性含章，兰仪有度。颛一人之宠无所妒，视二品之秩未曾骄。忠不忘君，美而有子。享中寿之算不为夭，达上乘之道不为愚。古皆有死，复何足伤。今则龟策告从，鸟绥协吉。顾玄扃之将闭，虑彤管之有遗。爰命史臣，直书石志，固无虚美，良乏愧辞，庶广余芳，以求终古，谨为铭曰：

彼美人兮，淑仪耿氏。得幸先君，乃生宗子。少也承恩，老而悟理。削发为尼，追师赠紫。舍俗归空，令终善始。

癸卯年十二月戊辰朔二十七日甲午金艮时，敕具僧仪葬于此。家人马立书。

向南、张国庆、李宇峰：《辽代石刻文续编》，沈阳：辽宁人民出版社，2010年，第119—120页。

《寂照大师并门资园湛身铭》（寿昌二年　1096年）

（碑阳）

奉为故崆峒仙洞寂照大师并门资圆湛身铭。

大师因云水北安州寿昌二年四月二十九日得疾，至五月十日迁化，春秋七十有九，夏腊四十有一。故门资讳圆湛者，粤渔阳县东壕门人也。俄于大安九年四月四日午时奄化，没后焚骸，众人共见白莲舌不灰。享年三十有八，夏腊一十有六。文诏思念弥深，别无报答，今抽净径，命良匠固琢荆珉，刻于铭记。维寿昌二年五月十日酉时康文诏建立。

（碑阴）

弟兄六：康文遂、弟文用、弟文兴、弟文进、弟文景、弟文诏。孙女一：王康氏。孙男四：康祥、具戒圃湛、康怀、康庭。悉妇三：武氏、孙氏、王氏。重孙男八：押司康麟、奉福、庆儿、彭孙、具戒遵止、具戒遵一、具戒遵白。重孙妇：武氏、石氏。重孙女五：武康氏、刘康氏、具戒尼、于康氏、通哥。累孙女：金师姑、玉哥、赈哥。累孙男：闰孙。

所集此功德，普及遍十万，存亡与本来，皆共成佛道。

（碑侧一）

偈曰：皆因智惠了生死，须假波罗载运伊，性寂本来无一法，舟船出海西头。

又：佛说般若心，十方法界闻，心如无变易，的同释迦尊。

（碑侧二）

偈曰：四大本来空，六识悉皆同，身本如泡露，知身不久停，悟空无人我，无心境不侵，如如真无为，便是佛菩提。般若波罗密多心经。

向南、张国庆、李宇峰：《辽代石刻文续编》，沈阳：辽宁人民出版社，2010年，第234—235页。

《刘祜墓志》（寿昌五年　1099年）

故奉陵军节度使刘公墓志铭并序。

少府少监、充史馆修撰扬□撰。

夫天赋人以性命，其率有四：性充焉之谓良，命与焉之谓达，性不充命不与之谓庸，性命善之谓完。噫！完人之于天下，其鲜矣。夫公德硕而力果，忠于上，孝于亲，仁于民。少承之家家克人，幼事之官官克办，性也；一门三钺，富厥家克，寿考厥胄蕃以肖，命也。性与命具匪，完人歁！公讳祜，字示古，其先遵化人也。高祖奉殷，先仕唐，后以部曲归本朝，诏赐田宅若干，累官拜同政事门下平章事。及薨，葬于保静军之北金柜山，遂隶安德县，籍家于金原。曾祖存义，青州节度使。祖延宁，入内东头供奉官。考匡善，内寄班祗侯，皆早世。公幼孤，昆弟四人，公最幼。重熙中，伯兄踈，季兄祁从兴庙征夏台时，公留家事太夫人。乃力农蓄谷，方岁欠减直，以市人不远数百里，负乘求籴，日往来者千百人。又以里人合釜无食，尽发所有以贷。会秋熟，皆感惠相率趋纳，若官廪然。比二兄还，财富甲于乡邑。既壮，仕历诸道商榷官，连奏最为第一，累功迁内府杂支使。岁满，积羡帛三万五千，他物称是。后再督榷盐院，聚帛锱五十余万。内外更践，几十数任，所在称治。寿昌四年冬，自知营州军州事，授奉陵军节度，公至镇奉诸庙，以礼遇僚属，以信约胥吏，以法折狱蔽，讼事无留月。削过籍之赋，弛不急之役，一岁之间民怗然有余力。越明年十月疾作，既笃有司以状闻，上诏长子起居郎、枢密院主事公著，驰驿以视。比至，公薨于官署，时年七十有四。属圹之日，怀陵之民无远近少长，奔走吊哭，如失怙恃，暨丧车行，皆拥道号送，哀动城野。以其十二月二十九日葬于金原县之先茔，以故夫人耿氏卡衬。公性笃友悌，幼事诸兄，讫老愈厚，每宦游以告归，必与兄同寝处。出则联驷以游，入则接袂以燕，诙狎笑语若髫童时，以至浃旬，不一蹑私室然。沉厚有谋勇，于度事必豫决其可否，而卒合若符契。曾有盗数十骑过其邑，以剽人财物，公与诸兄力逐，斩数级以还。自是，闾里无复寇扰。妣马氏，以荫封扶风郡太夫人，即故彰武军节度使讳廷美之女，枢密副使至柔之姊，少寡居，治家事以严恪，教育四子皆有立。兄三人，长曰柬，故安州团练使，知惠州军事，魁伟善骑射，材力绝人；次曰裕，贞壮严密，治内府殆三十年，无毫忽私吝，虽当世权戚，亦敬惮之。出历兴中府尹，宜、建、川、懿等州节度使，治绩居最；次曰祁，故奉陵军节度使，廉果有时誉。公先娶守太师耿绍忠之孙女，封巨鹿县君，生子四人；次娶天平军节度使王守拙之女，封太原县君，生子七人；后娶夫人马氏，封扶风郡夫人，即太夫人之犹女也，纯谨语，动有礼法，视诸子犹已出。子男八，曰公著，即左史君也，敏干有气决，累于苻事；曰公育，擢进士第，授秘书省校书郎；曰公铣，左班殿直；曰公直、公贞，仕三班院；曰公衡，举进士；曰金累、兴化，尚幼。皆志力端毅，有克家之望。女三人，长适故秘书少监王仲舆，早卒；次适前韶阳军节度副使韩绛；次未嫁。余与左史君有旧，故见属以铭曰：

维公硕方，躬富厥祉。德罔克孤，众昆铧铧。既好既良，朱金皇皇。朝阴于堂，载弁委裳。雍其鸿行，夕游之间。百驷翼张，鋆衡镂场。三旌唵阳，里门之光。宵宴于室，错以珮珰。拊瑟鼓簧，尔属我歌。我酬尔觞，衍行翼翼。乃家之详，生克有裕。殁亦有归，宛其西山。金原逶迤，公宅康间。有麓有派，前公考妣。后公昆弟，既殁与同。岂左之异，蔼蔼诸子。既众孔似，长必尔友。幼必尔悌，允迪先风。以永厥祀，毋阅于家。以□公累，监哉铭辞，刻石以志。

向南、张国庆、李宇峰：《辽代石刻文续编》，沈阳：辽宁人民出版社，2010 年，第 236—237 页。

下　编
辽代移民问题研究

第一章 辽代移民研究综述

辽代移民问题是学界的重要研究领域，其研究成果主要有移民的整体研究和迁徙因素、移民的政策、迁徙与安置、移民生存状态、移民与世家大族和移民贡献与作用等五个方面。

一、移民的整体研究和迁徙因素

（一）移民的整体研究

关于辽代移民的整体研究，韩光辉最早进行研究，在《辽代中国北方人口的迁移及其社会影响》一文中[①]他对辽代汉人及渤海等中国北方的人口迁徙现象予以整体叙述，认为无论是汉人北迁，还是少数民族南迁，均带有明显的军事迫迁性质。王德忠《辽朝的民族迁徙及其评价》[②] 则以辽代契丹等民族为整体，对其迁徙进行考察，认为辽朝的民族迁徙是指统治者对汉族、渤海、契丹各族人口的强制迁徙、移民边屯以及因社会动荡而发生的人口流动现象，这种人口的空间流动表现了不同民族、不同地区间对流移徙、参差交会的复杂局面。此后，学界开始把辽代移民作为整体进行深入探讨。杨福瑞《辽朝移民问题研究》[③] 结合辽初建国的历史背景，对辽代移民政策的形成和实施、移民的安置和数量等进行整体考察，认为辽初实施移民是为了贯彻"广土众民"的治

---

① 韩光辉：《辽代中国北方人口的迁移及其社会影响》，《北方文物》1989 年第 2 期。

② 王德忠：《辽朝的民族迁徙及其评价》，《东北师范大学学报（哲学社会科学版）》1998 年第 4 期。

③ 杨福瑞：《辽朝移民问题研究》，《昭乌达蒙族师专学报（汉文哲学社会科学版）》2002 年第 5 期。

国方略。武玉环《辽代的移民、治理与民族融合》① 在前人研究基础上，对辽代移民整体进行深入研究，分别对移民的背景、民族构成、阶段、分布、数量、治理方式和影响等进行了考察。

（二）移民的迁徙因素

在对辽代移民整体迁徙进行研究的基础上，学界开始以契丹、汉、渤海、女真等民族为整体，考察其迁徙因素。总体来看，学界认为主要有东丹国南迁、都城建设及区域开发、边疆防御体系构建和战争与破坏四点因素。

1. 东丹国南迁

学界在对辽代移民的研究中，对渤海移民的迁徙原因探讨最多，其中主要认为辽初的东丹国南迁是其迁徙原因。

陈显昌《渤海国史概要（五）》② 是较早的研究成果，文中对渤海国灭亡后，辽实施东丹南迁并将渤海遗民进行迁徙的问题进行了叙述，但是较为简略。杨保隆《辽代渤海人的逃亡与迁徙》③ 对辽初太祖和太宗在渤海国和南迁东丹过程中，对渤海人的逃亡和迁徙进行叙述。据此可知，辽太宗时期的南迁东丹迁徙渤海移民的规模最大，迁徙之后出现渤海人聚居在一个统一区域内的情况，体现出东丹国南迁是渤海移民迁徙的重要因素。杨雨舒《东丹南迁刍议》④ 在前人研究基础上，对东丹南迁进行整体考察。对东丹南迁中的渤海移民的数量和背景进行研究，认为辽太宗出于瓦解渤海遗民的反抗基础、防止耶律倍威胁皇权、增加南下中原辅助力量三个原因实施东丹南迁，致使数十万渤海移民在这次迁徙中迁入辽东地区，并建立大量的府州县。齐晓光《耶律羽之墓志对文献记载之勘补》⑤ 为东丹南迁的史实补充石刻资料。通过将《耶律羽之墓志》的内容补充到东丹南迁的研究，叙述渤海移民在迁徙过程中产生的重

① 武玉环：《辽代的移民、治理与民族融合》，载张希清、田浩、黄宽重、于建设主编《10—13世纪中国文化的碰撞与融合》，上海：上海人民出版社，2006年，第408—437页。

② 陈显昌：《渤海国史概要》（五），《齐齐哈尔师范学院学报》1984年第3期。

③ 杨保隆：《辽代渤海人的逃亡与迁徙》，《民族研究》1990年第4期。

④ 杨雨舒《东丹南迁刍议》，《社会科学战线》1993年第5期。

⑤ 齐晓光：《耶律羽之墓志对文献记载之勘补》，《文物》1996年第2期。

要影响。蒋金玲《辽代渤海移民的治理和归属研究》① 选择辽朝对渤海移民进行治理的角度，对东丹南迁进行重点叙述。从辽的迁徙规模和在东京道建立大量安置渤海人的州县来看，绝大多数渤海移民都在东丹南迁中遭到迁徙。魏国忠《渤海国史》② 利用历史学方法，对渤海移民的迁徙进行分期叙述，认为主要分为太祖和太宗两个时期，其中渤海移民大量迁徙是在太宗时期的东丹南迁，辽太宗以此成功统治渤海人，并为之后的南下战争提供基础。郑永振《渤海史论》③ 与之类似。刘浦江《辽代的渤海遗民——以东丹国和定安国为中心》④ 以东丹国及定安国为视角，叙述渤海移民在辽朝东丹南迁政策下的被迫迁徙。黄为放博士论文《10—12 世纪渤海移民问题研究》⑤ 总结前人研究成果，对辽代渤海移民整体进行考察。明确在重置东丹国管理体系的要求下，辽太宗开始迁徙渤海移民。东丹南迁之后，渤海移民主要集中在东京道地区，因而东丹南迁是渤海移民迁徙的首要原因。

2. 都城建设及区域开发

学界除探讨东丹南迁之外，在研究辽朝地方行政机构之时也涉及移民迁徙。辽朝利用汉、渤海等民族的移民建立地方统治制度，主要体现在都城建设和对某州等区域开发两部分内容。

关于移民与都城的建设，主要是对辽迁徙移民后建立东京、上京、中京等京城历史的考察。费国庆《辽五京道人户剖析》⑥ 是最早的研究成果，有五京和州县人户来源的叙述，提及移民对辽初建设五京的促进作用，辽通过迁徙汉、渤海等族建立上京，通过迁徙渤海移民建立东京，以汉和渤海人建立南京和西京，表明辽朝建立五京是迁徙移民的重要因素。谭其骧《近代"东蒙"、

---

① 蒋金玲：《辽代渤海移民的治理和归属研究》，硕士学位论文，长春：吉林大学，2004 年。

② 魏国忠等：《渤海国史》，北京：中国社会科学出版社，2006 年。

③ 郑永振等：《渤海史论》，长春：吉林文史出版社，2011 年。

④ 刘浦江：《辽代的渤海遗民——以东丹国和定安国为中心》，《松漠之间——辽金契丹女真史研究》，北京：中华书局，2008 年版。

⑤ 黄为放：《10—12 世纪渤海移民问题研究》，博士学位论文，长春：长春师范大学，2017 年。

⑥ 费国庆：《辽五京道人户剖析》，《铁道师院学报》1986 年第 2 期。

辽代移民史料整理与研究

"南满"境内之民族杂处》① 以近代"东蒙"、"南满"区域为视角,考察了上京道、东京道、中京道地区移民州县与人数等问题,表明五京具有移民。康鹏《辽代五京体制研究》② 以辽朝五京体制为整体,提及了辽朝通过俘虏汉人建设州县和迁徙渤海移民建立东京辽阳府之事。此后学界针对辽五京中的某京进行整体研究,并涉及对移民迁徙的探讨,考察与移民的关系。曹显征《辽中期徙都中京原因管窥》③ 是对建设中京的整体考察,辽朝为建立中京而迁徙渤海、汉等移民,表明移民的原因之一是为建设中京。王淑兰《论辽代东京道城市的来源及分布》④ 则是以东京为视角的考察,对辽利用渤海、汉人移民进入东京新建了相当数量的州县进行叙述,认为这些农业人口都掌握较先进的耕作技术和手工业技术,不但对这里肥沃的土地进行了大规模的开垦,还成为盐、铁以及其他手工业生产的重要力量。郑毅《辽对渤海的统治及东京辽阳的兴亡》⑤ 与之类似。黄为放博士论文《10—12世纪渤海移民问题研究》⑥ 在前人研究基础上,对渤海移民的都城建设进行整体考察。通过将史书记载和前人研究成果的结合,表明辽朝迁徙渤海移民对辽五京的建立具有直接作用。

学界对辽代依靠移民进行区域开发也进行相关研究,冯永谦《辽代祺州探考记》⑦ 是较早的研究成果,文中对辽太祖在东京设置的祺州进行考察,提及是迁徙檀州的汉人移民进入辽东地区设置的。李健才、陈相伟《辽代宾、祥、益、威四州考》⑧ 对辽代设置的宾、祥、益、威四州做逐个考察,提及四州分别是辽迁徙兀惹、铁骊、渤海等设置的。韩光辉《辽代中国北方人口的迁移及

① 谭其骧:《近代"东蒙"、"南满"境内之民族杂处——满蒙民族史之一页》,载谭其骧:《长水集(上)》,北京:人民出版社,1987年,第247—257页。

② 康鹏:《辽代五京体制研究》,博士学位论文,北京:北京大学,2007年。

③ 曹显征:《辽中期徙都中京原因管窥》,《昭乌达蒙族师专学报(哲学社会科学版)》1989年第2期。

④ 王淑兰:《论辽代东京道城市的来源及分布》,《河北北方学院学报(社会科学版)》2015年第3期。

⑤ 郑毅:《辽对渤海的统治及东京辽阳的兴亡》,《黑龙江民族丛刊》2017年第1期。

⑥ 黄为放:《10—12世纪渤海移民问题研究》,博士学位论文,长春:长春师范大学,2017年。

⑦ 冯永谦:《辽代祺州探考记》,《辽宁师院学报》1981年第3期。

⑧ 李健才、陈相伟:《辽代宾、祥、益、威四州考》,《史学集刊》1984年第3期。

其社会影响》① 对辽统治者利用汉、渤海等族移民建设州县进行考察，表明汉人的北迁和渤海、奚等民族的南迁对契丹社会的经济和文化影响。杨福瑞《辽朝推行州县制过程考述》② 在前人研究基础上，对辽初建立和推行州县制做系统梳理，认为分为太祖草创，太宗、世宗巩固并推广，圣宗调整与完善三个具有鲜明特征的历史阶段，辽朝通过迁徙汉人等移民得以在潢河、土河和辽河流域兴建大量州县，并在之后迁徙移民在全境修建州县。之后，他在《辽朝地方州县行政区划体系的形成及其特点》③ 一文中作系统叙述，认为移民就是迁徙汉人进入契丹内地建立州县，是太祖"以汉制待汉人"的统治方针进行的，为之后辽朝地方形成以五京为核心的行政区划奠定了基础。吴凤霞《辽金时期的民族迁徙与辽西走廊滨海州县的发展》④ 提出迁徙的人口有汉、奚、渤海等族，而且辽朝为了有效地统治迁至其"内地"和新占领地区的各族人民，州县制随之推广开来。杨军《辽代州县体制的形成及演变》⑤ 对辽朝建立州县体制进行整体叙述，提出阿保机称帝后，移民规模的扩大对确立州县体制具有直接的促进作用。此外，随着学界针对辽代行政区划研究的深入，张修桂、赖青寿《〈辽史·地理志〉汇释》⑥、魏耕云《辽代迁徙后所置渌州故址考》⑦、冯永谦《辽宁地区辽代建制考述（上）》⑧、康鹏《辽代五京体制研究》⑨ 和余蔚《中国行政区划通史（辽金卷）》⑩ 等在研究五京基础上，都侧面涉及对人口的迁徙。

①　韩光辉：《辽代中国北方人口的迁移及其社会影响》，《北方文物》1989 年第 2 期。

②　杨福瑞：《辽朝推行州县制过程考述》，《内蒙古社会科学（汉文版）》2008 年第 4 期。

③　杨福瑞：《辽朝地方州县行政区划体系的形成及其特点》，《宋史研究论丛第 12 辑》2011 年。

④　吴凤霞：《辽金时期的民族迁徙与辽西走廊滨海州县的发展》，《广西民族大学学报（哲学社会科学版）》2012 年第 4 期。

⑤　杨军：《辽代州县体制的形成及演变》，《学习与探索》2018 年第 1 期

⑥　张修桂、赖青寿：《〈辽史·地理志〉汇释》，合肥：安徽教育出版社，2001 年。

⑦　魏耕云：《辽代迁徙后所置渌州故址考》，《北方文物》2009 年第 1 期。

⑧　冯永谦：《辽宁地区辽代建制考述（上）》，《东北地方史研究》1986 年第 2 期。

⑨　康鹏：《辽代五京体制研究》，博士学位论文，北京：北京大学，2007 年。

⑩　余蔚：《中国行政区划通史（辽金卷）》，上海：复旦大学出版社，2012 年。

3. 边疆防御体系构建

辽朝出于构建边防体系的需要，在不同时期向边疆地区迁徙移民。迁徙的对象中以汉人、契丹人移民为多，渤海移民相对较少，但是渤海移民在构建东南部边防体系中扮演重要角色。

韩光辉《辽代中国北方人口的迁移及其社会影响》① 是最早的研究成果，在叙述辽代中国北方的人口迁徙时，提及辽太宗在占据幽云地区后迁徙契丹民户南下建立提辖司，表明辽朝迁徙契丹人在南部边疆地区戍卫，以此构建边防体系。李锡厚《辽朝的边防》② 是对辽朝边防为整体的考察，对辽朝在西北、北部、南部和东部的边防体系进行系统叙述。表明辽朝依靠契丹、汉人防戍南部、西北部和西南部边疆，依靠渤海和汉人防戍东北部和东南部边疆，这些军队多为移民组成。王德忠《辽朝的民族迁徙及其评价》③ 认为辽朝的民族迁徙主要是对汉、渤海等族进行的迁徙，其中契丹族的迁徙，则是为了满足巩固边防的需要而进行的。杨富学、邓浩先生的《略论辽朝的西疆经略》④、林荣贵《北宋与辽的边疆经略》⑤ 叙述辽朝在东部边疆地区，利用俘虏而来的女真等族建立州城，以此形成边防城。在东南部地区，则利用渤海移民守卫与高丽的边界。武玉环《论辽与高丽的关系及辽的东部边疆政策》⑥ 以辽与高丽的关系为视角，叙述建城池、派驻军队、徙民戍边、垦田等政策的作用，其中对汉、渤海移民的迁徙是重要组成部分。郑毅《略论辽朝边疆统驭方略的演变》⑦ 从边疆统驭的角度，叙辽朝利用东丹南迁稳定东部边疆，此后又迁徙渤海、女真和汉人进入西北地区建立镇、防、维三州。体现出辽朝经略边疆，都需要利用迁徙汉、渤海等族移民来实现。姜维公、黄为放《辽与高丽边界视域下的渤海

① 韩光辉：《辽代中国北方人口的迁移及其社会影响》，《北方文物》1989 年第 2 期。

② 李锡厚：《辽朝的边防》，《中国边疆史地研究》1993 年第 2 期。

③ 王德忠：《辽朝的民族迁徙及其评价》，《东北师范大学学报（哲学社会科学版）》1998 年第 4 期。

④ 杨富学、邓浩：《略论辽朝的西疆经略》，《社会科学辑刊》1998 年第 4 期。

⑤ 林荣贵：《北宋与辽的边疆经略》，《中国边疆史地研究》2000 年第 3 期。

⑥ 武玉环：《论辽与高丽的关系及辽的东部边疆政策》，《吉林大学社会科学学报》2001 年第 4 期。

⑦ 郑毅：《略论辽朝边疆统驭方略的演变》，《黑龙江民族丛刊》2012 年第 5 期。

移民》① 在前人研究基础上，从"移民"和辽与高丽的边界等视角对辽代渤海移民进行整体研究，通过对辽与高丽战争的分析，认为辽迁徙渤海移民是出于辽与高丽边界地区的建设和戍卫目的。

4. 战争与破坏

辽代连年不断的战争和社会环境的破坏也导致出现移民迁徙，对此学界也进行了专门考察。岛田正郎《辽朝治下的汉人迁徙问题》一文是最早的研究成果，以汉人移民为视角，指出辽代的战争破坏了农业生产的社会环境，是促使他们移民迁徙的重要因素②。王成国《略论辽朝统治下的汉人》③ 对汉人迁徙进行梳理，认为辽朝腹地的东北地区，历史上就已留下了汉族人民活动遗迹、唐末五代中原受藩镇吞并战争的影响，使社会生产遭到严重破坏，加之刘守光苛政，以及在辽朝建国初期，契丹政权在扩张势力与中原王朝征战中俘获了为数众多的汉人迁至于辽朝境内三点原因。马尚云《辽金时期中原汉人外迁与东北女真人内聚浅探》④ 通过对辽宋战争造成的汉人迁入北方草原的分析，认为辽代汉人北迁主要是战争俘虏造成的。再有，一些硕士论文在探讨辽代汉人群体时，也提及了汉人移民进入契丹社会的原因，认为主要为有中原地区社会动荡和契丹地区社会稳定等，如郑伟佳《唐末五代入辽汉人群体研究》⑤、刘羽佳《辽朝统治区内汉人的来源与重要作用》⑥ 等。此外，有学者认为移民的因素是遭遇灾害导致出现饥民，因而实施迁徙，即移民迁徙是一种救济措施，如陈德洋《试论辽朝自然灾害与饥民救济》⑦ 等。孙炜冉《辽末金初的渤海移民

①　姜维公、黄为放：《辽与高丽边界视域下的渤海移民》，《社会科学战线》2017年第12期。

②　岛田正郎：《辽朝治下的汉人迁徙问题》，《历史学研究》1939年第67期。

③　王成国：《略论辽朝统治下的汉人》，《社会科学辑刊》1997年第5期。

④　马尚云：《辽金时期中原汉人外迁与东北女真人内聚浅探》，《内蒙古大学学报（人文社会科学版）》2005年第3期。

⑤　郑伟佳：《唐末五代入辽汉人群体研究》，硕士学位论文，保定：河北大学历史学院，2009年。

⑥　刘羽佳：《辽朝统治区内汉人的来源与重要作用》，硕士学位论文，呼和浩特：内蒙古大学，2016年。

⑦　陈德洋：《试论辽朝自然灾害与饥民救济》，《辽宁省博物馆馆刊》2013年。

及其后裔在金代的社会情况》① 以"渤海移民"为视角，对辽代渤海族的迁徙进行考察，认为辽末因为战争形成了渤海移民现象，以此瓦解了自身的宗族组织，并且融入当地民族之中。在中国境内的移民进行研究之外，学界还对进入高丽的渤海移民进行了考察。芦敏《辽、宋、金时期迁入高丽的中国移民》② 认为不同民族迁入高丽原因不同，渤海人因为国破，契丹人因为战争，金人多发生在高丽建国前，是因为要依赖高丽的生活物资。此外，他们还会因为战争被俘虏至高丽。

二、移民的政策与安置、迁徙路线与分布

学界在研究辽代移民时，也关注对政策与安置、迁徙与分布等方面的考察。

（一）移民的政策与安置

学界研究辽代移民，在研究迁徙因素等问题的同时，也对辽的移民政策和安置内容进行考察。

1. 移民的政策

辽代移民的政策是学界研究的重点，主要集中在辽代移民整体政策和渤海、汉、女真等移民政策两个方面。

（1）移民整体政策

对辽代移民的整体政策，日本学者最早研究。岛田正郎《辽代移民政策刍议》③ 是最早的研究成果，文中对辽代移民政策进行宏观描述与评价。田村实造《辽代的移民政策和州县制的建立》④ 也较早围绕辽代移民政策进行宏观探讨。此后，中国学者在研究辽代移民之时，也涉及对移民政策的探讨。韩光辉

---

① 孙炜冉：《辽末金初的渤海移民及其后裔在金代的社会情况》，《通化师范学院学报》2015 年第 3 期。

② 芦敏：《辽、宋、金时期迁入高丽的中国移民》，《华侨华人历史研究》2007 年第 4 期。

③ 岛田正郎：《辽代移民政策刍议》，《史学杂志》1942 年第 53 期。

④ 田村实造：《辽代的移民政策和州县制的建立》，载刘俊文主编：《日本学者研究中国史论著选译（第五卷）》，北京：中华书局，1993 年，第 491—522 页。

《辽代中国北方人口的迁移及其社会影响》① 通过对辽代中国北方地区民族迁徙过程的考察，认为对移民是以和平安抚的政策为主，也会有严苛的禁止移民逃跑的政策。杨若薇《契丹王朝政治军事制度研究》② 在论述斡鲁朵人户的来源等内容的考察中，提及了移民迁徙的来源，表明辽朝移民的政策是"分州县、析部族"。王德忠《辽朝的民族迁徙及其评价》③ 在考察汉、渤海、契丹等民族的迁徙过程之时，涉及辽代移民的政策，认为采取的是不同民族相杂居的政策。杨福瑞《辽朝移民问题研究》④ 在前人研究基础上，对辽代移民政策做整体考察，认为辽代的移民政策是根据"广土众民"的国策而来的。纪楠楠《辽代民族政策研究》⑤ 对辽代民族政策进行整体考察，认为移民的总体政策是直接控制和羁縻控制并用，特点是"因俗而治"和"因区域而治"。

（2）渤海、汉、女真等移民政策

在研究辽代整体移民政策的同时，学界以民族为视角对移民进行考察。武玉环《辽代渤海移民政策》⑥ 是最早的研究成果，从不同时期对辽代渤海移民政策进行考察，认为对渤海移民是优抚与镇压相结合的政策。在政治上允许渤海移民应试科举、入仕为官、皇室与渤海人联姻；在经济上给予渤海移民减、免税；在军事上，把渤海人组成渤海军，或戍守边陲，或出征作战。蒋金玲《辽代渤海移民的治理和归属研究》⑦ 与之类似。孙炜冉《辽代对渤海人的统治政策及民族同化》⑧ 一文在前代学者研究基础上，对辽代渤海移民政策做了

---

① 韩光辉：《辽代中国北方人口的迁移及其社会影响》，《北方文物》1989 年第 2 期。

② 杨若薇：《契丹王朝政治军事制度研究》，北京：中国社会科学出版社，1991 年。

③ 王德忠：《辽朝的民族迁徙及其评价》，《东北师范大学学报（哲学社会科学版）》1998 年第 4 期。

④ 杨福瑞：《辽朝移民问题研究》，《昭乌达蒙族师专学报（汉文哲学社会科学版）》2002 年第 5 期。

⑤ 纪楠楠：《辽代民族政策研究》，博士学位论文，长春：东北师范大学，2013 年。

⑥ 武玉环：《辽代的渤海移民政策》，载马大正主编：《中国东北边疆研究》，北京：中国社会科学出版社，2003 年，第 76—86 页。

⑦ 蒋金玲：《辽代渤海移民的治理和归属研究》，硕士学位论文，长春：吉林大学，2004 年。

⑧ 孙炜冉：《辽代对渤海人的统治政策及民族同化》，《博物馆研究》2016 年第 2 期。

梳理。另外，王承礼①、杨保隆②、魏国忠③等学者在研究渤海移民相关问题时，也涉及了辽对渤海移民政策的内容。

对辽朝的汉、女真等民族的移民政策，学界也进行了研究。王成国《略论辽朝统治下的汉人》④ 是最早的研究成果，把辽朝对掠夺和逃亡而来的汉人进行了整体研究，从汉人进入辽朝境内的时间、分布和数量来看，表明辽对汉人的移民政策是沿袭辽太祖"建牙开府，筑城郭，立市里，以处汉人，使各有配偶，垦艺荒田"的政策。马尚云《辽金时期中原汉人外迁与东北女真人内聚浅探》⑤ 对辽朝掠夺汉人进入境内进行了梳理，表明辽代实行"以国制治契丹，以汉制待汉人"的蕃汉分治民族政策，即建州县以居汉人、渤海人，置部落以统契丹人和女真等其他民族。都兴智《略论辽朝统治时期辽宁境内的民族》⑥ 对辽朝迁徙汉、女真和奚等民族进行整体叙述，表明辽朝对不同移民采取因俗而治的政策。肖忠纯《辽代北方民族的内聚：辽宁地区的移民及其影响》⑦ 则对辽朝迁徙汉和女真等民族进入辽宁地区进行考察，表明其多是在强制迁徙的政策下形成移民的。

2. 移民的安置

学界对辽代移民的安置也进行了研究，主要有对移民的整体安置和对渤海、汉人移民的安置两种。

首先是整体安置，田村实造《辽代的移民政策和州县制的建立》⑧ 是最早的研究成果，文中将安置移民的方式分为四类：头下军州、隶宫州县、奉陵

---

① 王承礼：《渤海简史》，哈尔滨：黑龙江人民出版社，1984 年。

② 杨保隆：《辽代渤海人的逃亡与迁徙》，《民族研究》1990 年第 4 期。

③ 魏国忠等：《渤海国史》，北京：中国社会科学出版社，2006 年。

④ 王成国：《略论辽朝统治下的汉人》，《社会科学辑刊》1997 年第 5 期。

⑤ 马尚云：《辽金时期中原汉人外迁与东北女真人内聚浅探》，《内蒙古大学学报（人文社会科学版）》2005 年第 3 期。

⑥ 都兴智：《略论辽朝统治时期辽宁境内的民族》，《辽宁工程技术大学学报（社会科学版）》2006 年第 6 期。

⑦ 肖忠纯：《辽代北方民族的内聚：辽宁地区的移民及其影响》，《内蒙古社会科学（汉文版）》2012 年第 1 期。

⑧ 田村实造：《辽代的移民政策和州县制的建立》，载刘俊文主编：《日本学者研究中国史论著选译（第五卷）》，北京：中华书局，1993 年，第 491—522 页。

邑、直属中央南枢密院州县。此后中国学者进行系统研究，朱子方《辽初内侵徙民置州县与其文化之关系》一文在谈及移民置州县问题时，提出辽初移民置州县是契丹安置移民的重要手段，这对提高契丹族的文明程度具有重要意义。黄凤岐《辽初对掠夺人口的安置》① 总结辽对俘户的安置方式，主要有编入宫卫户、建立头下军州、编为军队、建立州县、家务奴隶等。武玉环《辽代的移民、治理与民族融合》② 总结前人成果，提出辽朝对移民的治理方式是因俗而治、沿袭旧制和创立新制等多种。

　　其次是对渤海移民安置的研究，杨保隆《辽代渤海人的逃亡与迁徙》③ 是最早的研究成果，对辽的安置政策予以简述。杨雨舒《东丹南迁刍议》④ 对辽将渤海移民安置在方州及斡鲁朵内的情况做了梳理。蒋金玲《辽代渤海移民的治理和归属研究》在前人研究的基础上，专门叙述了辽朝对渤海移民的安置。作者对史料和前人研究成果做了梳理，总结认为辽将渤海移民分别安置在方州、斡鲁朵、头下军州、军队之中，并对每--部分渤海移民进行详细论述。孙炜冉《辽对渤海人的移民及安置》⑤、《辽代斡鲁朵内的渤海人移民》⑥ 两篇文章中探讨了辽对渤海移民的安置情况，特别是对斡鲁朵内渤海移民的研究，具有很强的针对性。此外，学界还对辽对汉人移民的安置进行叙述。王成国《略论辽朝统治下的汉人》⑦ 对辽迁徙汉人的安置情况做了总体叙述，表明根据其原有的政治身份和经济地位，以及对辽朝的政治态度，辽朝统治者将他们分别安置在五京诸州县里。孙大坤《辽史·百官志研究》⑧ 中叙述斡鲁朵职官之时，提及所辖的汉人行宫都部署和提辖司所属民户为迁徙而来的汉人移民组

---

　① 黄凤岐：《辽初对掠夺人口的安置》，《社会科学辑刊》1987 年第 6 期。

　② 武玉环：《辽代的移民、治理与民族融合》，载张希清、田浩、黄宽重、于建设主编：《10—13 世纪中国文化的碰撞与融合》，上海：上海人民出版社，2006 年，第 408—437 页。

　③ 杨保隆：《辽代渤海人的逃亡与迁徙》，《民族研究》1990 年第 4 期。

　④ 杨雨舒：《东丹南迁刍议》，《社会科学战线》1993 年第 5 期。

　⑤ 孙炜冉：《辽对渤海人的移民及其安置》，《博物馆研究》2015 年第 1 期。

　⑥ 孙炜冉、袁华：《辽代"斡鲁朵"内的渤海人移民》，《通化师范学院学报》2016 年第 11 期。

　⑦ 王成国：《略论辽朝统治下的汉人》，《社会科学辑刊》1997 年第 5 期。

　⑧ 孙大坤：《辽史·百官志研究》，博士学位论文，长春：吉林大学，2020 年。

成，辽朝统治者将他们安排进入斡鲁朵是一种安置措施。

（二）移民的迁徙路线与分布

学界在研究辽朝移民之时，对迁徙的过程也进行考察。总体来看，主要在迁徙路线和分布两个方面。

1. 移民的迁徙路线

学界对辽代移民的迁徙路线进行研究，主要分为整体研究和以渤海、汉等民族为视角的研究两个方面。

整体研究方面，韩光辉《辽代中国北方人口的迁移及其社会影响》① 是最早的研究成果，认为辽代北方人口的迁徙主要是两个路线：河北、河东的汉人向契丹内地的迁徙，以及部分少数民族人口和宫卫军户向南迁徙。在文中初步提及了移民整体迁徙阶段。王德忠《辽朝的民族迁徙及其评价》② 对辽朝民族迁徙的路线进行整体考察，认为是北方、西北地区和渤海故地，包括了汉族、渤海人口向契丹族聚居地区，契丹族人口向中原地区的流动。吴凤霞《辽代移民辽西及其影响探析》③ 在前人基础上，叙述迁徙阶段。认为辽朝移民具有两个阶段，辽朝建国前后的 50 年（901—951 年）和辽圣宗耶律隆绪统治的时期（982—1031 年），移民的路线是由河北北部向东北辽西地区延伸。

在整体研究之外，学界对渤海和汉人移民的路线和分期进行考察。金毓黻《渤海国志长编》④ 及《东北通史》⑤ 是最早的研究成果，著作中着重论述了辽太宗南迁东丹时期的渤海移民，体现出路线是由北部黑龙江牡丹江流域向南辽东地区的演变，并对辽太祖及其他时期渤海移民的迁徙进行叙述。后世学者在继承金氏研究方法的基础上，继续对渤海移民的路线和分期等问题进行考察。崔绍熹《渤海族的兴起与消亡》⑥ 中将渤海移民的迁徙分为辽初期和中期两

---

① 韩光辉：《辽代中国北方人口的迁移及其社会影响》，《北方文物》1989 年第 2 期。

② 王德忠：《辽朝的民族迁徙及其评价》，《东北师范大学学报（哲学社会科学版）》1998 年第 4 期。

③ 吴凤霞：《辽代移民辽西及其影响探析》，《北方文物》2015 年第 2 期。

④ 金毓黻著，吉林省文物工作队、吉林省社会科学院东北史所点校：《渤海国志长编》，长春：《社会科学战线》杂志社，1982 年。

⑤ 金毓黻：《东北通史》，重庆：五十年代出版社，1943 年版，1981 年再版。

⑥ 崔绍熹：《渤海族的兴起与消亡》，《辽宁师院学报》1979 年第 4 期。

次，并详细叙述了其向辽东地区的迁徙路线和过程。王承礼《渤海简史》① 将
辽太祖和太宗时期渤海移民的迁徙并列叙述，认为这是辽对渤海人迁徙最大的
两次。杨雨舒②是专门针对辽太宗时期迁徙渤海移民，表明是从北至南的迁徙
路线。魏国忠③、郑永振④等学者与之类似。蒋金玲《辽代渤海移民的治理和
归属研究》⑤ 从辽朝的角度出发，将渤海移民的迁徙分为辽太祖、太宗和圣宗
三个时期，并详述每个时期的不同路线和特点，是研究辽对渤海人迁徙较为详
尽的成果。杨保隆《辽代渤海人的逃亡与迁徙》⑥ 中从渤海国地方行政设置的
角度出发，分析渤海移民的迁出情况，并在叙述中涵盖了辽在不同时期对渤海
人的迁徙路线等问题。孙炜冉《辽对渤海人的移民及其安置》⑦ 与其类似。在
研究渤海移民的同时，学界也关注到汉族移民。张弢、吕秀伟《辽代黑龙江地
区汉族人口考述》⑧ 表明辽代黑龙江有汉族人口，体现出向东北方向的迁徙路
线，并且经历了辽初太宗和辽后期道宗时期两个阶段。

2. 移民的分布

关于辽代移民的分布，学界也进行了相关探讨。学界主要对移民整体和契
丹、汉等某个移民的分布两个方面进行研究，并叙述观点。

学界主要对移民整体的分布进行考察，申友良《辽金元时期东蒙古地区人
口迁徙研究》⑨ 是最早的研究成果，对辽朝境内移民的分布情况进行整体叙
述，总结渤海族与汉族杂居的州县有三个，即长泰县、定霸县、潞县，女真族
与汉族杂居的州县有龙化州、龙化县，奚族与汉族杂居的州县有大定府、长兴

---

① 王承礼：《渤海简史》，哈尔滨：黑龙江人民出版社，1984 年。

② 杨雨舒：《东丹南迁刍议》，《社会科学战线》1993 年第 5 期。

③ 魏国忠等：《渤海国史》，北京：中国社会科学出版社，2006 年。

④ 郑永振等：《渤海史论》，长春：吉林文史出版社，2011 年。

⑤ 蒋金玲：《辽代渤海移民的治理和归属研究》，硕士学位论文，长春：吉林大学，
2004 年。

⑥ 杨保隆：《辽代渤海人的逃亡与迁徙》，《民族研究》1990 年第 4 期。

⑦ 孙炜冉：《辽对渤海人的移民及其安置》，《博物馆研究》2015 年第 1 期。

⑧ 张弢、吕秀伟：《辽代黑龙江地区汉族人口考述》，《黑龙江史志》2004 年第 6 期。

⑨ 申友良：《辽金元时期东蒙古地区人口迁徙研究》，《内蒙古社会科学（文史哲
版）》1996 年第 1 期。

县。王德忠《辽朝的民族迁徙及其评价》① 对汉、渤海、契丹等族的分布做了考察，认为汉人迁入契丹地区，主要分布在上京附近，渤海人则主要在辽东地区，契丹族则分布在辽朝的北部、西北、辽东和中原北部地区。王孝俊博士论文《辽代人口研究》② 总结前人研究成果，对汉族、契丹族、渤海族、奚族、女真族等民族的分布分别进行了说明。汉族分布在东京道南部、上京道东南部。契丹族大多被迁徙至南部燕云汉人区，一部分被迁徙至上京道北部胪朐河（今克鲁伦河）流域的乌古地区（今内蒙古呼伦贝尔西及蒙古国东部一带）。渤海族在东丹南迁之后，主要分布在以辽阳为中心的辽东一带地区、辽上京和中京地区。奚族分布在上京道庆州、东京道的乙室奥隗部、韩州、来远县、西京道的望云县、南京道密云县等地。女真族由黑水鞑靼地区扩大到了东京道的南部，以及位于中京道和上京道境内。程妮娜《古代中国东北民族地区建置史》③ 对辽代东北民族的迁徙和分布分西部和东部两部分进行叙述，西部地区，契丹族、奚族居住在西辽河流域，并迁徙汉、渤海等民族在此建立州县居住。契丹的西北为室韦、乌古（羽厥）、敌烈、阻卜居地，在东部地区，汉人、渤海人在辽初迁徙至中南部地区，熟女真在中东部地区，以完颜部为代表的生女真在分布在北部地区，生女真北部则是五国部居地。

在研究整体分布的同时，学界也以少数几个民族为视角，考察其分布情况。孟古托力《辽代人口的若干问题探讨》④ 是最早的研究成果，对契丹和汉人的分布及变化做探讨，契丹主要分布在潢河、土河即西拉木伦河和老哈河流域，以及幽云和山后地区，即河北和山西地区。郭虹虹《契丹迁徙研究》⑤ 则针对契丹族在建国前后的分布进行了考察，认为契丹在建国后，主要集中在上京道北部和西北地区边陲谐里河、胪朐河一带，以及渤海遗民所在的辽东地区。

---

① 王德忠：《辽朝的民族迁徙及其评价》，《东北师范大学学报（哲学社会科学版）》1998 年第 4 期。

② 王孝俊：《辽代人口研究》，博士学位论文，郑州：郑州大学，2007 年。

③ 程妮娜：《古代中国东北民族地区建置史》，北京：中华书局，2011 年。

④ 孟古托力：《辽代人口的若干问题探讨》，《北方文物》1997 年第 4 期。

⑤ 郭虹虹：《契丹迁徙研究》，《边疆经济与文化》2009 年第 5 期。

三、移民生存状态

学界对辽代移民的生存状态也进行了研究，主要分为移民的类型、移民的数量以及移民的生产、生活和习俗三部分内容。

（一）移民的类型

学界对移民的类型进行研究，主要从移民整体和渤海移民两个方面入手。韩光辉《辽代中国北方人口的迁移及其社会影响》[①] 是最早的研究成果，对辽代人口迁移进行整体考察，认为有北方汉族人口迫于五代战乱的流徙、契丹贵族乘机南下对汉人的俘掠，以及迁移宫卫军户于辽南京与西京地区等不同类型。马尚云《辽金时期中原汉人外迁与东北女真人内聚浅探》[②] 将汉人北上迁徙移民的类型分为自发性移民、强制性移民两种，并叙述移民高潮。学界在研究渤海移民之时，也以其为整体进行探讨。黄为放《10—12 世纪渤海移民问题研究》[③] 以辽代渤海移民为整体，引用移民学理论，对其类型进行探讨，可分为生存型与发展型两种。

（二）移民的数量

关于移民的数量，学界主要对辽代移民的整体数量做考察，并进行统计。申友良《辽金元时期东蒙古地区人口迁徙研究》[④] 是最早的研究成果，对辽代以汉人、渤海人等移民建立的州县规模做了统计，上京道共有 29 个县是以汉人、渤海人等移民建立的，共 50000 户的规模。孟古托力《辽朝人口蠡测》[⑤] 对辽代契丹、汉、女真和渤海等民族的人口进行整体考察，其中汉族、女真和渤海等是迁徙而来的民族。汉族人口分南京、西京两道和东北地区两部分，合计 330 万。归附于辽的熟女真各部共约 8 万户，40 万人。渤海人在东京地区经

---

①　韩光辉：《辽代中国北方人口的迁移及其社会影响》，《北方文物》1989 年第 2 期。

②　马尚云：《辽金时期中原汉人外迁与东北女真人内聚浅探》，《内蒙古大学学报（人文社会科学版）》2005 年第 3 期。

③　黄为放：《10—12 世纪渤海移民问题研究》，博士学位论文，长春：长春师范大学，2017 年。

④　申友良：《辽金元时期东蒙古地区人口迁徙研究》，《内蒙古社会科学（文史哲版）》1996 年第 1 期。

⑤　孟古托力：《辽朝人口蠡测》，《学习与探索》1997 年第 5 期。

过繁衍生息，至辽末共有 55 万人。武玉环《辽代的移民、治理与民族融合》①总结出统计辽代移民人数的三个方法：一是依据《辽史·地理志》中对各道人口的记载，从中统计出移民州县的人口；二是从《辽史·兵卫志》中依据每户所出的丁数，统计出移民州县的总户数，再依据辽代碑刻墓志铭，统计出每户平均人口的多少，从而计算出辽代移民的总人数；三是依据其他史料，间接推算出辽代移民人口的多少。最后综合统计结果，认为辽代移民人口总数在 200 万至 250 万。此后，她在《辽代人口考述》②结合前人研究成果和石刻资料，对辽代人口进行整体考察，认为共有 750 万，其中上京、东京和中京都有移民存在。

学界在整体研究移民数量之外，还对渤海移民的数量进行考察。关于渤海移民的人口问题，金毓黻《渤海国志长编》③是最早的研究成果，其通过对《辽史》《金史》《高丽史》等相关史籍的整理，共考证出有姓名的辽代渤海遗裔八十九人，但其并没有对渤海移民的具体户数及人口总量做出统计。王承礼《渤海简史》④依据《辽史·地理志》中对渤海移民移入地的户数记载，以一户五口计，认为共有四十七万余人。杨保隆⑤、孙炜冉⑥均赞同他的计算结果。蒋金玲《辽代渤海移民的治理和归属研究》⑦对辽不同时期的渤海移民人数进行了统计，并认为其总人口共有四十六万余人。魏国忠《渤海人口考略》中认为有一百九十多万渤海移民被迁徙⑧。郑永振《渤海史论》⑨中引用《辽史》的相关记载和学界的研究成果，估算其人数不超过一百万。

---

① 武玉环：《辽代的移民、治理与民族融合》，载张希清、田浩、黄宽重、于建设主编：《10—13 世纪中国文化的碰撞与融合》，上海：上海人民出版社，2006 年，第 408—437 页。

② 武玉环：《辽代人口考述》，《学习与探索》2009 年第 6 期。

③ 金毓黻著，吉林省文物工作队、吉林省社会科学院东北史所点校：《渤海国志长编》，长春：《社会科学战线》杂志社，1982 年。

④ 王承礼：《渤海简史》，哈尔滨：黑龙江人民出版社，1984 年。

⑤ 杨保隆：《辽代渤海人的逃亡与迁徙》，《民族研究》1990 年第 4 期。

⑥ 孙炜冉：《辽对渤海人的移民及其安置》，《博物馆研究》2015 第 1 期。

⑦ 郑永振等：《渤海史论》，长春：吉林文史出版社，2011 年。

⑧ 魏国忠、朱国忱：《渤海人口考略》，载《渤海史论著汇编》，出版社不详，1987 年。

⑨ 郑永振等：《渤海史论》，长春：吉林文史出版社，2011 年。

（三）移民的生产、生活和习俗

随着研究的深入，学界开始对辽代移民的生产、生活和习俗等方面进行研究。总体来看，学界的研究主要分为移民整体研究和以汉、渤海等民族移民为视角的研究两个方面。

1. 移民的生产

在移民的生产方面，学界从移民整体和汉、渤海移民两个角度进行研究。

费国庆《辽五京道人户剖析》[①] 是关于移民生产的最早的研究成果，对五京及所属州县的人户的生产组织进行叙述，认为主要有农业生产、冶炼、煮盐和纺织为主体的手工业和畜牧业，辽朝五京以农业为最重要的生产门类。芦敏《辽、宋、金时期迁入高丽的中国移民》[②] 以迁入高丽的移民为视角，提及迁入高丽的移民主要从事小农生产和生活，以及家庭手工业。吴凤霞《辽代移民辽西及其影响探析》[③] 从辽西区域的视角，对辽代移民在农业、手工业和商业等生产活动进行考察，提出在辽西地区，存在畜牧业转向农业的现象。韩聪硕士论文《辽代的民族融合及其影响》[④] 从民族融合的视角，叙述了移民在生产方式方面的融合，如畜牧、渔猎、农业等，并总结出辽朝逐渐由最初单一的生产方式转变为多种生产方式并存的局面。

在整体研究之外，学界还以汉、渤海移民为整体，对其生产情况进行考察。韩光辉《辽代中国北方人口的迁移及其社会影响》[⑤] 是最早的研究成果，对汉人移民到契丹内地之后进行的农业、手工业等生产活动进行探讨，认为农业的发展促进了城市的出现，以及手工业生产门类的形成。李逸友《辽代城市和民用建筑》[⑥] 在讨论辽代的营建制度时，对渤海移民的贡献进行探讨，认为辽建筑上的莲瓣纹瓦当推测由渤海工匠制作而成。蒋金玲《辽代渤海移民的治

---

① 费国庆：《辽五京道人户剖析》，《铁道师院学报》1986 年第 2 期。

② 芦敏：《辽、宋、金时期迁入高丽的中国移民》，《华侨华人历史研究》2007 年第 4 期。

③ 吴凤霞：《辽代移民辽西及其影响探析》，《北方文物》2015 年第 2 期。

④ 韩聪：《辽代的民族融合及其影响》，硕士学位论文，烟台：烟台大学，2017 年。

⑤ 韩光辉：《辽代中国北方人口的迁移及其社会影响》，《北方文物》1989 年第 2 期。

⑥ 李逸友：《辽代城市和民用建筑》，载《中国考古集成·东北卷》，北京：北京出版社，1997 年。

理和归属研究》① 通过对史籍与石刻资料的分析，详细叙述了渤海移民在农业方面对辽经济发展的贡献。张利锁《辽代辽河流域渤海人研究》② 通过对宋人笔记材料的分析，叙述渤海移民对辽河流域农业经济的开发。丁垚等《辽代初期建筑的"渤海化"及其表现——以辽祖陵与祖州的建筑遗迹为中心》③ 在研究辽朝祖陵区东侧山的建筑址之时，认为辽初祖陵的修建中有大量渤海工匠参与。武玉环《王氏高丽时期的渤海移民》④ 则对迁徙进入高丽的渤海移民的生产情况进行叙述，对渤海移民后裔永顺太氏所承担的贡纳义务有所论述，认为对当时高丽的手工业生产起到一定的推动作用，孙炜冉⑤也持类似观点。

2. 移民的生活和习俗

在对辽代移民的生活和习俗方面，学界从整体移民和渤海移民两个角度进行考察。

对移民整体的生活和习俗，学界多从民族融合角度进行考察。武玉环《辽代的移民、治理与民族融合》⑥ 是最早的研究成果，文中提出人类的生活方式，受当时的社会经济发展状况、生产力发展水平以及地域、气候条件的制约，各民族的生活方式不尽相同。由于民族迁徙，各民族杂错而居。由此导致了各民族相互之间产生影响，出现汉人胡化、胡人汉化的双向融合的发展趋势，这种趋势主要体现在饮食、服饰等方面。郝素娟《移民与 10—13 世纪草原丝绸之路沿线的文明交流与互鉴》⑦ 通过对辽代移民的整体考察，认为在移民影响下，古代西北民族的居住、饮食、服饰等生活习俗发生嬗变。民族通婚

---

① 蒋金玲：《辽代渤海移民的治理和归属研究》，硕士学位论文，长春：吉林大学，2004 年。

② 张利锁：《辽代辽河流域渤海人研究》，硕士学位论文，长春：吉林大学，2007 年。

③ 丁垚、张思锐：《辽代初期建筑的"渤海化"及其表现——以辽祖陵与祖州的建筑遗迹为中心》，《中国科技论文在线》2011 年。

④ 武玉环：《王氏高丽时期的渤海移民》，《吉林大学社会科学学报》2007 年第 3 期。

⑤ 孙炜冉：《渤海国遗民及其后裔流入朝鲜半岛诸事考》，《朝鲜韩国历史研究》（第十五辑）2014 年。

⑥ 武玉环：《辽代的移民、治理与民族融合》，载张希清、田浩、黄宽重、于建设主编：《10—13 世纪中国文化的碰撞与融合》，上海：上海人民出版社，2006 年，第 408—437 页。

⑦ 郝素娟：《移民与 10—13 世纪草原丝绸之路沿线的文明交流与互鉴》，《内蒙古民族大学学报（社会科学版）》2023 年第 4 期。

是民族交融的高级形式，在 10—13 世纪草原丝绸之路沿线的人口迁徙造成了多民族杂居的情况下，民族之间通婚甚为普遍。此外，学界还以渤海移民为整体，考察其生活和习俗。程妮娜《辽金时期渤海族习俗研究》① 对辽金时期，渤海移民在衣、食、住、行、婚姻等方面的习俗内容进行叙述，并总结变化。

四、移民与世家大族

学界研究辽代移民，也关注对世家大族的研究。辽代的世家大族，有一部分是在迁徙后重新形成的，主要可分为渤海、汉人两个主要部分。

（一）渤海世家大族

由于渤海人在辽代经历了整体迁徙，因而其世家大族多为在迁徙后形成的，即为渤海移民世家大族。王善军《辽代世家大族研究》② 是最早的研究成果，将渤海世家大族分为以大氏为代表的王族、高式为代表的右姓和夏氏为代表的新兴世家大族三类，对其地位变化进行分别考察。提出在契丹民族不平等的政策下，渤海人家族地位上升困难。契丹通过联姻和任官对渤海王族进行拉拢，使其具有较高的地位；而渤海右姓则有不同的境遇；在进入辽境内后，渤海移民因为军事和文学等方面的才能，逐渐形成一些新兴世家大族。此外，还对辽南迁渤海移民进入辽东地区进行叙述。此后，他在《辽代渤海世家大族考述》③ 中专门对渤海世家大族进行整体叙述。李婷玉《辽金时期渤海世家大族考述》④ 在前人研究基础上，对辽金两代渤海世家大族的族源、世系以及地位变化进行考察，并对其仕宦特点和贡献进行阐述。此外，学界还对某个渤海世家大族进行考察，如李智裕、苗霖霖《略论辽金时期东京渤海遗民张氏家族》⑤ 对辽代渤海移民张氏家族进行考察，认为张乐夫、张霸、张行愿等主要家族成员通

---

① 程妮娜：《辽金时期渤海族习俗研究》，《学习与探索》2001 年第 2 期。

② 王善军：《辽代世家大族研究》，博士学位论文，保定：河北大学，2001 年。

③ 王善军：《辽代渤海世家大族考述》，《民族研究》2006 年第 3 期。

④ 李婷玉：《辽金时期渤海世家大族考述》，硕士学位论文，牡丹江：牡丹江师范学院，2022 年。

⑤ 李智裕、苗霖霖：《略论辽金时期东京渤海遗民张氏家族》，载《辽金历史与考古》，2013 年 5 月。

过外交、军功和制度等方式获得提拔，得以担任高官，其又与辽东其他渤海移民、其他世家大族建立通婚关系，使其在辽东地区形成一股不可忽视的政治力量。此后，李智裕、苗霖霖《略论辽金时期东京渤海遗民高氏家族——以高模翰家族为中心》① 对高模翰为代表的高氏家族进行考察，表明高氏家族以军功获得重用，此后随着辽朝制度的完善，高为裘、高永肩等开始转而以科举和荫补获得官职，体现出社会地位的变迁。

（二）汉人世家大族

汉人四大家族是指韩、刘、马、赵，他们在辽朝的始祖人物，均为被俘获或归降之汉人，时间大约在太祖、太宗时期。四大家族尽管其先世多属中原地区的官宦阶层，但其家族势力在辽朝的发展与其原有家族势力关系不大，因而属于移民世家大族范畴。对此学界也进行了相关研究，主要可分为对汉人移民士人群体和某个世家大族的单独研究两个方面。王善军《辽代世家大族研究》② 是最早的研究成果，对以韩、刘、马、赵为代表的汉人世家大族进行整体考察，对汉人世家大族的来源、发展、概念界定、仕宦情况进行系统考察，并对家族成员列表展示。同时，作者也对四大家族之外的其他汉人世家大族进行分类叙述。王德朋《辽代汉族士人心态探析》③ 从汉族士人的心态角度，对辽代汉族士人的来源、夷夏观念、心态变化等进行考察，发现汉族士人逐渐挣脱夷夏之辨的羁绊，在新生的辽朝政权里找到了施展抱负的新天地。郑伟佳《唐末五代入辽汉人群体研究》④ 与之类似。蒋金玲博士论文《辽代汉族士人研究》⑤ 总结前人研究成果，以辽代汉族士人群体为整体研究对象，对汉族士人来源、入辽途径和对辽政治、经济、文化、军事外交等方面的贡献做系统叙述，并对汉族士人政治地位的变迁做评价。此外，一些硕士论文对汉人世家大族的婚姻情况进行整体考察。刘彦铄硕士论文《政治权力视角下的辽代婚姻研

① 李智裕、苗霖霖：《略论辽金时期东京渤海遗民高氏家族——以高模翰家族为中心》，《辽金历史与考古（第十辑）》2019年9月。

② 王善军：《辽代世家大族研究》，博士学位论文，保定：河北大学，2001年。

③ 王德朋：《辽代汉族士人心态探析》，《史学集刊》2003年第2期。

④ 郑伟佳：《唐末五代入辽汉人群体研究》，硕士学位论文，保定：河北大学，2009年。

⑤ 蒋金玲：《辽代汉族士人研究》，博士学位论文，长春：吉林大学，2010年。

究——以赐婚、离婚为中心》① 以辽代帝后对汉人移民世家大族的赐婚为主题,对汉人世家大族的婚姻进行整体考察。吕晓琳硕士论文《辽宁朝阳地区辽代汉人家族仕宦与婚姻研究》② 是以辽宁朝阳地区的辽代汉人移民婚姻的整体研究,选择韩匡美、韩匡献家族等汉人移民家族为代表对其婚姻进行考察,认为具有等级性和民族性两个特征。

在整体研究之外,学界还有对某个世家大族的单独研究。蒋金玲《"契汉联姻":辽代玉田韩氏婚姻考论》③ 是最早的研究成果,以玉田韩氏婚姻为整体,对其与"隶横帐季父房"的联姻进行考察,认为契丹皇族、后族通过联姻与汉人世家构成一个庞大的利益集团,以此稳固自身统治。张超硕士论文《辽代张俭家族研究》④ 是对辽代张俭家族 8 代人的世系、仕宦、婚姻与社会交往等进行考察。张俭家族的祖籍为清河县,是在五代时期迁徙并定居于蓟北附近,因而属于移民。张俭家族通过在家学、仕宦、婚姻等方面的努力,达到官居宰执、门庭赫奕的程度。陆旭超硕士论文《辽金时期刘仁恭家族研究》⑤ 则是以刘仁恭家族为整体,对其投诚辽朝、立下战功、恩荫、科举等途径,逐渐跻身于官僚阶层的过程进行考察。辽朝统治者笼络并重用汉人势力,以达到巩固辽朝统治、稳定社会秩序的目的。

五、移民贡献和作用

学界对辽代移民的研究,多数都对其贡献和作用进行总结。整体上,学界对移民贡献的研究可分为政治与军事贡献、经济与文化贡献两方面内容。

（一）政治与军事贡献

学界对辽代移民在政治和军事上的贡献进行系统探讨,并提出了观点。政

---

① 刘彦铄:《政治权力视角下的辽代婚姻研究——以赐婚、离婚为中心》,硕士学位论文,长春:吉林大学,2023 年。

② 吕晓琳:《辽宁朝阳地区辽代汉人家族仕宦与婚姻研究》,硕士学位论文,沈阳:辽宁大学,2023 年。

③ 蒋金玲:《"契汉联姻":辽代玉田韩氏婚姻考论》,《史学集刊》2020 年第 5 期。

④ 张超:《辽代张俭家族研究》,硕士学位论文,长春:吉林大学,2019 年。

⑤ 陆旭超:《辽金时期刘仁恭家族研究》,硕士学位论文,长春:吉林大学,2020 年。

辽代移民史料整理与研究

治贡献主要体现在推动辽朝制度建设、构建行政区划体系两方面内容。

1. 政治贡献

学界对移民的政治贡献进行了整体研究,首先体现在推动辽朝制度建设方面的研究。

(1)推动辽朝制度建设

韩光辉《辽代中国北方人口的迁移及其社会影响》① 是最早的研究成果,大量汉人的北迁有力地促进了辽初制度发展,最具代表性的汉人是韩延徽、韩知古、康默记等人。杨福瑞《辽朝移民问题研究》② 通过对移民的整体考察,认为移民是辽朝形成"以国制治契丹,以汉制待汉人"理论以及"南北官制"制度的基础。学界在研究汉、渤海世家大族之时,对其政治贡献进行探讨。王善军《辽代世家大族研究》③ 对以韩、刘、马、赵为代表的汉人世家大族和高模翰等渤海世家大族进行整体考察,对仕宦情况进行系统考察,表明这些世家大族通过积极合作,对辽朝不同时期的制度建设具有重要贡献。王德朋《辽代汉族士人心态探析》④ 以汉人士族为整体,对其在辽朝官制完善和国家政策的制订等方面的贡献予以叙述。蒋金玲博士论文《辽代汉族士人研究》⑤ 总结前人研究成果,对辽代汉族士人群体对辽政治、经济、文化、军事外交等方面的贡献做系统叙述。

除整体研究之外,学界还对汉、渤海等族移民在辽朝的制度贡献进行单独考察。费国庆《辽五京道人户剖析》⑥ 是最早的研究成果,对辽利用渤海、汉等族移民建设五京进行叙述,表明移民对辽朝建立五京具有贡献。蒋金玲《辽代渤海移民的治理和归属研究》⑦,文中对渤海移民在辽的仕宦情况进行专门

---

① 韩光辉:《辽代中国北方人口的迁移及其社会影响》,《北方文物》1989 年第 2 期。

② 杨福瑞:《辽朝移民问题研究》,《昭乌达蒙族师专学报(汉文哲学社会科学版)》2002 年第 5 期。

③ 王善军:《辽代世家大族研究》,博士学位论文,保定:河北大学,2001 年。

④ 王德朋:《辽代汉族士人心态探析》,《史学集刊》2003 年第 2 期。

⑤ 蒋金玲:《辽代汉族士人研究》,博士学位论文,长春:吉林大学,2010 年。

⑥ 费国庆:《辽五京道人户剖析》,《铁道师院学报》1986 年第 2 期。

⑦ 蒋金玲:《辽代渤海移民的治理和归属研究》,硕士学位论文,长春:吉林大学,2004 年。

考察，并考察渤海移民在辽仕官的途径、官职及贡献等。武玉环《辽代的移民、治理与民族融合》① 对辽朝迁徙移民对五京的建立做出的贡献进行整体叙述，认为汉人等移民的到来促进州县制度的发展，以此为基础建立五京制度。王晔《由武功到文治——试论辽代渤海高模翰家族的转变》②，文中通过对《辽史》及石刻资料的分析，考证高模翰家族的构成，详述其四代家族成员在辽朝的仕宦情况是由武功向文治的转变，并分析他们在辽的政治地位变化及贡献。吴凤霞《辽金时期的民族迁徙与辽西走廊滨海州县的发展》③ 叙述辽朝利用汉、奚、渤海等族移民进入"内地"，以此建立州县制，使得辽朝地方行政区划逐渐完善。

（2）构建行政区划体系

对移民构建行政区划的贡献，日本学者田村实造《辽代的移民政策和州县制的建立》④ 一文是最早围绕辽代移民政策进行宏观探讨的成果。作者认为辽朝在景、圣、道宗时代人口日繁，故建了很多新州县。另外，文章还将安置移民的方式分为四类：头下军州、隶宫州县、奉陵邑、直属中央南枢密院州县。此后，中国学者针对移民构建行政区划体系进行系统研究。朱子方《辽初内侵徙民置州县与其文化之关系》⑤ 一文在考察辽朝利用移民设置州县，提出设置州县是契丹安置移民的重要手段，以此推动辽在基层行政组织的建立和完善。黄凤岐《辽初对掠夺人口的安置》⑥ 是对辽初安置掠夺人口的手段进行的专门考察，认为契丹贵族将归降或俘虏来的人口安置在宫卫、头下军州、军队、州

① 武玉环：《辽代的移民、治理与民族融合》，载张希清、田浩、黄宽重、于建设主编：《10—13世纪中国文化的碰撞与融合》，上海：上海人民出版社，2006年，第408—437页。

② 王晔：《由武功到文治——试论辽代渤海高模翰家族的转变》，《赤峰学院学报》2010年第12期。

③ 吴凤霞：《辽金时期的民族迁徙与辽西走廊滨海州县的发展》，《广西民族大学学报（哲学社会科学版）》2012年第4期。

④ （日）田村实造：《辽代的移民政策和州县制的建立》，载刘俊文主编：《日本学者研究中国史论著选译（第五卷）》，北京：中华书局，1993年，第491—522页。

⑤ 朱子方：《辽初内侵徙民置州县与其文化之关系》，载辽海引年集编纂委员会编：《辽海引年集》，北京：北京和记印书馆，1947年，第95—109页。

⑥ 黄凤岐：《辽初对掠夺人口的安置》，《社会科学辑刊》1987年第6期。

县及归入家务奴隶之中，体现出移民对辽朝在中央和地方行政机构建立的基础作用，以及对军队建设的重要作用。

此后，学界对移民在五京和某区域的行政区划的贡献进行考察。费国庆《辽五京道人户剖析》①是最早的研究成果，对辽利用移民建设五京进行叙述，表明移民对辽朝建立五京的贡献。吴凤霞《辽金时期的民族迁徙与辽西走廊滨海州县的发展》②提出辽迁徙汉、奚、渤海等族移民进入辽西地区，以此促进州县制的建立和推广。此后，她在《辽代移民辽西及其影响探析》③中通过对辽代移民进入辽西地区的考察，认为辽朝统治者通过移民成功维护了对其的统治。杨军《辽代州县体制的形成及演变》④对辽朝建立州县体制进行整体叙述，提出阿保机称帝后，移民规模的扩大对确立州县体制具有直接的促进作用。

2. 军事贡献

学界考察认为，移民在军事上的贡献主要体现在维护统治稳定和边防防卫两个方面。

杨雨舒《东丹南迁刍议》⑤是最早的研究成果，对东丹南迁中渤海移民的数量和背景进行总结，表明东丹南迁是有利于瓦解渤海遗民的反抗基础、防止耶律倍威胁皇权、增加南下中原辅助力量的。辽太宗通过迁徙渤海移民，得以维护自身统治。魏国忠《渤海国史》⑥结合史书和学界研究成果，对东丹南迁的影响进行系统考察，认为辽太宗以此得以顺利地统治渤海人，维护辽东地区的稳定。刘浦江《辽代的渤海遗民——以东丹国和定安国为中心》⑦在前人基础上，专门以东丹国及定安国为视角，叙述渤海遗民在辽朝东丹南迁政策下的

① 费国庆：《辽五京道人户剖析》，《铁道师院学报》1986年第2期。

② 吴凤霞：《辽金时期的民族迁徙与辽西走廊滨海州县的发展》，《广西民族大学学报（哲学社会科学版）》2012年第4期。

③ 吴凤霞：《辽代移民辽西及其影响探析》，《北方文物》2015年第2期。

④ 杨军：《辽代州县体制的形成及演变》，《学习与探索》2018年第1期

⑤ 杨雨舒：《东丹南迁刍议》，《社会科学战线》1993年第5期。

⑥ 魏国忠等：《渤海国史》，北京：中国社会科学出版社，2006年。

⑦ 刘浦江：《辽代的渤海遗民——以东丹国和定安国为中心》，《松漠之间——辽金契丹女真史研究》，北京：中华书局，2008年。

被迫迁徙。黄为放博士论文《10—12 世纪渤海移民问题研究》① 对辽代渤海移民进行整体考察，认为辽统治者利用渤海移民在军事和经济上的能力，以此达到完善地方行政区划、发展地方经济和建立边防体系等多重作用。

随着学界考察的深入，移民对边疆防卫的贡献逐渐被关注。李锡厚《辽朝的边防》② 是最早的研究成果，辽与高丽之间因为渤海遗民而产生边界争端，辽因此形成边疆防御体系。武玉环《辽与高丽的关系及辽的东部边疆政策》③ 对辽与高丽边界的形成和移民所起的作用进行探讨。魏志江《中韩关系史研究》④ 对中韩边界的形成进行整体叙述，其中可见渤海移民的作用。赵永春《辽金与高丽的"保州"交涉》⑤ 以辽金两代与高丽的保州交涉为视角，可知渤海移民成为双方争夺的对象。杜鹃《辽朝边防研究》⑥ 以辽代边防为整体研究对象，提及辽迁徙移民充实边境城市，形成防御体系。姜维公、黄为放《辽与高丽边界视域下的渤海移民》⑦ 从辽与高丽边界的视角入手，对渤海移民在南迁东丹、大延琳起义等重要历史事件中的事迹进行梳理，发现渤海移民对推动辽鸭绿江边界的形成具有重要作用。

（二）经济与文化贡献

移民对辽代的经济文化的贡献，学界也进行了研究。对经济发展的贡献，主要分为整体开发和汉、渤海移民的经济贡献两个方面。在整体开发方面，韩茂莉《农业人口的迁入与辽塞外本土农耕区的形成》⑧、《辽金时期西辽河流域

---

① 黄为放：《10—12 世纪渤海移民问题研究》，博士学位论文，长春：长春师范大学，2017 年。

② 李锡厚：《辽朝的边防》，《中国边疆史地研究》1993 年第 2 期。

③ 武玉环：《论辽与高丽的关系及辽的东部边疆政策》，《吉林大学社会科学学报》2001 年第 4 期。

④ 魏志江：《中韩关系史研究》，广州：中山大学出版社，2006 年。

⑤ 赵永春、玄花：《辽金与高丽的"保州"交涉》，《中国边疆史地研究》2008 年第 1 期。

⑥ 杜鹃：《辽朝边防研究》，硕士学位论文，沈阳：辽宁大学，2014 年。

⑦ 姜维公、黄为放：《辽与高丽边界视域下的渤海移民》，《社会科学战线》2017 年第 12 期。

⑧ 韩茂莉：《农业人口的迁入与辽塞外本土农耕区的形成》，《文史》1999 年第 3 期。

农业开发核心区的转移与环境变迁》① 是最早的研究成果，通过对辽代农业人口的整体考察，提出相较于两宋时期，辽金的人口迁移对农业生产的影响要更为强烈。吴凤霞《辽金时期的民族迁徙与辽西走廊滨海州县的发展》② 叙述辽代移民对辽西滨海走廊的经济开发，并认为辽朝将移民同置州设县相结合，在稳定政权的同时也促进了辽西走廊的开发。刘羽佳《辽朝统治区内汉人的来源与重要作用》③ 叙述汉族移民对辽代土地开发的经济贡献。李玉磊《移民与辽代土地开发》④ 与之类似。此外，学界从汉、渤海移民的角度，研究辽代经济开发。邹逸麟《辽代西辽河流域的开发》⑤ 提出：汉、渤海族人口进入西辽河流域是当地农业生产得以发展的主要原因。林荣贵《辽朝经营与开发北疆》⑥ 认为辽东地区在渤海移民的努力下，辽代中后期农业发展呈现繁荣景象。王德忠《辽朝的民族迁徙及其评价》⑦ 认为汉族、渤海人的到来传播了先进的生产技术，促进了土地资源与劳动力的结合，推动了这里农业经济的开发。韩茂莉《辽金农业地理》⑧ 设有专门一节对渤海农业人口迁徙的论述。张国庆《辽代牧、农经济区域的分布与变迁》⑨ 结合东丹南迁等渤海移民的迁徙过程，认为承担辽东南部农业生产的是渤海移民。陶莎《辽朝上京、中京地区农业发展研究》⑩ 则

---

① 韩茂莉：《辽金时期西辽河流域农业开发核心区的转移与环境变迁》，《北京大学学报（自然科学版）》2003 年第 4 期。

② 吴凤霞：《辽金时期的民族迁徙与辽西走廊滨海州县的发展》，《广西民族大学学报（哲学社会科学版）》2012 年第 4 期。

③ 刘羽佳：《辽朝统治区内汉人的来源与重要作用》，硕士学位论文，呼和浩特：内蒙古大学，2016 年。

④ 李玉磊：《移民与辽代土地开发》，《赤峰学院学报（汉文哲学社会科学版）》2019 年第 1 期。

⑤ 邹逸麟：《辽代西辽河流域的开发》，载陈述主编：《辽金史论集（第二辑）》，北京：书目文献出版社，1987 年。

⑥ 林荣贵：《辽朝经营与开发北疆》，北京：中国社会科学出版社，1995 年。

⑦ 王德忠：《辽朝的民族迁徙及其评价》，《东北师范大学学报（哲学社会科学版）》1998 年第 4 期。

⑧ 韩茂莉：《辽金农业地理》，北京：社会科学文献出版社，1999 年。

⑨ 张国庆：《辽代牧、农经济区域的分布与变迁》，《民族研究》2004 第 4 期。

⑩ 陶莎：《辽朝上京、中京地区农业发展研究》，硕士学位论文，长春：吉林大学，2011 年。

对渤海移民对上京、中京农业发展的贡献进行叙述。

对文化方面贡献的研究，学界多从整体研究和汉人等移民两个方面进行叙述。在整体研究方面，武玉环《辽代的移民、治理与民族融合》①叙述移民对民族融合的促进作用，体现对契丹在文化习俗等方面的影响。张敏《辽代的婚姻习俗及文化内涵探析》②从婚姻角度探讨移民在文化方面做出的贡献。刘璐、张宏利《辽代民族交往交流交融与中华民族共同体的构建》③叙述民族迁徙和交融对文化发展的贡献。此外，学界还以汉人移民为视角，对其文化贡献进行探讨。李月新《浅析辽朝时期的"汉人胡化"》④对汉人移民在辽代的风俗进行考察，叙述汉与契丹等民族在风俗方面的融合现象。

综上，学界从不同角度对移民的概念和迁徙因素、移民的政策、迁徙与安置、移民生存状态、移民与世家大族和移民贡献与作用等进行了研究，提出了自己的观点。学界的研究方法、角度、史料和观点，为本文的写作提供了参考。

① 武玉环：《辽代的移民、治理与民族融合》，载张希清、田浩、黄宽重、于建设主编：《10—13 世纪中国文化的碰撞与融合》，上海：上海人民出版社，2006 年，第 408—437 页。

② 张敏：《辽代的婚姻习俗及文化内涵探析》，《学理论》2016 年第 2 期。

③ 刘璐、张宏利：《辽代民族交往交流交融与中华民族共同体的构建》，《渤海大学学报（哲学社会科学版）》2022 年第 6 期。

④ 李月新：《浅析辽朝时期的"汉人胡化"》，《赤峰学院学报（汉文哲学社会科学版）》2012 年第 3 期。

第二章　辽代移民迁徙的因素

　　辽代移民规模巨大，共分为契丹、渤海、汉、奚、女真、吐谷浑及党项[①]等民族。移民迁徙具有特定的因素，主要包括自然环境与气候的变化、疆域的扩大与统治思想的转变、中央与地方统治模式的完善、战争造成的破坏四部分内容。

一、自然环境与气候的变化

　　10—13世纪是我国历史上自然环境变迁较为剧烈的时期，气候总体转向寒冷[②]。受气候不稳定因素的影响，辽金时期的东北地区自然环境也发生很大变化，移民迁徙随之产生。

　　在辽代，北方的气候逐渐转冷。970—1000年，今河南开封的冬小麦收获期较现代还要晚10天，在之后的1131—1200年杭州的终雪日也推迟达14日之久。梅花被称为花中的魁首，但华北地区受冷空气影响，当地的梅树逐渐消失了，只有在西安和洛阳皇家花园及富家的私人培养园中有培育生存。著名诗人苏轼（1037—1101）和王安石（1021—1086）在各自的诗中，有"关中幸无梅，赖汝充鼎和"[③] 和"北人初不识，浑作杏花看"[④] 之句，从侧面反映出梅

---

　　①　根据史籍记载并结合学界研究综合考订而成。

　　②　中国科学院《中国自然地理》编委会：《中国自然地理·历史自然地理》，北京：科学出版社1982年版。

　　③　苏轼：《苏东坡集》第四册《杏》，上海：商务印书馆国学基本丛书本，1933年，第86页。

　　④　《王荆文公诗》卷四十《红梅》，参阅宋李璧《王荆文公诗笺注》，北京：中华书局，1958年。

树在华北地区消失的现实。虽然根据考古调查几方面研究证明，表明在辽圣宗时期，契丹统治的西辽河流域气候尚温暖，当地的土地发育出黑土层①。黑土层的形成，根据C14、花粉分析，应与西辽河流域出现大量的灌木与草本植物，并形成松林等大量的乔木有关。植物的大量生长，促使科尔沁沙地部分沙丘由半固定转向固定。但在辽兴宗继位后，气候突然转寒②，西辽河流域出现了沙漠化的趋势③，"半沙碛，三时多寒"④。此时，渤海移民及后裔所居住的东京、上京诸道频繁出现沙尘暴等自然灾害。辽故地又频繁出现重度沙尘暴，王曾在《王沂公行程录》中记述："（契丹）所种皆从垄上，盖虞吹沙所壅。"⑤在恶劣气候的影响下，辽朝的农业生产受到很大打击。辽道宗咸雍七年至八年（1071—1072）、大安四年（1088）上京道的锦州、东京道的饶州和"苏、吉、复、渌、铁五州"⑥多次出现灾荒和饥荒⑦。这种情况持续至辽朝晚期，辽在科尔沁地区建立的州城几乎全部被放弃⑧，自然灾害频率与辽初相比明显增加⑨。天祚帝时期，辽东地区甚至出现"失业饥民困踣道路，死者十之八九"⑩

① 韩茂莉：《辽代西辽河流域气候变化及其环境特征》，《地理科学》2004年第5期。

② 竺可桢：《中国近五千年来气候变迁的初步研究》，《中国科学》1973年第2期，第173页。

③ 满志敏、葛全胜等：《气候变化对历史上农牧过渡带影响的个例研究》《地理研究》，2000年第2期。

④ 脱脱等：《辽史》卷六十《食货志下》，北京：中华书局，2016年4月，第1034页。

⑤ 王曾：《王沂公行程录》，转引自赵永春：《奉使辽金行程录》，长春：吉林文史出版社，1995年10月，第29页。

⑥ 脱脱等：《辽史》卷二十五《道宗本纪五》，北京：中华书局，2016年，第334页。

⑦ 脱脱等：《辽史》卷二十二《道宗本纪二》、卷二十三《道宗本纪三》，北京：中华书局，2016年，第307、311页。

⑧ 张柏忠：《科尔沁沙地的历史变迁及其原因的初步研究》，内蒙古文物考古研究所编：《内蒙古东部地区考古学文化研究文集》，北京：海洋出版社，1990年10月，第140—167页。

⑨ 蒋金玲：《辽代自然灾害的时空分布特征与基本规律》，《东北师范大学学报》2012年第3期，第79页。

⑩ 叶隆礼著，贾敬颜、林荣贵点校：《契丹国志》卷十九《天祚帝纪中》，上海：上海古籍出版社，1985年，第117页。

的现象。受寒冷、干旱和沙漠化的影响，辽朝传统的春捺钵地"长泺（泊）"等逐渐干涸、消失，导致辽皇帝不得不更换春捺钵地。地处东北地区的长春州未受沙漠化的影响，当地河流众多，具有独特的湿地条件，最大的湖泊鸭子河泺"多榆柳杏林"①，州城周边还有许多以"泡""泺"具有丰富的野兽动植物资源，可供钩鱼捕鹅的活动所需，因而成为辽朝皇帝新的春捺钵地。契丹大量迁徙汉、渤海移民至此，大力开发并修建州城。

可见，辽代东北、华北地区的气候总体转向干冷，温湿气候变少，使得土地、植被等自然条件被动发生了变化。在气候恶化，土地贫瘠的情况下，移民人口随之产生。

二、疆域的扩大与统治思想的转变

辽代，随着契丹占据中国北方大片土地，汉、渤海等各族移民被纳入统治境内。契丹统治集团需要实施新政策以进行有效的安置和管理，导致了移民的多次迁徙。

（一）辽朝疆域的扩大

辽朝建立后，统治者不断开疆拓土。总体来看，辽朝疆域的扩大大致分为辽太祖与太宗、辽圣宗和辽末三个时期。

耶律阿保机于唐天复元年（901）十月担任"大迭烈府夷离堇"② 后，成为契丹军事最高统帅，开始频繁对外用兵，不断征服周边部族并开拓疆域③，疆域突破传统"内地"④ 的范畴⑤。在东面，契丹于唐天祐三年（906）降服东北方的女真。天显元年（926）正月，耶律阿保机率二十万大军攻灭渤海国，

---

① 脱脱等：《辽史》卷三十二《营卫志中》，北京：中华书局，2016 年，第 424 页。

② 脱脱等：《辽史》卷一《太祖本纪上》，北京：中华书局，2016 年，第 2 页。

③ 余蔚：《中国行政区划通史（辽金卷）》，上海：复旦大学出版社，2012 年，第 25 页。

④ 脱脱等：《辽史》卷二《太祖本纪二》，北京：中华书局，2016 年，第 19 页。

⑤ 指辽朝的上京、中京附近地区。

统一东北①。在西面，天赞三年（924），辽太祖通过两次西征，进展至阿尔泰山以西地区，对西北的胪朐河地区的原属突厥和回鹘统治下的各游牧部落予以征服，疆域范围直到甘州（治今甘肃张掖市），"获甘州回鹘都督毕离遇，因遣使谕其主乌母主可汗"②。在北面，在神册四年（919）大致完成对室韦、于厥的征服，将今蒙古国境内的鄂尔浑河流域以南的土地纳入自己的疆域之内③。在南面，太祖五年（911）契丹吞并奚族地区，阿保机"亲征西部奚。奚阻险，叛服不常，数招谕弗听。是役所向辄下，遂分兵讨东部奚，亦平之。于是尽有奚、霫之地"④。此后契丹南下的阻碍被清除，开始多次侵入长城以南，与中原政权发生了战争。在耶律阿保机掌兵权和在位的二十余年时间里，契丹的疆域扩展了数十倍，成为东北亚地区强大的民族政权⑤。在疆域不断扩大的背景下，契丹制定了民族迁徙政策，以维持领土的稳固和边疆安全。辽太宗在继承太祖耶律阿保机的扩张疆域的政策的基础上，做了相应的调整。在攻灭渤海国建立东丹国之后，辽太宗改变辽太祖时期的东进政策，开始转变方向实施南下战略。契丹以此得以占据幽云地区，此举为辽朝疆域的发展奠定了基础。天显十一年（936），应后唐天平节度使石敬瑭之请，太宗率军南下击败后唐军队，并册立石敬瑭为皇帝，建立后晋政权。作为回报，石敬瑭割让幽、蓟等十六州地予辽，"晋复遣赵莹奉表来贺，以幽、蓟、瀛、莫、涿、檀、顺、妫、儒、新、武、云、应、朔、寰、蔚十六州并图籍来献。"⑥ 这导致今繁峙、宁武一线以北的山西北部，今北京市和河北保定、河间一线及今天津市区以北地区，均纳入辽境⑦。这一时期，先后迁入燕云地区的吐谷浑和党项由于十六州的割让，而进入辽境，成为辽边疆部族。辽朝在太祖和太宗的努力之下，在东部和南部疆域得以扩大，统辖的部族和人口显著增加。

---

① 吴松弟：《中国移民史》第四卷《辽宋金元时期》，福州：福建人民出版社，1997年，第2页。

② 脱脱等：《辽史》卷二《太祖本纪二》，北京：中华书局，2016年，第22页。

③ 郑毅：《略论辽朝边疆统驭方略的演变》，《黑龙江民族丛刊》2012年第5期。

④ 脱脱等：《辽史》卷一《太祖本纪上》，北京：中华书局，2016年，第4页。

⑤ 杨树森：《辽史简编》，沈阳：辽宁人民出版社，1984年，第21页。

⑥ 脱脱等：《辽史》卷四《太宗本纪二》，北京：中华书局，2016年，第49页。

⑦ 余蔚：《中国行政区划通史（辽金卷）》，上海：复旦大学出版社，2012年，第25页。

辽代移民史料整理与研究

　　世宗至圣宗时期，辽朝在南部疆域爆发了战争。应历九年（959），契丹失瀛、莫、易、泰、宁五州于后周。辽圣宗即位后，辽朝经常越界南下中原进行掠夺，辽与北宋之间爆发战争。圣宗统和四年（986），辽宋双方在辽西南部的岐沟关进行激烈争夺，最终辽军取胜，扭转了被动防御的态势。之后，契丹军队相继发动对宋的进攻，辽朝在西南部地区的边界得以稳固。统和年间（983—1011），为应对辽宋战争、维持对幽云地区的统治并削弱奚王的实力①，辽圣宗选择奚王府之地修建中京。中京的建成，使得辽朝实际控制的疆域规模又有所扩大，从此确立了辽朝疆域内完善的四时捺钵体制②。统和七年（989），辽夺回易州。统和二十二年（1004），辽宋双方签订澶渊之盟，达成和局，双方较大规模的战争方才中止。同时，辽在西北地区连续用兵，据有阻卜之地③。在东南边疆地区，辽圣宗于993—1019年发动了三次征伐战争，将边界维持在鸭绿江入海口地区。1014年，辽圣宗开始在鸭绿江东岸建立保、定、宣三州，并在保州驻军，防御体系至此形成。之后，辽朝疆域范围大体形成，大致包括今天的我国东北三省、内蒙古大部、北京市、山西北部、河北北部及天津市的市区以北地区、蒙古国、朝鲜东北角以及俄罗斯境内的黑龙江、乌苏里江流域和库页岛④。辽以此实行五京制，除首都外又设四个陪都⑤。统和二十五年（1007）以前，首都在上京临潢府（今内蒙古巴林左旗境内），之后在中京大定府（今内蒙古宁城县境)⑥。陪都分别是东京辽阳府（今辽宁辽阳市）、

---

　　①　康鹏：《辽代五京体制研究》，博士学位论文，北京：北京大学，2007年，第74—75页。

　　②　杨军：《辽代捺钵三题》，《史学集刊》2016年第3期，第152页。

　　③　田晓雷、王万志：《辽朝对阻卜各部的治理述论》，《中国边疆史地研究》2018年第1期。

　　④　吴松弟：《中国移民史》第四卷《辽宋金元时期》，福州：福建人民出版社，1997年，第2—3页。

　　⑤　丁海斌、刘文静：《中国古代陪都留守官制演变初探》，《武汉科技大学学报（社会科学版）》2016年第4期，第449—460页。

　　⑥　曹显征：《辽中期徙都中京原因管窥》，《昭乌达蒙族师专学报》1989年第2期，第26—27页。

西京大同府（今山西大同市）和南京析津府（今北京市）①。辽兴宗在位时期，于重熙十二年（1043）取河套东北部黄河以西之地，置金肃、河清二军及宁边州，西北疆域有所扩张。此外于次年（1044）十一月"改云州为西京。"② 至此，辽的五京体制基本完成，疆域大致稳定③，基本维持到辽末。

（二）辽太祖、太宗统治思想的转变

辽太祖耶律阿保机登基后，首先选择稳固"内地"的策略。在此基础上，寻求南下取得发展的机会。在契丹"内地"的潢河土河流域，辽太祖于唐天复二年（902年）"九月，城龙化州于潢河之南，始建开教寺"④。天复四年（904）"三月，广龙化州之东城"⑤，并迁徙人口用以扩建。同一时期，辽太祖"伐女直，下之，获其户三百。九月，复攻下河东怀远等军。十月，引军冬略至蓟北，俘获以还"⑥。以上这段史料，与《辽史·地理志》中记载龙化州龙化县建设过程相吻合，"太祖东伐女直，南掠燕、蓟，所俘建城置邑"⑦，汉和女真移民成为建设该地的基础。神册三年（918）在内地修建"皇都"⑧ 的同时，又在龙化州"建东楼"⑨，成为契丹四个行政中心之一。在平定"诸弟之乱"后，辽太祖稳定自身在契丹内地的统治。此后，他选择南下拓展势力范围。神册六年（921）十二月遭遇"定州之败"后，辽太祖转而选择东进的战略，进攻辽东地区的渤海国。

辽太祖在辽东的掠夺，与之前契丹有很大不同，他不仅是要征服对方，还

---

①　康鹏：《辽代五京体制研究》，博士学位论文，北京：北京大学，2007 年，第 16—46 页。

②　脱脱等：《辽史》卷十九《兴宗本纪二》，北京：中华书局，2016 年，第 264 页。

③　余蔚：《中国行政区划通史（辽金卷）》，上海：复旦大学出版社，2012 年，第 26 页。

④　脱脱等：《辽史》卷一《太祖本纪上》，北京：中华书局，2016 年，第 2 页。

⑤　脱脱等：《辽史》卷一《太祖本纪上》，北京：中华书局，2016 年，第 2 页。

⑥　脱脱等：《辽史》卷一《太祖本纪上》，北京：中华书局，2016 年，第 2 页。

⑦　脱脱等：《辽史》卷三十七《地理志一》，北京：中华书局，2016 年，第 505 页。

⑧　脱脱等：《辽史》卷一《太祖本纪上》，北京：中华书局，2016 年，第 12 页。

⑨　脱脱等：《辽史》卷三十七《地理志一》，北京：中华书局，2016 年，第 505 页。

修建城池以图长期据有①。神册三年（918）十二月，辽太祖亲自视察"辽阳故城"②。神册四年（919），辽太祖"修辽阳故城，以汉民、渤海户实之，改为东平郡，置防御使"③。辽阳府所在的天福城，"外城谓之汉城，分南北市，……赵头陀寺，留守卫，户部司，军巡院，归化营军千余人，河朔亡命，皆籍于此"④。此时，辽东地区形成大量的移民人口，用以开发、修建城市。"辽东"在历史上有广义和狭义两种概念：广义指今河北省东北部、辽宁省全部、吉林省南部和朝鲜半岛北部一带的广大地区，狭义则指辽河以东、辽阳以南地区⑤，本文取其广义概念。辽东"地衍土沃，有木铁盐鱼之利"⑥，并有"辽东谷仓"之称，自古以来就是我国东北地区的政治、军事、经济、文化中心。中国历代王朝都把辽东誉为"中国左臂"，故又有"辽左"之称，有"古今来谈筹边者，未有委弃辽东失其重心，而能保全东北一隅者也"⑦的说法。至辽中期，契丹形成"当李唐末，会我圣元皇帝（辽太祖）肇国辽东"⑧的认识。表明辽太祖企图将辽东地区作为自己的腹地，迁徙移民进行建设。渤海国面对契丹的压力，曾选择主动出击，天赞三年（924）夏五月，渤海国军队主动进攻契丹迁民扩建的"辽州"，"杀其刺史张秀实而掠其民"⑨，此举为之后辽太祖的进攻埋下了隐患。在天显元年（926）攻灭渤海国之后，辽太祖将辽东地区完全纳入自身统治下，并迁徙渤海遗民进入此地。

　　辽太宗即位之初，继承辽太祖"一国两治"的遗愿，即"命其长子突欲镇

　　① 余蔚：《中国行政区划通史（辽金卷）》，上海：复旦大学出版社，2012年，第25页。

　　② 脱脱等：《辽史》卷一《太祖本纪上》，北京：中华书局，2016年，第13页。

　　③ 脱脱等：《辽史》卷二《太祖本纪下》，北京：中华书局，2016年，第17页。

　　④ 脱脱等：《辽史》卷三十八《地理志二》，北京：中华书局，2016年，第518页。

　　⑤ 田广林：《辽朝镇东关考》，《社会科学战线》2006年第4期，第130页。

　　⑥ 脱脱等：《辽史》卷七十五《耶律羽之传》，北京：中华书局，2016年，第1366页。

　　⑦ 金毓黻：《东北通史》，重庆：五十年代出版社，1943年版，1981年再版，第131页。

　　⑧ 陈述：《全辽文》卷六《耿延毅墓志》，北京：中华书局，1982年，第119页。

　　⑨ 脱脱等：《辽史》卷二《太祖本纪下》，北京：中华书局，2016年，第21页。

东丹，号人皇王，以次子德光守西楼，号元帅太子"①。同时，太宗出于皇位继承之争②、镇压寻求复国的渤海遗民③等因素，采纳了亲信耶律羽之的建议，"我大圣天皇始有东土，择贤辅以抚斯民，不以臣愚而任之。国家利害，敢不以闻。渤海昔畏南朝，阻险自卫，居忽汗城。……遗种浸以蕃息，今居远境，恐为后患。梁水之地乃其故乡，地衍土沃，有木铁盐鱼之利。乘其微弱，徙还其民，万世长策也。彼得故乡，又获木铁盐鱼之饶，必安居乐业。……成圣祖未集之功，贻后世无疆之福"④。因此，契丹实施了大规模的东丹南迁计划，将数十万渤海遗民整体迁徙进入辽东地区安置。

天显十一年（936），辽太宗通过援助石敬瑭取得对后唐作战的胜利，于会同元年（938）十一月得到幽云"十六州"⑤，契丹开始向南发展。此时，辽太宗建立三京，"皇都为上京，府曰临潢，升幽州为南京，南京为东京"⑥。此后，南京成为辽朝命脉的财赋来源和与中原历代政权对峙的军事前沿，契丹贵族、官员、平民和军队向南京道、西京道（兴宗后正式建立）境内进行大规模迁移。陈述在《契丹政治史稿》中罗列了相当于幽云十六州辖境的今内蒙古、河北、北京、天津、山西等省市区的许多地名，指出："这些村庄命名的当时，主要住户可能是契丹人"⑦。考古工作者在今河北、山西、北京等地发现的许多契丹族墓葬，也可以证明当时有许多契丹族人口迁入该地，并在这里世代居住⑧。

（三）辽圣宗至辽末统治思想的转变

辽圣宗即位后，逐步加强南京地区和中京地区的建设。面对北上而来的宋

---

① 司马光：《资治通鉴》卷二百七十五《后唐纪四》，后唐明宗天成元年七月条，北京：中华书局，1956年，第8988页。

② 林鹄：《南望——辽前期政治史》，北京：生活·读书·新知三联书店，2018年，第53页。

③ 魏国忠：《渤海国史》，北京：社会科学出版社，2006年，第580页。

④ 脱脱等：《辽史》卷七十五《耶律羽之传》，北京：中华书局，2016年，第1366页。

⑤ 脱脱等：《辽史》卷四《太宗本纪二》，北京：中华书局，2016年，第49页。

⑥ 脱脱等：《辽史》卷四《太宗本纪二》，北京：中华书局，2016年，第49页。

⑦ 陈述：《契丹政治史稿》，北京：中华书局，1987年，第176页。

⑧ 王德忠：《辽朝的民族迁徙及其评价》，《东北师范大学学报（哲学社会科学版）》1998年第4期。

朝军队，圣宗派驻军队加强幽云地区的防戍。统和二十一年（北宋咸平六年1003年），辽朝供奉官李信投降北宋，他向北宋报告说辽朝"其国中所管幽州汉兵，谓之神武、控鹤、羽林、骁武等，约万八千余骑。其所署将帅、契丹、九女奚、北皮室当直舍利及八部落舍利山后四镇诸军，约十万八千余骑，内五千六百骑常卫契丹主，余九万三百五十即时南侵之兵也"①。宋琪在宋太宗出征燕云之前，曾经上书："仍虑步奚为寇，可分雄勇兵士三五千人，至青白军以来山中防遏，此是新州、妫川之间"②。辽圣宗迁徙汉、契丹、奚等各族军队进入幽云南部地区戍防，并在山西地区建立专门的行政机构。乾亨四年（982），辽圣宗以南院大王耶律勃古哲"总领山西诸州事"③，至统和四年宋曹彬等北伐时，命勃古哲"总知山西五州"④。"五州"指云、应、蔚、朔、奉圣州，这是山后所有五个节度州，意指整个山后地区，并"以北大王蒲奴宁居奉圣州，山西五州公事，并听与节度使蒲打里共裁决之"⑤，契丹两院的军民大量迁移此地。

在稳固南部疆域的基础上，辽圣宗将奚族居住的地区作为经营的重点地区，开始筹划中京的建立。统和二十五年（1007），辽在五帐院进献的"故奚王牙帐"⑥之地建立都城，号中京大定府。辽圣宗"徙辽东豪右以实中京"⑦，居住在辽东地区的渤海移民被大量迁徙至中京附近。中京下辖的"大定县"是由"诸国俘户居之"⑧，这些"俘户"中应包括各族移民⑨。"长兴县"则是由"诸部人居之"⑩，这里的诸部，应指的是在此地"杂处"的"奚、契丹、汉

---

①　李焘：《续资治通鉴长编》卷五十五，上海师范大学古籍整理研究所，华东师范大学古籍整理研究所点校，北京：中华书局，2004 年，第 1207 页。

②　脱脱等：《宋史》卷二百六十四《宋琪传》，北京：中华书局，1977 年，第 9124 页。

③　脱脱等：《辽史》卷一《圣宗本纪一》，北京：中华书局，2016 年，第 116 页。

④　脱脱等：《辽史》卷八十二《耶律勃古哲传》，北京：中华书局，2016 年，第 1425 页。

⑤　脱脱等：《辽史》卷十一《圣宗本纪二》，北京：中华书局，2016 年，第 134 页。

⑥　脱脱等：《辽史》卷三十七《地理志一》，北京：中华书局，2016 年，第 546 页。

⑦　脱脱等：《辽史》卷十五《大公鼎传》，北京：中华书局，2016 年，第 1608 页。

⑧　脱脱等：《辽史》卷三十七《地理志一》，北京：中华书局，2016 年，第 546 页。

⑨　孙炜冉：《辽对渤海人的移民及其安置》，《博物馆研究》2015 年第 1 期，第 47 页。

⑩　脱脱等：《辽史》卷三十七《地理志一》，北京：中华书局，2016 年，第 546 页。

人、渤海"①　等族。中京建立后，辽圣宗继续向这一地区迁徙移民，开泰八年（1019）五月，辽迁徙宁州内的"渤海户于辽、土二河之间"②。辽圣宗通过迁徙移民，稳固对东南部奚族地区的统治。辽兴宗时期，在西南部山前山后地区建立西京，以此作为稳固西南部疆域的政治中心。在辽宋战争期间，为辽西京大同府所属的应、朔二州的渤海小校贯海与"艾正、赵希赞及应州、朔州节度副使、奚军小校隘离辖"③　等一起降宋，表明辽已将渤海移民迁徙至此。同时，辽兴宗还在东京道内的辽东半岛南端设置了复州和苏州，《金史·完颜合住传》记载："合住，……仕辽，领辰、复二州汉人、渤海"④，可知复州之下应包含渤海人。复州可能为辽兴宗迁徙契丹、汉、渤海等族之人设置，这应与辽东京道其他州城的民族情况大致相似⑤。重熙八年（1039），长春州正式置州，"燕、蓟犯罪者"多流配此处。至天祚帝天庆六年（1116）七月，长春州内"渤海二千余户"叛逃，东北路统军使率兵"尽俘以还"⑥。辽兴宗至天祚帝时期，大量迁徙人口充实边疆地区，统治范围逐渐扩大。

可见，随着辽朝疆域扩大和人口的增多，契丹统治者的思想也随之转变。大量的汉、渤海、契丹等族人口不断迁徙，用以开发、巩固统治区域。

三、中央与地方统治模式的完善

辽朝建立后，统治者建立了中央到地方完善的管理模式。辽朝在中央创立了嫡长子继承制和南北官制制度，在地方建立了五京制度，并形成移民政策。

（一）中央统治模式的完善

1. 嫡长子继承制的建立

契丹立国之初，尚未全部引进中原汉制，其中最重要的嫡长子继承制有名

①　宋绶：《契丹风俗》，贾敬颜点校：《五代辽宋金元人边疆行记十三种疏证稿》，北京：中华书局，2004 年，第 112 页。

②　脱脱等：《辽史》卷十六《圣宗本纪七》，北京：中华书局，2016 年，第 208 页。

③　脱脱等：《辽史》卷十一《圣宗本纪二》，北京：中华书局，2016 年，第 129 页。

④　脱脱等：《金史》卷六十六《完颜合住传》，北京：中华书局，1975 年，第 1562 页。

⑤　王淑兰：《历史地理视角下的辽代城市研究》，博士学位论文，长春：东北师范大学，2011 年，第 56—57 页。

⑥　脱脱等：《辽史》卷二十八《天祚本纪二》，北京：中华书局，2016 年，第 375 页。

无实。公元 911—913 年，以剌葛为首的阿保机的弟弟们打着世选制的旗号发动了三次叛乱，史称"诸弟之乱"①，给契丹社会带来了巨大的破坏。同时，耶律阿保机的皇位继承人选也未固定，除了长子耶律倍外，在中原史书中，阿保机另外两个儿子也有"太子"称谓，"长曰人皇王突欲，即东丹王也；次曰元帅太子，即德光也"②。可见，史籍对长子只提及"人皇王"身份，而次子耶律德光才是太子，暗示契丹的嫡长子继承制具有与中原不同的特点。三子李胡则在《契丹国志》中被称为"自在太子"，"自在太子名阮，太祖第三子，母曰述律氏"③，《宋史》中也有类似记载，阿保机"妻述律氏生三男：长曰东丹、次曰德光，德光南侵还，死于杀胡林；季曰自在太子"④。可见，辽太祖三个儿子都有太子的称谓，并且在记载中特意突出了次子和三子的地位，这表明一方面是契丹汉化程度不深，对于储君的称呼并没有固定对象⑤；另一方面，也表明契丹在皇位继承方面，尚未建立类似于中原成熟的嫡长子继承制，其他王子也是有资格继承皇位。

在遭遇"定州之败"后，辽太祖再次改变了传统的皇位继承制度。他改任能征善战的次子耶律德光为"天下兵马大元帅"，其地位与之前担任迭剌部最高军事长官的阿保机十分相似⑥。对此，辽太祖曾经有过公开表态。天赞三年（924 年）六月，辽太祖"召皇后、皇太子、大元帅及二宰相、诸部头等"，下诏曰："上天降监，惠及烝民。圣主明王，万载一遇。朕既上承天命，下统群生，每有征行，皆奉天意。是以机谋在己，取舍如神。国令既行，人情大附，舜讹归正，遐迩无怨。可谓大含溟海，安纳泰山矣！自我国之经营，为群方之

---

①　脱脱等：《辽史》卷五十九《食货志上》，北京：中华书局，2016 年，第 1026 页。

②　薛居正：《旧五代史》卷一百三十七《契丹传》，北京：中华书局，1976 年，第 1832 页。

③　叶隆礼：《契丹国志》卷十四《恭顺皇帝传》，上海：上海古籍出版社 1985 年，第 152 页。

④　脱脱等：《宋史》卷二百六十四《契丹传》，北京：中华书局，1977 年，第 9125 页。

⑤　邱靖嘉：《辽太宗朝的"皇太子"名号问题——兼论辽代政治文化的特征》，《历史研究》2010 年第 6 期。

⑥　蔡美彪：《契丹的部落组织和国家的产生》，《历史研究》1964 年第 1 期。

父母。宪章斯在，胤嗣何忧"①。通过史料记载，结合学界的研究，表明这是辽太祖对契丹今后的发展道路问题做出的解释。"上天降监，惠及烝民"，表明今后契丹仍要在他的统治下发展，自身的权力是上天赐予的，因而是合法的。"宪章斯在，胤嗣何忧"，则是涉及皇位继承的安排②。表明刚刚确立的皇太子制度要予以保留，不会恢复传统的世选制。"三年之后，岁在丙戌，时值初秋，必有归处"③，是对皇位继承人的选择进行确定，三年之后即天显元年（926年），表明辽太祖打算在这时正式对皇位继承的人选进行确定，以此稳固内部人心。三年之后，正是辽太祖回军途中去世之时，辽太祖规定的时间节点被误以为是他知道自己去世之时，实际上是史官有意为之。之所以如此安排，是预示了契丹"一国两治"统治模式的出台。"一国两治"统治模式，是想要二子分治契丹和东丹，不是废除耶律倍，扶植耶律德光掌权④，而是辽太祖根据两个儿子的能力，做出的适当安排。安排耶律倍主政渤海国，有利于发挥他的汉学才能，巩固契丹对渤海遗民的统治。同时，将军队交给耶律德光，是有利于发挥他的军事才能，以利于今后对中原的作战。辽太祖根据实际情况，对两个儿子进行安排，以此保证权力始终掌握在自己手中，从而稳固自身的统治。因而在次年（925）辽太祖就带着两个儿子东征渤海国。926年，辽太祖顺利攻灭了渤海国，同年改元天显，并"改渤海国为东丹"⑤，辽太祖"册皇太子倍为人皇王以主之"⑥。辽太祖通过委任耶律倍去东丹国，以此化解了由于南下失败带来的矛盾，稳固了自身的统治。

此后，辽朝九帝中仅有辽兴宗是以"皇太子"身份登基的，其他的八位帝王都是以"天下兵马大元帅""梁（国）王""燕国王""燕赵国王"等身份即皇帝位⑦。"天下兵马大元帅"虽对巩固皇储地位至关重要，但逐渐成为荣誉

---

① 脱脱等：《辽史》卷二《太祖本纪下》，北京：中华书局，2016年，第21页。

② 铁颜颜：《皇族与辽朝政治研究》，博士学位论文，吉林大学，2019年，第91页。

③ 脱脱等：《辽史》卷二《太祖本纪下》，北京：中华书局，2016年，第22页。

④ 姜雅迪：《权力整合视域下的东丹国南迁研究》，《史学集刊》2020年第4期，第115页。

⑤ 脱脱等：《辽史》卷二《太祖本纪下》，北京：中华书局，2016年，第24页。

⑥ 脱脱等：《辽史》卷二《太祖本纪下》，北京：中华书局，2016年，第24页。

⑦ 后文将详细探讨辽朝皇储的名号。

头衔①。究其根源，是辽初太祖改变皇位继承人选导致的后果，这也导致了东丹国的迁徙最终发生。

2. 南北官制的创立和完善

辽太祖在登基之初，为建立新的统治秩序，于神册六年（921）"夏五月丙戌朔，诏定法律，正班爵"②，"冬十月甲子，分迭剌部为二院：斜涅赤为北院夷离堇，绾思为南院夷离堇，诏分北大浓兀为二部，立两节度使以统之"③。这样，阿保机初步实现了"变家为国"的部族权力改造。随着大量汉人移民的涌入，辽太祖也将汉人谋臣武将纳入统治班底，设立了"汉儿司"。这一机构掌握尚书省的有关事务，成为契丹政权的支持力量，至太宗时发展为汉人枢密院④。辽太祖时期的重要汉臣康默记和韩延徽，是最早在汉儿司任职的汉官。建立东丹国之后，契丹也引进了一些原渤海国的制度，东丹国最高权力机关"大东丹国中台省"⑤被列入《辽史·百官志》中，位于"王子院"和"驸马都尉府"⑥之前。这表明，东丹国机构是服务人皇王耶律倍的私产⑦，处于契丹统治集团顶端。

辽太宗即位后，为统治大量的汉、渤海等民族，他依据"因俗而治"政策，建立了南北官制，"以国制治契丹，以汉制待汉人"⑧，将幽云地区行政系统正式纳入契丹官僚体制中。同时，辽太宗将幽云地区设为南京析津府，契丹皇都为上京临潢府，而东丹国的南京改为东京辽阳府，形成了上京、东京和南京三京。太宗建立了南北官制和三京体制，这就要求充实契丹内地和辽东地区，以此导致移民迁徙，汉人被迁入上京，渤海移民通过东丹南迁被迁入辽东地区。东丹南迁后，于天显六年（931）四月"置中台省于南京"⑨，说明其在

---

① 邱靖嘉：《辽朝皇位继承史事考》，载《辽金历史与考古》第六辑，2015年。
② 脱脱等：《辽史》卷二《太祖本纪下》，北京：中华书局，2016年，第19页。
③ 脱脱等：《辽史》卷二《太祖本纪下》，北京：中华书局，2016年，第20页。
④ 何天明：《辽代汉人枢密院探论》，《社会科学辑刊》1999年第5期。
⑤ 脱脱等：《辽史》卷四十五《百官志一》，北京：中华书局，2016年，第798页。
⑥ 脱脱等：《辽史》卷四十五《百官志一》，北京：中华书局，2016年，第799页。
⑦ 详细的考证将在后文中列出。
⑧ 脱脱等：《辽史》卷四十五《百官志一》，北京：中华书局，2016年，第773页。
⑨ 脱脱等：《辽史》卷三《太宗本纪上》，北京：中华书局，2016年，第35页。

东丹国中央职官体系中一直居于核心地位①。至辽世宗时期设立北枢密院，南北官制正式设立，标志着辽朝统治者摆脱了部族传统的羁绊，皇权专制进一步发展②。辽穆宗时期，汉官士绅开始具有资格参与政权争夺，而逐渐形成汉官集团③。辽景宗和圣宗时期，南北官制进入定型时期④。辽景宗开始改革重新分配南北面官的职责，形成了北枢密院独掌兵政，兼领部族民，南枢密院不掌兵，唯理州县民政的基本格局。辽朝以移民建立州县，南枢密院必然也处理移民事务。辽圣宗时期，南北面官制大大推动了辽朝封建化进程。辽兴宗时期，南北面官制继续发展，契丹贵族中的守旧势力已经开始分裂，一部分如耶律喜孙等已经完成封建化的契丹贵族已经愿意与汉官集团进行合作。辽道宗时期，契丹贵族和汉官集团在南面官制下开始"合流"⑤。天祚帝时期，契丹贵族与汉官集团基本上没有本质的区别，封建化基本完成。

（三）五京与府州县的管理模式

辽朝在地方实行五京为核心的道级行政区划，在各京内包含一定数量的府州县，其中多为移民人口建立。

皇都——上京临潢府。建国之初，辽朝具有皇都和辽东两个统治中心。皇都为契丹族居住的内地，位置在西拉木伦河和老哈河为核心的西辽河流域。辽太祖和太宗迁徙汉人、渤海人移民在这里建立上京，并为安置移民专门设置了州县。辽上京建于会同元年（938）十一月，共有 24 个府州军城⑥，有辽一代，上京道曾先后出现的统县政区有：京府一，方州二十二，城一。京府：上京临潢府。方州：祖、怀、庆（原黑河州）、通化、泰、长春、乌、永、义、慈、仪坤、龙化、降圣、饶、丰（原澄州）、唐、泉、渭、镇北、莫、新（原杏埚

①　金毓黻著，吉林省文物工作队、吉林省社会科学院东北史所点校：《渤海国志长编》卷十五《职官考》，长春：《社会科学战线》杂志社，1982 年，第 353 页。

②　郑毅：《"因俗而治"与"胡汉一体"——试论辽朝"一元两制"的政治特色》，《黑龙江民族丛刊》2013 年第 6 期。

③　杨鹏：《辽朝南北面官制研究》，硕士学位论文，烟台：烟台大学，2021 年。

④　邱靖嘉：《"超越北南"：从中枢体制看辽代官制的特性》，《历史研究》2022 年第 3 期。

⑤　杨鹏：《辽朝南北面官制研究》，硕士学位论文，烟台：烟台大学，2021 年。

⑥　余蔚：《中国行政区划通史辽金卷》，上海：复旦大学出版社，2017 年，第 141 页。

辽代移民史料整理与研究

城)、惠州。城：周特城。《契丹国志》记载：奚为契丹所并，"所在分奚、契丹、汉人、渤海杂处之"①。契丹统治者以俘掠的幽云及中原其他地区的人口在上京所置州县达 13 个②，在上京道占有重要比重。在上京道"宦者、翰林、伎术、教坊、角觝、秀才、僧尼、道士等皆中国人，而并、汾、幽、蓟之人尤多"③。对于流入和掳获的汉族人口，耶律阿保机最初用修筑"汉城"的方式进行安置。攻克渤海国后，辽太祖将渤海移民安置在皇都地区附近的 5 个州 16 个县之中④，渤海国末代国王大諲譔也在这个范畴之内。另外辽朝还多次采取"实内地"的措施，即有组织有步骤地将中原地区的汉人北迁与契丹人杂居。

东京辽阳府。辽太宗于会同元年（938）改"南京"为东京，东平郡为辽阳府。东京道所属有一百个府、州、军、城，其中京府一，其他府三，州八十五，军一，城十⑤。京府：东京辽阳府。府：率宾、镇海、安庆府。方州：开（原亦称开封府）、盐、穆、贺、定（原威寇或振化城，后曾改定东军）、保（原振化或威寇城）、宣、辰、卢、铁、兴（原为定理府）、汤、崇、海（原亦称南海府）、耀、嫔、渌、桓、丰、正、慕、显、嘉、辽西、康、宗、乾、海北、贵德、奉德、沈、岩、集、广（铁利）、辽、祺、遂、乌、通、龙（亦称黄龙府）、三河、榆河、韩、双、银、同、咸（耗里太保城）、信、宾、益、安远、威、清、雍、湖、渤、郢、铜、涑、潘、冀、东、尚、吉、胜、懿、宁、衍、连、归、苏、复、肃、安、率、荷、源、渤海、宁江、河、祥、慎、教、朝、怀化州。军：怀化军。城：来远、顺化、达鲁古、来流、寧晦、照散、特邻、神虎军、合主、毕里围城。契丹建国之后，辽太祖迁徙渤海人进入辽东地区，建立东平郡和镇海府，神册四年（919），辽太祖建立辽阳城，并迁徙"汉民、渤海户实之，改为东平郡，置防御使"⑥。东平郡成为进攻渤海国的基地，

---

① 叶隆礼：《契丹国志》卷二十二《四京本末》，北京：中华书局，2014 年，第 241 页。
② 韩光辉：《辽代中国北方人口的迁移及其社会影响》，《北方文物》1989 年第 2 期。
③ 欧阳修：《新五代史》卷七十三《四夷附录第二》，北京：中华书局，2016 年，第1024 页。
④ 黄为放：《10—12 世纪渤海移民问题研究》，博士学位论文，长春：长春师范大学，2017 年，51—54 页。
⑤ 余蔚：《中国行政区划通史辽金卷》，上海：复旦大学出版社，2017 年，第 170 页。
⑥ 脱脱等：《辽史》卷二《太祖本纪下》，北京：中华书局，2016 年，第 17 页。

辽太祖迁徙汉、渤海移民至此，为之后的进攻提供了条件。同时，阿保机在南征汉地过程中，又把大量的汉人迁移至辽东，建立州县同渤海人杂居。在进攻过程中及攻灭渤海国后，辽太祖又迁徙了一些渤海移民进入辽东和上京等地区，建立州县安置。太宗时期，在天显三年（928），在精心准备之后，辽太宗正式实施东丹南迁，下诏令耶律羽之将东丹国的国都迁至东平，并将东平郡升为"南京"①，同时"迁东丹民以实"② 辽东地区。随着东丹南迁，东丹国渤海移民被整体迁入辽东地区，使得这里人口数量激增。在渤海人之外，东京道"汉民更居者众"③。辽南京成为渤海移民聚居之地，人口数量有了明显的增长。在南迁后，辽东地区成为人口密集之地，辽太宗在此设立南京，成为上京之外又一统治中心。南迁之后，东丹国废除了原渤海国"十五府、六十二州"④ 的地方管理模式，将迁徙而来的渤海移民安置在新设置的六十余个府、州、县及三个府州并称之州中，形成了新的地方管理模式。

南京析津府。辽太宗于会同元年（938）南迁完成和占据幽云十六州后，在幽州建立了南京析津府，"于是诏以皇都为上京，府曰临潢。升幽州为南京，南京为东京"⑤。南京道有府州军十三个⑥，一个京府，十个方州，两个军。京府：南京析津府（原幽都府）。方州：顺、檀、涿、蓟、景、易、泰、宁（原乾宁军）、瀛、莫州。军：平塞、芦台军。南京地区人口大量北迁，导致这里出现人口稀少的情况⑦。对此，契丹统治者将中原汉俘安置于此。如以定州行唐县民置澶州行唐县，以定州俘户置安喜县、望都县、栾州、营州等⑧，属辽南京析津府和平州。辽圣宗统和初以俘虏的北宋官兵眷口安置于燕地。因此，

① 脱脱等：《辽史》卷三《太宗本纪上》，北京：中华书局，2016 年，第 35 页。

② 脱脱等：《辽史》卷三《太宗本纪上》，北京：中华书局，2016 年，第 32 页。

③ 向南：《辽代石刻文编》，《贾师训墓志》，石家庄：河北教育出版社，1995 年，第479 页。

④ 欧阳修、宋祁：《新唐书》卷二一九《渤海传》，北京：中华书局，1975 年，第6182 页。

⑤ 脱脱等：《辽史卷四《太宗纪下》，北京：中华书局，2016 年，第 49 页。

⑥ 余蔚：《中国行政区划通史辽金卷》，上海：复旦大学出版社，2017 年，第 299 页。

⑦ 韩光辉：《辽代中国北方人口的迁移及其社会影响》，《北方文物》1989 年第 2 期。

⑧ 脱脱等：《辽史》卷四《太宗本纪上》，北京：中华书局，2016 年，第 565 页。

中原人口北迁与宫卫军户南迁，共同填补了辽初幽云地区的人口损失。

中京大定府。中京建于统和二十五年（1007），所在是为奚人的世居之地。该地位于老哈河北岸，是一片冲积平原，"南望云气，有郛郭楼阙之状"①，地处汉人集中的南京析津府与契丹的上京临潢府之间，圣宗有意于此地营建都城，以加强对汉人州县的统治。统和二十四年（1006），"五帐院进故奚王牙帐地。"②圣宗在此地"择良工于燕、蓟，董役二岁，郛郭、宫掖、楼阁、府库、市肆、廊庑，拟神都之制。"③表明中京的形制是仿唐"神都"洛阳而建。④"二十五年，城之，实以汉户，号曰中京，府曰大定。"⑤虽然中京建成之初，辽迁徙了大量的汉户进入，但此地仍以奚人为主。此后中京逐渐成为辽朝中后期重要的政治、经济、军事、文化中心⑥，为稳固对中京的控制，辽圣宗开始向中京地区迁徙各族人口，"奚、契丹、汉人、渤海杂处之"⑦，以此各族移民大量涌入中京。中京成为奚、契丹、汉和渤海各族杂居之地，辽以此成功抑制了奚族的发展。

西京大同府。辽西京大同府，初为云州大同军，兴宗重熙十三年（1044）升为西京，府曰大同。西京道有京府一，方州十二，共十三个府州⑧。京府：大同府（原云州）。方州：弘、德、奉圣、归化、可汗、儒、蔚、应、寰、朔、武、府州。合计府、州共十三。据《辽史·地理志》载，云、蔚、应、朔、奉圣五节度州的军务归西京兵马都部署司管辖；西京地区的其他州、军则归西南面招讨司管辖。云、蔚、应、朔、奉圣五节度州即后晋献给契丹十六州中的云、应、朔、寰、蔚、武、儒、妫、新九州。辽太宗在得到这九州后，改新州

---

① 脱脱等：《辽史》卷三十九《地理志三》，北京：中华书局，2016 年，第 545 页。

② 脱脱等：《辽史》卷三十九《地理志三》，北京：中华书局，2016 年，第 546 页。

③ 脱脱等：《辽史》卷三十九《地理志三》，北京：中华书局，2016 年，第 546 页。

④ 李锡厚：《辽中期以后的捺钵及其与斡鲁朵、中京的关系》，《中国历史博物馆馆刊》（15—16）1991 年，第 99 页。

⑤ 脱脱等：《辽史》卷三十九《地理志三》，北京：中华书局，2016 年，第 546 页。

⑥ 曹显征：《辽中期徙都中京原因管窥》，《昭乌达蒙族师专学报》1989 年第 2 期，第 26—27 页。

⑦ 宋绶：《契丹风俗》，贾敬颜点校：《五代辽宋金元人边疆行记十三种疏证稿》，北京：中华书局，2004 年，第 112 页。

⑧ 余蔚：《中国行政区划通史辽金卷》，上海：复旦大学出版社，2017 年，第 338 页。

为奉圣州，武州为归化州，妫州为可汗州①。九州之中，可汗、归化、儒三州为刺史州，并隶奉圣州；寰州亦为刺史州，原属应州，统和四年（986）废置。故云、蔚、应、朔、奉圣五节度州实际上就是石晋所割的山后九州②。辽西京大同府所属的应、朔二州是渤海小校贯海驻防之地③，表明西京的建立之初即有渤海移民居住。西京道的建立，与移民具有直接的关系。

此外，辽朝还在西南和西北地区各设置招讨司，迁徙移民至此建立边防体系。在西北地区的胪驹河一线建立西北路招讨司，辽朝在这里设置建立了节度州——镇州（下隶维、防二刺史州），辽圣宗统和二十二年（1004 年）"选诸部族二万余骑充屯军"④，以控制西部室韦、羽厥诸部，称为边防城。其中尚有"渤海、女直、汉人配流之家七百余户，分居镇、防、维三州"⑤，防、维二州当与其设置时间相差不远。⑥ 辽在丰州设置西南路招讨司，统丰、云内、宁边、东胜四州。丰州是契丹贵族耶律阿没里的私城，他"性好聚敛，每从征所掠人口，聚而建城，请为丰州，就以家奴阎贵为刺史，时议鄙之"⑦，表明丰州内很有可能也有掠夺而来的汉、渤海人等移民。

可见，随着中央、地方统治模式的完善，辽朝的移民逐渐定居并与当地居民交融、发展。

四、战争造成的破坏

10—13 世纪的中国，频发的战争带来了混乱与破坏，导致汉人、渤海人失去了稳定的生活环境，他们不得不选择迁徙以寻求生存空间。

---

① 钱大昕著，方诗铭、周殿杰点校：《廿二史考异》卷八十三，上海古籍出版社，2004 年，第 1133—1134 页。

② 康鹏：《辽代五京体制研究》，博士学位论文，北京：北京大学，2007 年，第 25 页。

③ 杨保隆：《辽代渤海人的逃亡与迁徙》，《民族研究》1990 年第 4 期，第 96 页。

④ 脱脱等：《辽史》卷三十七《地理志一》，北京：中华书局，2016 年，第 509 页。

⑤ 脱脱等：《辽史》卷三十七《地理志一》，北京：中华书局，2016 年，第 509 页。

⑥ 陈汉章：《辽史索引》卷三《地理志·上京道》，《二十五史三编》第 8 分册，长沙：岳麓书社，1994 年，第 200 页。

⑦ 脱脱等：《辽史》卷七十九《耶律阿没里》，北京：中华书局，2016 年，第 1405 页。

辽代移民史料整理与研究

辽中前期，契丹军队对位于南部、东部的周边各民族、各政权进行了旷日持久的战争，这些战争的直接目标之一即掳掠人口和财富。在掳获的人口中包括了北方各族人民，其中汉、渤海人口居多。有记载的耶律阿保机时期对长城以南发动的第一次战争是在唐天复二年（902），阿保机"以兵四十万伐河东、代北，攻下九郡，获生口九万五千，驼马牛羊，不可胜纪"①。从出动军队和虏获人口的数量看，战争的规模相当大。随着辽统治者攻灭渤海国，为顺利实施对渤海遗民的统治，辽统治者强制迁徙数十万渤海遗民进入辽东地区，形成规模巨大的迁徙浪潮。景宗至圣宗时期，对中原地区战争不断，大量人口随之迁徙。同时，契丹不断对西北、西南地区用兵②，大量阻卜、党项人口也随之内迁。

辽中后期，随着东北部地区生女真各部发展壮大，威胁到了辽的统治。天庆二年（1112）九月，生女真酋长赵三、阿鹘产来咸州，控诉完颜阿骨打"并旁近部族"及"虏其家属"③的行为，表明女真的发展，已经开始威胁到辽朝的统治。辽圣宗继位后，开始重视对东京东北部地区女真的经略，他在东北的长春州长春县，"燕蓟犯罪者流配于此，户二千"，用以防御女真诸部。此后辽迁徙大量渤海人、汉人到附近的宁江州、泰州、静州、咸州及来流城等处居住，用以"备御女真"④。但在天庆七年（1117）正月"女直军攻春州，东北面诸军不战自溃，女古、皮室四部及渤海人皆降，复下泰州。"⑤ 在女真军的攻击下，长春州的女古、皮室及渤海人移民不堪战争威胁，都选择投降。这表明，出于防卫女真的需要，是导致辽后期渤海移民迁徙的重要原因。

综上，辽代进行移民迁徙的原因十分复杂，主要有疆域的扩大与统治阶级思想的转变、南北官制的创立和完善、战争的混乱与破坏及自然环境与气候的变化等因素。在这些因素的影响下，移民规模逐渐增大，并逐步进入辽内地、辽东及中原等广大地区，规模之大空前绝后，为后世所瞩目。

---

① 脱脱等：《辽史》卷一《太祖本纪上》，北京：中华书局，2016年，第2页。

② 雪莲：《辽对西北边疆的征服与治理》，《内蒙古社会科学（汉文版）》2015年第1期。

③ 脱脱等：《辽史》卷二十七《天祚本纪一》，北京：中华书局，2016年，第365页。

④ 叶隆礼著，贾敬颜、林荣贵点校：《契丹国志》，卷十《天祚帝纪上》，上海：上海古籍出版社，1985年，第108页。

⑤ 脱脱等：《辽史》卷二十八《天祚本纪二》，北京：中华书局，2016年，第375页。

第三章　辽代移民的类型、规模、
迁徙与分布

　　移民在辽朝发挥着举足轻重的作用，应对移民的类型、规模、迁徙路线进行考察，进一步探讨其分布区域。

一、辽代移民的类型与特点

　　根据前文研究，表明辽代的移民具有不同的类型。中国历史上的移民类型基本只有两种——生存型和发展型[①]。所谓生存型移民，"就是为维持自身生存而不得不迁入其他地区定居的人口，或者说是以改变居住地点为维持生存手段的迁移行为"[②]。发展型移民是"为了物质生活或精神生活状况的改善而迁入其他地区定居的人口，或者说是以提高物质生活或精神生活水平为目的的迁徙行为，产生这类移民的主要原因不是迁徙地区的推力，而是迁入地区的拉力或吸引力"[③]。

　　根据辽代实际情况，结合移民学相关理论，生存型移民类型可分为"以行政或军事手段推行的强制性移民"、"由北而南的生存型移民"两种。第一，"以行政或军事手段推行的强制性移民"，这类移民在辽代最为明显。辽朝通过

---

　　① 葛剑雄：《中国移民史》，福州：福建人民出版社，1997年，第48页。

　　② 葛剑雄、曹树基：《简明中国移民史》，福州：福建人民出版社，1993年，第504页。

　　③ 葛剑雄、曹树基：《简明中国移民史》，福州：福建人民出版社，1993年，第505页。

战争掳掠，强迫河北地区的汉人进入契丹内地。他们移出的原因均来自迁出地的推力，而非"迁入地区的拉力或吸引力，如更好的生活环境、生产条件、发展机会等"①。这个类型又分为五个子类型，分别是政治性的或控制性的、掠夺性的、惩罚性的、民族性的和军事性的。第二，属于"由北而南的生存型移民"，辽太宗将东丹国数十万渤海遗民从牡丹江流域南迁至辽阳府为中心的辽东地区，其分布和路线呈现由北向南发展的过程。相比牡丹江地区，辽东地区具有"木铁盐鱼"之利，具有发展农业生产的优良条件，更加适合渤海移民进行农耕生产，可以满足渤海移民的生存所需，尽管是属于强制性移民的，但只要经济开发特别是与农业生产结合起来，符合实际需要、还会产生积极的效果。此外，辽太宗在占据幽云地区后，迁徙契丹宫卫南迁至南京地区，契丹族贵族、官员、平民和军队官兵向南京道、西京道境内的大规模迁移，在成卫南部边疆的军队中，还可见到奚人军队，表明奚人也被迁徙至此，契丹和奚族的到来，取得了更优越的待遇，并接触到汉族先进文化，以此获得更好的发展。第二，汉、渤海移民的上层人士多为发展型移民。在辽代，随着他们在迁徙地定居与发展，一些汉、渤海移民及后裔的上层人物开始进入官僚集团，跻身所在王朝的上层社会之中，即从生存型移民转化为发展型移民。汉人韩知古本为述律氏家奴，后因其"善谋有识量"② 得以辅佐辽太祖管理汉人，制订礼仪并从征渤海，得以成为第一个受到重用的汉人，官至中书令，为辽太祖佐命功臣之一。到第三代成员韩德让时，彻底摆脱了私奴身份。统和二十二年（1004年），辽廷对韩德让及其近族赐姓耶律，出宫籍，隶横帐季父房。从此，韩氏家族获得了皇族身份③。渤海移民的上层人物如高模翰和大公鼎等，也得以跻身高层。高模翰为渤海右姓高氏后裔，因其军事才能得到辽太祖的重视。他一生战功显赫，最后官至东京中台省左相。④ 大公鼎家族"先世籍辽阳率宾县"，

---

① 葛剑雄、曹树基：《简明中国移民史》，福州：福建人民出版社，1993 年，第504 页。

② 脱脱等：《辽史》卷七十四《韩知古传》，北京：中华书局，2016 年，第 1359 页。

③ 王善军：《辽代世家大族研究》，博士学位论文，保定：河北大学，2001 年，第57—58 页。

④ 王晔：《由武功到文治——试论辽代渤海高模翰家族的转变》，《赤峰学院学报》2010 年第 12 期，第 4 页。

辽圣宗时期迁辽东渤海豪右"以实中京"①，故其举家迁徙至大定府。咸雍十年（1074 年），大公鼎中进士，历任良乡令、兴国军节度副使、长宁军节度使、南京副留守等职务，最后官居中京留守，成为中京大定府的名门望族。可见，一些移民由于得到了统治者的信任，从而提高了自身的社会地位，成为发展型移民。

辽代移民具有鲜明的特点：第一，多为强制性移民。辽朝凭借强大的政治压力和军事实力实施迁徙，必然对其原居住地造成严重破坏②。据《辽史·兵志》载，仅阿保机对燕云地区的大规模军事俘掠就有 3 次：分别在太祖六年（912）春、神册元年（916）和神册二年（917），太祖亲征幽州，"所经州县望风皆下，俘获甚众"③，并俘其民徙内地。在契丹连年不断的讨伐之下，使幽云乃至广大河北地区"千里之内，焚剽殆尽"④，"自涿州至幽州百里，人迹断绝。"⑤ 在辽太宗时期，东丹国的南迁将渤海人整体迁徙至辽东地区，为保证迁徙的顺利进行，渤海人原来的家园被焚毁⑥，不得不接受辽统治者的安排。第二，迁徙原因以军事政治因素为主。在攻灭渤海国，建立东丹国后，辽太祖任命皇太子耶律倍主政东丹国。为了维持这里的统治秩序，辽朝要派遣数量众多的官员和军队连同他们的家属在内，一起前往东丹国，这是契丹族人口颇具规模的迁移⑦。之后，辽太宗出于防止渤海人反叛、皇权内部斗争、为入主中原打下基础、建立东丹国新的体制、加强对辽东历史地位的认知等多种因素的考虑⑧，实施东丹南迁，将数十万渤海遗民南迁进入以东平郡为核心的辽东地区，东丹国的统治中心南移至东平郡，并升为南京，会同元年（938 年）改东

---

① 脱脱等：《辽史》卷十五《大公鼎传》，北京：中华书局，2016 年，第 1608 页。

② 葛剑雄：《中国移民史》，福州：福建人民出版社，1997 年，第 64 页。

③ 脱脱等：《辽史》卷一《太祖本纪上》，北京：中华书局，2016 年，第 2 页。

④ 欧阳修：《新五代史》卷七十二《契丹》，北京：中华书局，2016 年，第 1011 页。

⑤ 欧阳修：《新五代史》卷七十二《契丹》，北京：中华书局，2016 年，第 1008 页。

⑥ 魏国忠等：《渤海国史》，北京：中国社会科学出版社，2006 年，第 572 页。

⑦ 王德忠：《辽朝的民族迁徙及其评价》.《东北师大学报（哲学社会科学版）》1998 年第 4 期。

⑧ 黄为放：《10—12 世纪渤海移民问题研究》，博士学位论文，长春：长春师范大学，2017 年，第 117 页。

京。作为五京之一，辽朝在这里设置了宰相府、兵马都部署司、都统军使司等比较完备的统治机构和军事指挥系统，在东京及各主要战略据点中都有相当数量的契丹族官员和军队。此后，在会同元年，契丹攫取幽云十六州地。辽太宗耶律德光于会同五年（942）正月"诏政事令僧隐等以契丹户分屯南边"①。契丹族贵族、官员、平民和军队向南京道、西京道境内进行大规模迁移，其数量超过东京道②。至天祚帝初年，辽朝历代帝王在南京先后利用契丹和汉族设置"弘义宫提辖司"的宫卫提辖司达 11 个③，每提辖司所属宫卫户约 1500 户④。契丹的五、六院和乙室部镇守南境，居河北、山西北部，生产方式逐渐转向半农半牧⑤。由于"奚阻险，叛服不常，数招谕弗听"⑥。奚族臣服后，辽在其居住地设奚王府，由奚王直接管理，只"命契丹监督兵甲"⑦。辽圣宗继位后，开始逐步削弱奚王府的势力⑧，将大量居住在东京道的渤海人和南京道的汉人迁徙至此。并于统和二十五年（1007 年）开始兴建中京大定府，具体位置是赤峰市东南宁城县的大明镇⑨。辽朝通过向中京地区迁徙奚、汉、渤海、契丹等族⑩，以削弱奚族的势力，而对中京地区的统治力量逐渐加强。大延琳起义失败后，其余党被辽圣宗迁徙到上京及中京道多个地区进行分散安置。第三，移民迁徙具有整体性。辽在迁徙移民的过程中，为维持稳定要按照原地方行政建

---

① 脱脱等：《辽史》卷四《太宗本纪二》，北京：中华书局，2016 年，第 55 页。

② 王德忠：《辽朝的民族迁徙及其评价》，《东北师大学报（哲学社会科学版）》1998年第 4 期。

③ 脱脱等：《辽史》卷三十五《兵卫志中》，北京：中华书局，2016 年，第 462 页。

④ 韩光辉：《辽代中国北方人口的迁移及其社会影响》，《北方文物》1989 年第 2 期。

⑤ 郭虹虹：《契丹迁徙研究》，《边疆经济与文化》2009 年第 5 期。

⑥ 脱脱等：《辽史》卷一，《太祖本纪上》，北京：中华书局，1974 年，第 4 页。

⑦ 司马光著、（元）胡三省音注：《资治通鉴》卷二六九，后梁贞明二年十二月条，上海：中华书局，1956 年，第 8809 页。

⑧ 康鹏：《辽代五京体制研究》，博士学位论文，北京：北京大学，2007 年，第 74—75 页。

⑨ 王宏北、树林娜：《辽代中京大定府述略》，《黑龙江民族丛刊》2007 年第 6 期，第80 页。

⑩ 康鹏：《辽代五京体制研究》，博士学位论文，北京：北京大学，2007 年，第 75 页。

制进行整体的迁徙与安置。如契丹主阿保机对流徙塞外的汉人安抚存邺，在滦河流域"率汉人耕种，为治城郭邑屋、廪市，如幽州制度"[①]，使"汉人各安生业，逃亡者益少"[②]。在迁徙渤海国的三个独奏州郢、铜、涑州时，其民被迁入辽东地区后，仍用旧名。辽圣宗迁徙渤海"豪右"进入中京地区居住，以瓦解其力量，但对部分家族保留原来的地方管理模式。

二、辽代移民的规模

根据《辽史》记载的户籍数量并结合前人研究成果，辽朝共有 265 个州县，其中有户数记载的州县 141 个[③]，这些州县记载共有 96 万户，共有人口 750 万[④]。结合前人研究成果[⑤]，辽代五京及州县移民人口 3266854 人。除了州县，辽朝还将汉人移民安置在"头下"和斡鲁朵之中。《辽史》记载的 16 处头下军州共有头下户 34300 户，除州县、头下之外，在辽朝斡鲁朵中还有总数达 134000 余户的蕃汉转户，他们也主要是由被房获、迁徙而来的汉族和渤海人构成的。除去兴宗等人的斡鲁朵是由析分原有斡鲁朵户口组成的重复数量，蕃汉转户仍有近 10 万户之多，表明有移民 671500 人。笔者结合前人关于契丹、渤海、汉、奚和女真等移民所在各京的人口比例，推算上京移民人口比例为 50%，东京道渤海移民人口比例 80%，南京和西京汉人移民比例 50%，中京移民人口比例 50%，各京移民人口比例平均为 56%。统计表明，辽代移民共有 3938354 人，超过辽代总人口的一半。

通过对史籍考证，笔者将有姓名的移民进行统计。

渤海移民主要有：大和钧、大均老、大元钧、大福谟、大审理、冒豆干、朴渔、老相、申德、大昭佐、大氏、吴兴、载雄、金神、隐继宗、大相含弘、

---

① 欧阳修：《新五代史》卷七十二《契丹》，北京：中华书局，2016 年，第 1002 页。

② 叶隆礼：《契丹国志》卷一《太祖大圣皇帝》，北京：中华书局，2016 年，第 2 页。

③ 费国庆：《官员〈宋代户口〉一文辽代部分的意见》，《历史研究》1958 年第 8 期。

④ 武玉环：《辽代人口考述》，《学习与探索》2009 年第 6 期。

⑤ 王德忠《辽朝的民族迁徙及其评价》、杨福瑞《辽朝移民问题研究》、武玉环《辽代的移民、治理与民族融合》等学界研究结果。

大儒范、正近、洪见、高正祠、王继远、高氏、文成角、高保乂、大光显、陈林、列周道、乌济显、高模翰、高儒、高徒焕、朴升、乌思多、某氏、燕颇、解里、烈万华、乌玄明、乌昭度、大鸾河、李勋、安海、大氏、大氏①、王咸饬、夏贞显、夏仙寿、大汉、大仁靖、大鹏翼、贯海、大道秀、刘忠正、高嵩、大怀德、陀失、大康乂、曹恩、高忽、马儿、保良、志浦、张烈、由道、高宗、罗垦、奉大、高里、光正、果许伊、乌豆、张正史夫、王遂、高清明、高为裘②、高泽③、高洵、高渥、高氏、高氏、焦福、马许底、大世奴、大匡逸、马史刀、罗汉、高真详、曹兀、大延琳、黄翩、宿石真、高吉德、大延定、刘忠正、大庆翰、大道李卿、李匡禄、奚哥、夏行美、大力秋、杨详世、王光禄、王守男、李某、李仙寿、王叔宁、沙志明童、史通、高善悟、高直成、大光、崔运符、李运衡、萨五德、亏音若已、所乙史、高城、李南松、罗骨、仇乃、系家、古要、首乙分、可守、正齐叱火、先宋、奇叱火、大坚济、巫仪老、吴知桀、海大氏④、高无诸、开好、高□□⑤、李进、刘王氏、刘温、李净、窦振、窦景庸、窦瑜、高永肩、高永年、高氏、大□□⑥、大□□⑦、高据、高和哥、高蓬瀛、高拱、高抃、小和尚、高乾孙、高氏、高氏、高瑞孙、高迎璋、多于伊、男于陵、高奴、大荣、大忠、大信、大公鼎、大昌龄、

① 向南等：《辽代石刻文续编》，《耶律隆祐墓志》，沈阳：辽宁人民出版社，2010年，第51—54页。

② 向南等：《辽代石刻文编》，《高为裘墓志》，石家庄：河北教育出版社，1995年，第609页。

③ 向南等：《辽代石刻文编》，《高泽墓志》，石家庄：河北教育出版社，1995年，第611页。

④ 向南等：《辽代石刻文编》，《沈州卓望山无垢净光舍利塔石棺记》，郑州：河北教育出版社，1995年，第239—240页。

⑤ 苏赫：《崇善碑考述》，《辽金史论集》（第三辑），北京：书目文献出版社，1987年，第31—44页。

⑥ 向南等：《辽代石刻文续编》，《饶州安民县经幢记》，沈阳：辽宁人民出版社，2010年，第199页。

⑦ 向南等：《辽代石刻文编》，《饶州陀罗尼经幢残文》，郑州：河北教育出版社，1995年，第411页。

大昌朝、文妃大氏、文妃之姊、文妃之妹、高安国、高六哥、高彪、郭药师、大永信、大仲宣、高仙寿、大家奴、乙塞补、雏鹘室、恩胜奴、仙哥、古欲、高永昌、王政、高胥、痕孛、吴十、酬斡、铎剌、大药师奴、梁福、斡荅剌、挞不野、构合、卢克忠、高祯、杨朴、李雏讹只、高清臣、二哥、王永寿、张乐夫、张霸、张祁、张祐、张行愿、张匡、张玄素、大道李乡。

汉人移民有：张大氏、张庭美、刘兴胤、靳文高、张宝、田世荣、韩知古、韩匡图、韩匡业、韩匡嗣、韩匡祐、韩匡美、韩匡胤、韩匡赞、韩匡文、韩匡道、韩图育、韩唐兀都、韩德源、韩德庆、韩德彰、韩德让、韩德威、韩德冲（崇）、韩德嘔（凝?）、韩德昌、韩瑜、韩瑀、韩琬、韩雾金、韩遂贞、某、韩郭三、韩椅、韩相、某、韩元佐、韩宗福、韩元享、韩谢十、韩涤鲁、某、某、某、韩高家奴、韩高十、韩贻孙、韩贻训、韩燕、韩瑞、韩企先、刘守敬、刘景、刘晟（慎行）、刘二玄、刘三最、刘四端、刘五常、刘六符、刘霄、刘彦宗、刘答、刘萼、马胤卿、马廷煦、马渊、马诠、马人望、赵思温、赵延照、赵延柞、赵延卿、赵延构、赵延宁（威）、赵延晞、赵延海、赵延光、赵延玉、赵延煦、赵延绍、赵延旭、赵匡尧、赵匡舜、赵匡禹、某、赵为臣、赵为春、赵为果、赵为佐、赵为幹、赵为带、赵为翰（霖）、赵为航、赵进之、赵渍、赵公为、赵公谨（瑾）、赵镕、赵居常、赵兴祥、康默记、赵延寿、赵德钧、张砺、卢文进、室昉、王郁、王鹗、王廷阮、王裕、王悦、王瓒、王秘、王琢、王珏、王玉。

奚族移民有：胡损、勃鲁恩、劳骨宁、和朔奴（字筹宁）、萧观音奴（字耶宁）、题里姑、萧蒲奴（字留隐）、萧韩家奴（字括宁）、萧高六、奚底、马六、拾得奴、图赶、涅葛、萧幹（回离保）、秃开、马奴、萧遇买（霞末）、萧高九。

根据统计，辽代有姓名的移民共有 345 人。其中渤海移民及后裔有 211 人，占 61.2%；汉人移民及后裔有 115 人，占 33.3%；奚族移民有 19 人，占 5.5%。这些移民中，渤海移民数量最多，可能与辽初太宗时期的东丹南迁有关，其次是汉人移民，是辽代重点俘虏的对象。辽将占据的部分汉人州县中的汉人迁徙至契丹内地和东北地区，以补充劳动力和土地开发。被辽朝俘虏的奚族，辽朝将他们迁徙至契丹内地并建立"奚六部"，按部族方式予以安置。之后，这些奚族移民人口生活在中京道之内。

三、辽代移民的迁徙路线

结合前文研究，辽代移民的迁徙路线分辽太祖太宗、辽圣宗和兴宗至辽末三个时期。

辽太祖太宗时期，契丹族是向东部、南部和西北部方向的迁徙路线，渤海人是向南迁徙路线，汉人是向北方即契丹内地迁徙路线，奚族是向南即幽云方向的迁徙路线，女真族的迁徙路线则呈现从东北至西南的走向。在南迁东丹、建立东京之后，辽朝迁徙契丹官员和军队东迁，在辽东地区建立宰相府、兵马都部署司、都统军使司等统治机构和军事机构[1]。取得幽云十六州后，辽太宗耶律德光升幽州为南京以后，下诏契丹宫卫军户分南下戍边。契丹族贵族、官员、平民和军队官兵以此大规模向南京道、西京道境内迁移，迁徙路线由东向南转移，向辽朝的南部、西南部边疆地区延伸。此外，辽朝统治者还将少数契丹部族向北部边疆地区迁徙，会同三年（940），辽太宗下诏："诏以谐里河、胪朐河近地，赐南院欧堇突吕、乙斯勃、北院温纳河剌三石烈人，以事耕种"[2]。渤海人是辽代迁徙规模最大的民族，辽太祖攻灭渤海班师之后，除了把渤海王室大氏宗族迁往上京外，还"徙其名帐大族千余户于燕"[3]。以切断渤海社会上层原有的社会联系，确保建立伊始的东丹国统治秩序的稳定。辽太祖所迁渤海人，至少包括了渤海15府中的8府所属，他们大多被徙居今西拉木伦河和老哈河流域，尤集中于今巴林左旗境，少数被分散到以今辽宁铁岭县为中心的辽河东西地区。路线呈现从牡丹江流域向西南、南部方向的转移。辽太宗即位后，下令实施"东丹南迁"，即把东丹国渤海遗民整体强制迁徙至辽东地区安置。在这次迁徙中，数十万渤海移民迁入辽东之地[4]，路线呈现从牡

---

① 王德忠：《辽朝的民族迁徙及其评价》，《东北师大学报（哲学社会科学版）》1998年第4期。

② 脱脱等：《辽史》卷五十九《食货志上》，北京：中华书局，2016年，第1026页。

③ 洪皓：《松漠纪闻》，赵永春：《奉使辽金行程录》，北京：商务印书馆，2017年，第317页。

④ 蒋金玲：《辽代渤海移民的治理和归属研究》，硕士学位论文，长春：吉林大学，2004年，第19页。

丹江流域向辽东地区的南部迁徙。辽利用渤海遗民在辽东地区设立了一百个府、州、军、城，又在"皇都"附近设立义州。在辽朝的民族迁徙中影响最大的是汉族人口流（迁）入契丹地区，主要有主动迁入和被掳而来两种方式。由于长期的藩镇割据和连年战乱，社会动荡，岁无宁日。发生了河北地区的汉族人口向契丹控制地区的流动。刘仁恭父子窃据幽州，统治"暴虐，幽、涿之人多亡入契丹。"① 以此迁徙路线向北方移动。在主动迁入之外，汉人还以被契丹掳掠的方式进入北方地区。辽初契丹贵族"乘间入塞，攻陷城邑"②，俘掠汉人，实其内地。辽太祖时期，契丹吞并奚族，将燕云境内妫州的奚族人迁往燕云以外的地区。太宗即位后，契丹又调部分奚族士兵为其守卫燕云南境。辽太祖时，"明年春，伐女直，下之，获其户三百"③，同年十一月，又遣军队讨伐"奚、霫诸部及东北女直之未附者"④。辽太祖讨伐女真等民族之后，必会将其迁徙至契丹内地，女真是居住在东北地区的民族，因而迁徙路线呈现从东北至西南的走向。党项和吐谷浑是分布于辽朝西南地区的部族。辽初，吐谷浑一部千余帐迁入燕云地区⑤。此后吐谷浑的分布地区不断扩大，范围到应州甚至云朔其他地区⑥。辽代燕云地区的党项族在西京、南京两道都有分布，在西京道的党项主要有小斛禄部居武州，拓跋黑连部居奉圣州近侧。但在上京道的越王城，具有党项和吐谷浑，表明辽朝将其从南京和西京地区迁徙至西北边疆，以此产生了分布的变化。辽在征服他们后，将其迁徙至契丹上京地区，其中辽太祖伯父于越王述鲁"西伐党项、吐浑，俘其民放牧于此南二十里"⑦，建立越王城。户一千。可见，党项等部的迁徙路线由西南至东北方向变化。

① 欧阳修：《新五代史》卷七十二《契丹》，北京：中华书局，2016年，第1002页。
② 欧阳修：《新五代史》卷七十二《契丹》，北京：中华书局，2016年，第1002页。
③ 脱脱等：《辽史》卷一《太祖本纪上》，北京：中华书局，2016年，第2页。
④ 脱脱等：《辽史》卷一《太祖本纪上》，北京：中华书局，2016年，第2页。
⑤ 司马光：《资治通鉴》卷二百八十二，后晋纪三高祖圣文章武明德孝皇帝中，天福五年条，北京：中华书局，2011年，第9347页。
⑥ 陈德洋：《试论辽朝统治下的吐谷浑》，《青海民族大学学报（社会科学版）》2013年第3期。
⑦ 脱脱等：《辽史》卷三十七《地理志二》，北京：中华书局，2016年，第501页。

辽代移民史料整理与研究

圣宗时期，为"捍御室韦、羽厥等国"①，辽朝于统和二十二年（1004）在今蒙古国境内置镇、维、防三州，由皇太后萧燕燕的姐姐齐王妃和萧挞凛统率二万余契丹骑兵在镇州（今蒙古布尔根省哈达桑东托罗盖古城）、维州、防州三州镇守，以震慑周边的室韦、乌古和西北的漠北诸部族②。同时迁徙渤海、女真、汉人"七百余户"③分居此三州。镇、维二州治所分别在布尔根省哈达桑东青托罗盖古城和哈达桑古城，防州在土拉河西岸④。可见，渤海人迁徙路线向西北方向转移。统和年间（983—1011），圣宗迁徙辽东渤海豪右"以实中京"⑤，大量居住在东京道的渤海人向东南方向迁徙。圣宗朝，汉人被迁至中京、东京道南部和北部长春州、泰州之地，迁徙路线向东北方向移动。开泰三年（1014 年），辽在鸭绿江东岸正式设立保州⑥。保州来远县为辽西诸县奚、汉民设置，奚族应是迁徙而来，表明辽圣宗时对奚族进行了迁徙，奚族的迁徙路线向东发展。奚族与契丹、汉、渤海组成四族军队，对鸭绿江东岸地区轮流防戍⑦，形成防御部队。辽圣宗时，在西北的河董城和招州，也迁徙女真至此建州。河董城"辽人完之以防边患。高州界女直常为盗，劫掠行旅，迁其族于此"⑧，招州"开泰三年以女直户置"⑨，女真诸部迁徙路线从东南向西北地区转移。

辽兴宗至辽末，移民的迁徙路线又发生变化。兴宗时"西蕃来侵，诏议守御计，命唐古劝督耕稼以给西军，田于胪朐河侧。是岁，大熟。明年，移屯镇

---

① 脱脱等：《辽史》卷三十七《地理志二》，北京：中华书局，2016 年，第 509 页。

② 王德忠：《辽朝的民族迁徙及其评价》，《东北师范大学学报（哲学社会科学版）》1998 年第 4 期。

③ 脱脱等：《辽史》卷三十七《地理志二》，北京：中华书局，2016 年，第 509 页。

④ 杨宝隆：《辽代渤海人的逃亡与迁徙》，《民族研究》1990 年第 4 期。

⑤ 脱脱等：《辽史》卷一百五《大公鼎传》，北京：中华书局，2016 年，第 1608 页。

⑥ 赵永春、玄花：《辽金与高丽的"保州"交涉》，《中国边疆史地研究》2008 年第 1 期，第 85—87 页。

⑦ 脱脱等：《辽史》卷一百三《萧韩家奴传》，北京：中华书局，1974 年，第 1446 页。

⑧ 脱脱等：《辽史》卷三十七《地理志二》，北京：中华书局，2016 年，第 509 页。

⑨ 脱脱等：《辽史》卷三十七《地理志二》，北京：中华书局，2016 年，第 510 页。

州，凡十四稔，积粟数十万斛，斗米数钱。"① 辽兴宗支持西北地区的军务，而命耶律唐古率部迁徙至此。至天祚帝初年，辽朝历代帝王在南京、西京、平州及奉圣州先后设置的宫卫提辖司达 37 个②，人口不断迁徙。辽兴宗重熙十三年（1044）十一月"改云州为西京"③，大量移民迁徙至此建设都城，移民迁徙路线向西南方向延伸。至天祚帝天庆六年（1116）七月，长春州内"渤海二千余户"叛逃，东北路统军使率兵"尽俘以还"④。表明渤海移民的迁徙路线从西南方向向东北方向发展。辽兴宗至辽末，渤海移民继续向辽东半岛的复州、苏州及东北部的长春州迁徙。

可见，契丹族、渤海族、汉族、奚族和女真族在辽太祖太宗、圣宗和兴宗至辽末都经历了不同程度的迁徙，契丹多是从北向南、西南地区迁徙路线，渤海族多是由北向南、向西北和东南方向的迁徙路线，汉族多是由南向北和东北方向的迁徙路线，奚族是向南、向东的迁徙路线，女真等族是由北向南、向西北的路线变化。

四、辽代移民的分布

根据契丹、渤海、汉、奚和女真等不同民族移民的路线变化，这些民族的分布也发生较大变化。

辽代移民分布表⑤

时期 民族	辽太祖、太宗时	辽世宗至 圣宗时	辽兴宗至 天祚帝
契丹	东京道、南京道、谐里河、胪朐河	镇州、维州、防州	南京、西京、平州及奉圣州

---

① 脱脱：《辽史》卷九十一《耶律唐古》，北京：中华书局，2016 年，第 1500 页。

② 韩光辉：《辽代中国北方人口的迁移及其社会影响》，《北方文物》1989 年第 2 期。

③ 脱脱等：《辽史》卷十九《兴宗本纪二》，北京：中华书局，2016 年，第 264 页。

④ 脱脱等：《辽史》卷二十八《天祚本纪二》，北京：中华书局，2016 年，第 375 页。

⑤ 此表依据《辽史·地理志》中记载的户数统计而成，部分没有户数记载的州县，则取平均值。

时期 民族	辽太祖、太宗时	辽世宗至 圣宗时	辽兴宗至 天祚帝
渤海	上京（皇都）、燕地、祖州、怀州、永州、仪坤州、降圣州永安县、饶州、招延州、黔州、东平郡、辽州、铁利州、沈州、银州、归州、同州、东京辽阳府、开州开封府、辰州、卢州、铁州、兴州、汤州、崇州、海州南海府、渌州、乾州灵山、司农县、岩州、集州、三河州、榆河州、信州、龙州黄龙府、渤州、湖州、郢州、铜州、涑州、东州、尚州、安庆府、李胡无名州、间州、双州、麓州、宗州熊山县、贵德州贵德县、遂州山河县、庆州富义县	中京道、镇州、维州、防州	西京应州、朔州、上京道长春州
汉	临潢、长泰、定霸、潞诸县以及庆州、龙化州、壕州、原州、福州、怀州和东京道的宗州、乾州、海北州、贵德州、沈州、广州、遂州、双州、成州、信州、宾州、连州、棋州	中京道、泰州、东京道复州和苏州	长春州、泽州、利州、潭州、榆州、松山州、北安州
奚族	中京道、新州、妫州	东京道保州来远县	
女真	上京道地区	河董城、高州和招州、黄龙府、鸭绿江、长白山地区、南京道	
吐谷浑	上京道越王城、燕云地区	云州、应州、朔州、寰州	
党项	上京道越王城		西京道武州、奉圣州

　　根据表中内容，可见汉族移民是辽朝境内分布最广泛的民族，大致分布在今内蒙古东部、辽宁西部、中北部和吉林西部地区。其次是渤海族移民，最后是奚、女真族等其他民族。契丹族居住核心区域是上京地区即今内蒙古自治

区赤峰市巴林左旗，少数分布在渤海故地所在的东京道（辽宁省辽阳市为中心的辽东地区）、谐里河、胪朐河（今克鲁伦河）所在的北部边疆地区以及辽朝的南京道（北京市为中心的河北地区）、西京道（山西省大同市为中心的山西北部地区）所在的南部、西南部"山后"（今北京、河北、山西北部地区）所在的广大地区。汉族是辽朝的主体民族之一，人数最多，分布甚广。有远至上京道镇、维、防三州（今蒙古国中部布尔根省）者，但主要分布地区还是在南京道、西京道，这里传统上就是汉人居住区，其次是东京道南部、上京道东南部。渤海人经历多次迁徙，分布在东京道、上京道和镇、维、防三州所在的西北边疆地区，以及中京道（内蒙古宁城县为中心的西南地区）地区。奚族在辽代主要分布于中京地区，即今内蒙古宁城县、辽宁辽阳市和北京之间的广大区域，具体位置东抵阜新、锦州一线，西达承德隆化，北在赤峰一带，南大体以长城为界（只有秦皇岛、迁西和迁安北在长城以南）的地理格局①。被迁徙后，奚人的分布区域向东部扩张。女真族主要分布在东京道的黄龙府、鸭绿江、长白山和辽东半岛等边境地区，少数女真分布在上京道龙化州和南京道边界地区。吐谷浑则分布在上京道越王城、燕云地区和云州、应州、朔州、寰州所在的西京地区，党项等与之类似，但主要分布在上京道越王城和西京道地区。

　　综上所述，基于自然环境与气候的变化、疆域的扩大与统治思想的转变、中央与地方统治模式的完善、战争造成的破坏等因素，辽朝出现大规模的移民迁徙。辽朝移民共包括契丹、渤海、汉、奚、女真、吐谷浑与党项等民族。这些移民类型多为生存型移民，契丹族移民和少数汉、渤海移民上层人士为发展型移民。辽代移民具有相当大的规模，共有 3938354 人，超过辽朝总人口的一半。各族移民的迁徙路线各有不同，在辽初太祖太宗、辽世宗至辽圣宗和辽兴宗至辽末的三个时间段内，契丹族主要是向东、向南、西南和北部地区迁徙，渤海主要向南、东南和西北迁徙，汉人则向北、东北和辽朝全境方向延伸，奚族向南、向东迁徙，女真等民族是呈现从东北至西南，随后向西北方向的路线变化，吐谷浑与党项等部族则是向南、向西迁徙。经过迁徙，契丹族广泛分布

---

　　①　王宇勍：《辽代奚族的地理分布》，《辽宁工程技术大学学报（社会科学版）》2009年第 06 期。

辽代移民史料整理与研究

在辽朝境内，核心区域是上京地区。汉族主要分布地区在南京道、西京道，少数分布在西北和东北地区。渤海人主要分布在东京道，少数分布在上京道和镇、维、防三州所在的西北边疆地区，以及中京区域。女真族主要分布在东京道地区，少数分布在上京道龙化州和南京道边界地区。奚族在辽代主要分布于中京地区，吐谷浑和党项则分布在西京和南京边疆地区，一部分在上京道的越王城。各族移民通过迁徙在辽朝境内相互杂居，频繁交往、交流，促进了当地政治、经济的快速发展、最终交融进入中华民族共同体大家庭之中，在北方辽阔的草原上铸就了民族交融的灿烂篇章。

参考文献

[1] 脱脱等：辽史［M］. 北京：中华书局，2016 年。

[2] 脱脱等：金史［M］. 北京：中华书局，1975 年。

[3] 薛居正：旧五代史［M］. 北京：中华书局，1976 年。

[4] 欧阳修：新五代史［M］. 北京：中华书局，2016 年。

[5] 脱脱：宋史［M］. 北京：中华书局，1977 年。

[6] 司马光：资治通鉴［M］. 北京：中华书局，2011 年。

[7] 叶隆礼：契丹国志［M］. 北京：中华书局，2014 年。

[8] 沈括：梦溪笔谈［M］. 沈阳：万卷出版社公司，2019 年。

[9] 马令：南唐书［M］. 南京：南京出版社，2010 年。

[10] 王溥：五代会要［M］. 上海：上海古籍出版社，1978 年。

[11] 王钦若：册府元龟［M］. 南京：凤凰出版社，2006 年。

[12] 马端临：文献通考［M］. 北京：中华书局，1986 年。

[13] 宋濂：元史［M］. 北京：中华书局，1976 年。

[14] 厉鹗：辽史拾遗［M］. 上海：商务印书馆，1936 年。

[15] 杨复吉：辽史拾遗补［M］. 北京：书目文献出版社，1996 年。

[16] 李焘：续资治通鉴长编［M］. 北京：中华书局，1980 年。

[17] 曾公亮：契丹交通史料七种［M］. 北平：北平文殿阁书庄，1937 年。

[18] 陶宗仪：说郛［M］. 上海：上海古籍出版社，2012 年。

[19] 郑麟趾：高丽史［M］. 重庆：西南师范大学出版社；北京：人民出版社，2013 年。

[20] 徐居正：东国通鉴［M］. 汉城：朝鲜古书刊行会，1912 年。

[21] 张金吾：金文最［M］. 北京：中华书局，1990 年。

［22］王仁俊：辽文萃［M］．北京：广文出版社，1972 年。

［23］陈述：全辽文［M］．北京：中华书局，1982 年。

［24］杨树森：辽史简编［M］．沈阳：辽宁人民出版社，1984 年。

［25］张博泉：金史论稿［M］．长春：吉林文史出版社，1986 年。

［26］盖之庸：内蒙古辽代石刻文研究［M］．呼和浩特：内蒙古大学出版社，2002 年。

［27］阎凤梧：全辽金文［M］．太原：山西古籍出版社，2002 年。

［28］刘凤翥、唐彩兰、青格勒：辽上京地区出土的辽代碑刻汇辑［M］．北京：社会科学文献出版社，2009．

［29］向南：辽代石刻文编［M］．石家庄：河北教育出版社，1995 年。

［30］贾敬颜点校：五代辽宋金元人边疆行记十三种疏证稿［M］．北京：中华书局，2004 年。

［31］陈述：辽会要［M］．上海：上海古籍出版社，2009 年。

［32］向南、张国庆、李宇峰：辽代石刻文续编［M］．沈阳：辽宁人民出版社，2010 年。

［33］王新英：全金石刻文辑校［M］．长春：吉林文史出版社，2012 年。

［34］赵永春：奉使辽金行程录［M］．北京：商务印书馆，2017 年。

［35］余蔚：中国行政区划通史辽金卷［M］．上海：复旦大学出版社，2017 年。

［36］陈述：辽史补注［M］．北京：中华书局，2018 年。

［37］周阿根：辽代墓志校注［M］．天津：天津古籍出版社，2022 年。